Stanislawski - Theaterarbeit nach System
Kritische Studien zu einer Legende

Europäische Hochschulschriften
Publications Universitaires Européennes
European University Studies

Reihe XXX
Theater-, Film- und Fernsehwissenschaften
Série XXX   Series XXX
Théâtre, Cinéma, Télévision
Theatre, Film and Television

Bd./Vol. 62

PETER LANG
Frankfurt am Main · Berlin · Bern · New York · Paris · Wien

Karin Jansen

Stanislawski –
Theaterarbeit nach System

Kritische Studien
zu einer Legende

PETER LANG
Europäischer Verlag der Wissenschaften

Die Deutsche Bibliothek - CIP-Einheitsaufnahme

Jansen, Karin:
Stanislawski - Theaterarbeit nach System : Kritische Studien zu einer Legende / Karin Jansen. - Frankfurt am Main ; Berlin ; Bern ; New York ; Paris ; Wien : Lang, 1995
  (Europäische Hochschulschriften : Reihe 30, Theater-, Film- und Fernsehwissenschaften ; Bd. 62)
  Zugl.: Berlin, Freie Univ., Diss., 1992 u.d.T.: Jansen, Karin: Kritische Studien zur Rezeption, Theaterarbeit und dem "System" von Konstantin S. Stanislawski
  ISBN 3-631-49166-2
NE: Europäische Hochschulschriften / 30

Die Zeichnung auf der vorderen Umschlagseite stammt aus dem Programmheft des Ersten Internationalen Stanislawski-Symposiums von 1988 in Paris, *Le siecle Stanislavski*.
Verlag und Autorin bedanken sich bei Lew Bogdan für die freundliche Abdruckgenehmigung.

D 188
ISSN 0721-3662
ISBN 3-631-49166-2
© Peter Lang GmbH
Europäischer Verlag der Wissenschaften
Frankfurt am Main 1995
Alle Rechte vorbehalten.

Das Werk einschließlich aller seiner Teile ist urheberrechtlich geschützt. Jede Verwertung außerhalb der engen Grenzen des Urheberrechtsgesetzes ist ohne Zustimmung des Verlages unzulässig und strafbar. Das gilt insbesondere für Vervielfältigungen, Übersetzungen, Mikroverfilmungen und die Einspeicherung und Verarbeitung in elektronischen Systemen.

Inhaltsverzeichnis

O-W (eh) Stanislawski   9

1. Kapitel
Historische Hintergründe der Stanislawski-Rezeption

Ein unbequemes Thema   15

Proletarische Revolution und „Roter Zar"   18
Auswirkungen der Oktoberrevolution 1917 18 - Stanislawskis Aufenthalt in den USA 21 - Personenkult im Stalinismus 23 - Verfolgung von Künstlern und Intellektuellen 24

Der Theatergott Stanislawski unter Stalin   29

Das schriftliche Werk in der Zange ideologischer Verhärtungen   36
Stanislawskis Schriften vor 1917 36 - Stanislawskis Schriften nach 1917 38 - Zur Edition der Gesammelten Werke und ihren Kommentatoren 41

Der Hauptdisput bis heute: Der frühe und der späte Stanislawski   43
Zur These vom 'Qualitätssprung' des Stanislawski-System 44

2. Kapitel
Geistige Wurzeln der Theaterarbeit Stanislawskis

Russische Tradition und Kulturwandel   51
Vorläufer des Theateroktober 52 - Theaterzirkel 52

Philosophische Grundlagen Stanislawskis   53
Ästhetik, Bildung und Ethik 53 - Wahrheit und Wahrhaftigkeit 55

Stanislawskis Philosophie in der Interpretation
des sozialistischen Realismus   57

3. Kapitel
Stanislawskis Theaterarbeit

Die Jahre 1898-1906   63
Gründung des Moskauer Künstlertheaters (*MCHAT*) 63 - Historische Inszenierungen 64 - Theater der Intuition und des Gefühls 66 - Politische Inszenierungen 68 - Theaterstudio mit Meyerhold 70 - Die Spielzeit 1905/06 und Auslandstournee 1906   72

Die Jahre 1906-1915   74
Inszenierungen symbolistischer Dramen 75 - Expressionistische Vorbilder in Musik, Malerei und Tanz 77 - Zusammenarbeit mit Edward G. Craig 79 - Theaterstudio mit Sulershitzki 81

Das vorrevolutionäre Theater Stanislawskis   83
Ein Theater ästhetischer Vielfalt 83 - Die Version der frühen sowjetischen Interpreten 85

4. Kapitel
Das Stanislawski-System

Was ist das System?   91
Theorie und Praxis der Schauspielkunst 91 - Ausbildung und Training des Schauspielers 93 - Konzept für kreative Theaterarbeit 94

Theoretische Grundlagen des Systems   96
Psychologischer Realismus 97 - Philosophische und wissenschaftliche Hintergründe 99 - Exkurs: Fernöstliche Mythologie 101 - Exkurs: Russische Physiologie 103

Die schauspieltheoretischen Schriften   105
Unterschiedliche Schauspielweisen nach Stanislawski 105 - Handwerk 106 - Kunst des Erlebens/Definition Puschkin 108

Das Schema des Systems   111

5. Kapitel
Zentrale Grundlagen und Begriffe des Systems

Kein Schauspiel ohne Kreativität   117

Das schöpferische Befinden des Schauspielers 118
Das Befinden des Schauspielers 118 - Das schauspielerische Befinden 119 - Merkmale des schöpferischen Befindes 119

Die Psychotechnik 123
Eine Technik für das unbewußte Schaffen 123 - Die Psychotechnik bei der Arbeit an der Rolle 125

Die Handlung 127
Keine Kreativität ohne Handlung 127 - Die Arbeit mit der inneren Handlung 129 - Das emotionale (affektive) Gedächtnis 130 - Die physische Handlung 132 - Die Handlungsanalyse 134 - Die durchgehende Handlung 138 - Probenbeispiel 139

6. Kapitel
Das Stanislawski-System in der historischen Entwicklung

Die Tücken mit der ideologischen Nachbearbeitung 145
Das Schema des Systems von 1935 145 - Das System in der Sicht der sowjetischen Interpreten der 50er Jahre 149 - Die differenten Definitionen der Methode der physischen Handlung in der Kommentierung 153

Stationen des Stanislawski-Systems 159
Von der Psychophysiologie zur Methode der physischen Handlung und zurück 159 - Von der Ethik über Experimente und Entdeckungen zur Theaterarbeit nach System 164

Aufzeichnungen der Verfasserin 171

Literaturverzeichnis 171

Nichts ist drinnen, nichts ist draußen;
Denn was innen, das ist außen.
So ergreifet ohne Säumnis
Heilig öffentlich Geheimnis.

Johann Wolfgang von Goethe

(aus Epirrhema)

O - W (eh) Stanislawski

Konstantin Sergejewitsch Stanislawski, mit bürgerlichem Namen Konstantin Sergejewitsch Alexejew, stammt aus Moskau und aus einer Zeit, in der das russische Zarenreich zwar bereits in seinen Grundfesten erschüttert war, aber in der es noch keine Internationale gab, keine Sowjetunion, nicht einmal eine russische Revolution. Und selbst die industrielle Revolution steckte vor Beginn der Jahrhundertwende in Rußland noch in den Anfängen und hinkte den allgemeinen europäischen Entwicklungen hinterher. Erst mit der Wandlung Rußlands zu einem Industrieland setzten, wie auch in den anderen europäischen Nationalstaaten, erste Demokratisierungsversuche, schließlich radikale politische Veränderungen ein, die ein gänzlich neues Gesellschaftssystem schufen. Und damit war die Welt deutlicher als je zuvor in eine westliche und eine östliche Hemisphäre aufgeteilt.

Einen europäischen Osten und einen europäischen Westen gab es zwar schon zur Zarenzeit. Es gab auch die Empfindlichkeiten einerseits und die Annäherungen andererseits zwischen dem europäischen Osten und Westen, wie sie heute noch und wieder bestehen. Aber zwischen heute und damals, einem Zeitraum von einem knappen Jahrhundert, liegen zwei Weltkriege, liegt die Zeit des Kalten Krieges, liegt ein eiserner Vorhang, der zwar offiziell nicht mehr zwischen den beiden ehemaligen unterschiedlichen politischen Systemen existiert, aber wohl noch in den Köpfen der Menschen. Ost und West, das ist auch ein spezielles Problem der Deutschen heute, nicht nur da sie auf der Nahtstelle zwischen Europas Osten und Westen liegen. „Ossis" und „Wessis" stehen für Welten, die trotz allen Zusammenwachsens einander nach wie vor noch fremd sind.

Ost und West: das bedeutet auch ein Problem für das Verständnis der Lehre von Konstantin Sergejewitsch Stanislawski. Denn *der Stanislawski* im Osten ist ein anderer als der im Westen. Das gilt überhaupt nicht nur für *den deutschen Stanislawski*, sondern für Stanislawski in internationaler Sicht. Grundsätzlich wurde und wird sein *System* im Osten anders gehandhabt als im Westen. Dieser Umstand muß die aktuelle Auseinandersetzung mit seinem *System* nicht zwangsläufig behindern, - im Gegenteil ist hier eine Bereicherung für beide Seiten möglich wie sinnvoll. Er tat es aber immer wieder in der Vergangenheit: Ideologisch geführte Argumentationen verhinderten eine offene fruchtbare Diskussion. Stanislawski und seine Lehre zur Schauspielkunst wurde auf der einen Seite der ideologischen Mauer anders zurechtgerückt als auf der anderen. Ein seufzender Wehlaut in Bezug auf Stanislawski muß von daher nicht verwundern. Denn hier wie dort ist ein unvollständiger, vielleicht mißverstandener oder nachträglich für die eigenen Zwecke und Ansichten zurechtgemachter Stanislawski vorzufinden. Das gilt nur zum Teil für die einzelnen Theaterleute, die nach Stanislawski arbeiten, aber vor allem für die offizielle Version: In Sowjetrußland war Stanislawski der Theatermacher des *sozialistischen Realismus*, im Westen, im europäischen einschließlich der USA, der eines *Psychorealismus*. In der Tendenz stehen diese beiden Begriffe für zwei Ideologien, die ihr Theater deutlich voneinander abzugrenzen versuchten. Sie schufen offensichtlich auch partiell ein Theater unterschiedlicher Art, sowohl in ihrer Ästhetik als auch mit ihren Spielplänen.

Erstaunlich ist es vor allem, daß man es geschafft hat, darüber hinaus das schauspiel- und regiemethodische Vorgehen ideologisch festzulegen. Und spätestens an diesem Punkt führt die eingehende Auseinandersetzung mit Stanislawski zu einem „Oweh". Denn die Gegenüberstellung einer im materialistischen Denken verhafteten *Methode der physischen Handlung* mit einer dem westlichen Denken zugerechneten *Psychotechnik* macht sich zwar gut für die theoretische Diskussion, in der praktischen Theaterarbeit läßt sich das eine vom anderen nicht trennen, gehört das eine mit dem anderen sogar notwendigerweise zusammen. Heute, im Zuge von Perestroika und Glasnost, können auch die unterschiedlichen Auslegungen des Stanislawski-Sytems diskutiert werden und rücken dabei aneinander. Der nun mögliche, von beiden Seiten offensichtlich mit großem Interesse gesuchte Austausch und auch die praktische Zusammenarbeit von Kulturschaffenden in Ost und West zeitigt seine Wirkung.

Den Blick auf das aktuelle Theater und die heutigen Möglichkeiten des Ost-West-Dialogs gerichtet, ist und bleibt diese Studie dennoch in erster Linie eine historische. So gibt sie zum einen Einblick in die sowjetische Stanislawski-Rezeption, von der die deutschsprachige maßgeblich beeinflußt ist. In diesem Zusammenhang interessiert die nachrevolutionäre, besonders die in der stalinistischen Ära erfolgte Rezeption in den 50er Jahren, da sie noch vor gar nicht langer Zeit die offizielle Version des Stanislawki-Systems in der ehemaligen Sowjetunion vertrat. Sie wird vorgestellt, da mit ihr die Hintergründe der Verfälschungen unseres heutigen Bildes von Stanislawski und diese Verfälschungen selbst aufgezeigt werden können. Andererseits muß man sagen, daß einzelne, nicht ideologisch argumentierende Interpreten dieser Zeit unser hiesiges Stanislawski-Bild vervollständigen. Man könnte diesbezüglich gewissermaßen von einer 'inoffiziellen' sowjetischen Stanislawski-Version sprechen. Eine eingehende Untersuchung der verschiedenen Positionen innerhalb der sowjetischen Stanislawski-Rezeption erschien mir aber nicht sinnvoll, da sie aufgrund der Fülle wiederkehrender ideologischer Selbstbestätigungen zum Teil irrelevant geworden ist. Einige Argumentationen dieser Stanislawski-Diskussion aufzuzeigen halte ich nichtsdestoweniger auch deswegen für notwendig, um auf die aktuelle Auseinandersetzung in Rußland oder anderen osteuropäischen Staaten mit Stanislawski heute reagieren zu können, auf die Probleme, die man heute dort mit Stanislawski hat und die in die internationale Diskussion eingebracht werden. Denn zu einem großen Teil basiert deren Theaterarbeit und Theaterverständnis auf dieser Rezeption.

Glücklicherweise kann man nicht behaupten, daß die verschiedenen russischen Theaterleute nur ihre Probleme mit Stanislawski und ihrer Vergangenheit mitbringen. Sie bringen im Gegenteil einen Stanislawski mit, der sich jenseits ideologisierter Phrasen in einer ungewohnten Vielfalt und Tiefe mitteilt. Sie bringen einen Stanislawski mit, wie er hierzulande kaum oder gar nicht bekannt ist. Gerade diesen Stanislawski nahezubringen, dazu möchte diese Studie einen Beitrag leisten.

Meine Betrachtungen und Analysen zum *System*, besonders im vierten und fünften Kapitel, stellen dabei keinen Anspruch auf Vollständigkeit. Ein Überblick zur Theorie und Praxis, zu Gliederung und Aufbau, aber auch zum inneren und äußeren Wesen des *Systems* wird versucht. Ein Ergebnis dieser 'Versuchung' ist, daß dieses *System*, in der Form, wie Stanislawski es hinterließ und sowjetische Theaterleute ihrerseits es zu ordnen versuchten, für mich nicht nur den Eindruck eines großes Lebenswerkes verstärkte, sondern auch eine ganze Reihe von Ungenauigkeiten und Widersprüchen zutage förderte. Sie galt es in einem ersten Schritt zu erkennen und beim Namen zu nennen. Es entstanden neue Fragestellungen, nicht nur nach essentiellen Erklärungen zum Stanislawski-System, sondern wiederum nach politischen Zwängen, denen die Stanislawski-Interpreten, aber auch schon Stanislawski selbst ausgesetzt waren. Die ständige Konfrontation mit einer ideologisierten Sicht bei der Auseinandersetzung mit Stanislawskis schriftlichem Werk, behindert die Betrachtung der Substanz des *Systems* erheblich, sowohl hinsichtlich seiner methodologischen wie auch philosophischen Aspekte. Sie rückt auch die sinnvolle wie notwendige Einbeziehung von Kenntnissen und Theorien aus benachbarten Wissenschaften, wie der Psychologie, der Physiologie, der Philosophie oder der Soziologie fürs erste etwas in den Hintergrund. So versteht sich diese Studie zunächst einmal als eine Sichtung der Irrungen und Wirrungen um Stanislawski und sein *System*.

Einen gewichtigen Schwerpunkt stellt hierbei die Diskussion um den sogenannten *frühen* und *späten* Stanislawski dar. Auch um diesem Problem auf den Grund gehen zu können, wird nicht nur die Methodologie Stanislawskis, sondern auch seine Theaterarbeit und sein Theaterkonzept ins Visier genommen. Dabei beschränke ich mich auf seine vorrevolutionäre Theaterarbeit, da sie die vielseitige Ästhetik verdeutlicht, von der sein Theater gekennzeichnet war. Auch zeigen seine bis zu dieser Zeit bereits weitgehend verfaßten theoretischen Schriften, daß die für ihn charakteristische Theaterästhetik, die in seiner Theorie von der *Kunst des Erlebens* zum Ausdruck kam, zu diesem Zeitpunkt längst festgelegt war. Auch in der nachrevolutionären Epoche versuchte Stanislawski genau dieses Theater mit Nachdruck zu erhalten.

Seine Inszenierungstätigkeit ist unmittelbar mit seiner Lehre verbunden bzw. erwuchs auch aus ihr. Man kann das eine kaum von dem anderen trennen. Gewisse Begriffe, die seine Theaterästhetik einerseits seine Methodologie andererseits betreffen, sind dagegen sorgfältig zu differenzieren, will man in der schwierigen, fast schon sagenumwobenen Diskussion um dieses Thema vom *frühen* und *späten* Stanislawski bestehen. So läßt sich feststellen, daß Stanislawskis Theaterkonzept eines *psychologischen Realismus*, der im übrigen bei ihm den *Symbolismus* impliziert, seine legendäre *Methode der physischen Handlung* einschließt. Sein *psychologischer Realismus* zeichnet sich keineswegs dadurch aus, daß hier allein oder auch schwerpunktmäßig nur psychologisch intendierte Schauspielmethoden zur Anwendung kämen. In diesem Zusammenhang galt es zu erörtern, was überhaupt unter psychologischen und physiologischen Methoden bei ihm zu verstehen ist. An dieser Stelle sei jedoch nur soviel gesagt, daß auch umgekehrt die *Psychotechnik* nicht nur Anwendung in psychologisierenden Dramen findet, wie beispielsweise denen Tschechows, sie wurde auch in klassischen Dramen, überhaupt in allen Genres seines Schauspielertheaters, auch in der Oper und schließlich im Theater des *sozialistischen Realismus* angewandt. Die Dinge liegen also komplizierter und gleichzeitig einfacher.

Verschiedene Komplikationen haben denn auch dazu beigetragen, daß die Publikation meiner Studien zwar erst jetzt, aber letztlich schlicht und einfach vorliegt. Zwischen ihrer Realisierung als Dissertation im Frühjahr 1991 und der nun erfolgten Buchausgabe sind mittlerweile vier Jahre vergangen. Andere in diesem Zeitraum erfolgte Publikationen wurden nicht eingearbeitet. So sind, abgesehen von der redaktionellen Bearbeitung, Aufbau und Thesen beibehalten worden. Sie ist gerade wegen des mittlerweile gängig gewordenen Austauschs von Theaterleuten und Wissenschaftlern aus Ost und West aktuell geblieben. Ja, sie scheint sogar an Aktualität gewonnen zu haben. Denn die in osteuropäischen Ländern, gerade in der ehemaligen DDR und Sowjetunion schon beinahe als tradiert zu bezeichnenden Diskussionen über Methodologien der Schauspielarbeit werden nun auch verstärkt in die westlichen Regionen getragen. Dort wurde und wird dieses Thema, gerade von Seiten der Theaterwissenschaft, unverhältnismäßig vernachlässigt. Die vorwiegend historischen und die Rezeption betreffenden Studien zu Stanislawskis Theater und Theorie verstehen sich als ein Beitrag zu einer Neuerschließung seines Werkes jenseits ideologischer Indoktrination und darüberhinaus als ein Beitrag zur Diskussion nicht nur der vielfältigen Erscheinungsformen von Theater, sondern der vielfältigen Wege, Theater zu kreieren.

Karin Jansen, im Juni 1995

1. Kapitel

Historische Hintergründe der Stanislawski-Rezeption

Ein unbequemes Thema

Der offene Dialog über Stanislawski als Schauspieler, Regisseur, Theaterpädagoge und -theoretiker und nicht zuletzt als Theaterleiter findet erst seit der Perestroika statt. Als einschneidendes Datum in der Diskussion ist hier das erste Internationale Stanislawski-Symposium 1988 in Paris *Le siecle Stanislavski* zu nennen, das zu Ehren seines 50-jährigen Todestages stattgefunden hatte. Hier kamen namhafte Theaterleute aus allen Teilen der Welt zusammen, denn in nahezu allen Ländern und Erdteilen wird in der Arbeit mit dem Schauspieler auf Stanislawskis Universallehre der Schauspielkunst zurückgegriffen.

Das unbequeme Thema *Stanislawski und der Stalinismus* war auch erklärtes Thema dieses ersten Internationalen Stanislawski-Symposium. Über die Position Stanislawskis in der Ära des Stalinismus sprach dort der russische Wissenschaftler Anatoli Smelianski, über die sowjetische stalinistische Version des Stanislawski-Systems sein polnischer Kollege Julius Tyszka. Um darüber sprechen zu können, jährte sich Stanislawskis Todestag zu einem günstigen Zeitpunkt. Gorbatschow hatte die Perestroika und Glasnost möglich gemacht. Bislang verschlossene Archive konnten bereits eingesehen werden.

Die Geschichte des Moskauer Künstlertheaters und seines Mitbegründers Konstantin Sergejewitsch Stanislawski in der Ära des Stalinismus stellt, wie man denn auch erfahren konnte, ein dunkles Kapitel in der sowjetischen Kulturgeschichte dar. Weder im Osten noch im Westen gibt es abgeschlossene Erörterungen zu diesem Thema. Und offensichtlich wollen auch viele Leute nicht über dieses Thema sprechen, um nicht dem Image des Theaterhauses und Stanislawskis zu schaden.

„En fait, ce thème n'a été traité ni à l' Est ni à l' Ouest, et certains disent qu'il vaut en effet mieux ne pas en parler car c' est un problème trop chargé, trop douloureux et trop dramatique, et qu' il ne faut pas abîmer l' image magnifique de cet homme qui a consacré toute sa vie au théâtre ...."[1]

Sicherlich kann es aber nicht richtig sein, wie Smelianski fortfuhr, die Stellung des *MCHAT* während der 30er Jahre zu verschweigen oder gar zu verschönern; und obwohl er dieses Thema gleichwohl für problematisch hält, plädiert er für eine Offenlegung der Verbindungen des Moskauer Künstlertheater mit der stalinistischen Regierung.

---

[1] Dieses und alle weiteren französischen Zitate wurden aus dem Russischen, teilweise aus dem Polnischen übersetzt. In den Fußnoten erfolgt jeweils die Übersetzung ins Deutsche. Es erscheinen auch weitere französische Zitate ohne Übersetzung in den Fußnoten, da sie sinngemäß im Text ausführlich wiedergegeben werden.
„Dieses Thema ist weder im Osten noch im Westen tatsächlich erörtert worden, und sicher könnten sie sagen, daß es besser wäre, nicht darüber zu sprechen, denn es ist ein zu schweres Thema, zu schmerzhaft und zu dramatisch, und daß es nicht nötig ist, das wundervolle Image dieses Menschen zu beschädigen, der sein ganzes Leben dem Theater geweiht hat, ..." Smelianski 1989/126

„On ne sait pas comment les choses se sont passé mais nous ferions une très grande faute et ce serait une trahison envers Stanislavski en taisant ce qui eut lieu avec lui et avec le Théâtre d' Art pendant les années 30."[1]

Inwieweit Stanislawski selbst in die terrorisierenden Maßnahmen durch die stalinistische Politik verwickelt war, sie befürwortet hat und warum, darüber konnte auch Smelianski nur spekulieren. Aber er bestätigte, daß sich in den Archiven Manuskripte finden, die Stanislawski, der im allgemeinen, ob im Osten oder Westen, als ein äußerst integerer Charakter beschrieben wird - ein Eindruck, den auch seine bekannten Schriften hinterlassen -, außerordentlich belasten. (Nach Smelianski 1989/127) Das Kapitel „Der Theatergott Stanislawski unter Stalin" dieser Studie setzt sich mit Stanislawskis Widerstand gegen und Anpassung an das stalinistische Regime auseinander. Die wichtige Frage nach Stanislawskis Haltung kann hier aber auch nur allgemein dahingehend beantwortet werden, daß ein diktatorisches politisches System keine freie Meinungsäußerung bietet und daß Zuwiderhandlungen in der Regel mit unerbittlichen Repressionen bestraft werden. Der Ausdruck 'Theatergott' wurde gewählt, weil Stanislawski in der sowjetischen Gesellschaft zu einem Idol erhoben wurde. Die Zuweisung einer solchen Rolle ist im Zusammenhang mit dem in der ehemaligen Sowjetunion gängigen Personenkult zu verstehen. Jeder Bereich in der damaligen sowjetischen Gesellschaft wurde von Stalin mit einer fachlichen Autorität besetzt. Für das Theater war es Stanislawski.

Daß es nun gerade Stanislawski war, der in der stalinistischen Gesellschaft zu *der* leitenden Theaterpersönlichkeit schlechthin auserwählt wurde, hatte verschiedene Gründe. Tyszka sah einen Grund darin, daß Stanislawskis Theater von Beginn an in der Tradition des intellektuellen russischen realistischen Theaters stand. So konnte die Linie vom russischen realistischen Theater zu dem des *sozialistischen Realismus* hergestellt werden. Einen zweiten sehr gewichtigen Grund sah er darin, daß Stanislawski der Begründer einer Theaterlehre gewesen war. Mit einem solchen Theatermacher an der Spitze des sowjetischen Theaters konnte Stalin sein Image von Wissenschaftlichkeit ein weiteres Mal bekräftigen, galt Stanislawski doch als der Autor der 'wissenschaftlichen Gesetze' der Theaterkunst.[2] Ganz anders als in den westeuropäischen Ländern war in den osteuropäischen Ländern, besonders in der Sowjetunion die Bedeutung Stanislawskis für das Theater also grundlegend und unumstritten, und sie war Pflicht, staatlich verordnet. Der sowjetische Regisseur Leonid Cheijfez schilderte die Situation, die sich erst seit Perestroika und Glasnost verändern konnte, auf einem Symposium in Berlin:

---

[1] „Man kann nicht wissen, wie sich die Dinge ereignet haben, aber wir würden einen großen Fehler machen, und dies wäre ein Verrat an Stanislavski, mit der Geheimhaltung dessen, was an diesem Ort, mit ihm und mit dem Künstlertheater in den 30er Jahren gewesen ist." Ebd.
[2] Originalzitat Franz. a.d. Russ.:„Premièrement, Stanislavski était issu de la tradition intellectuelle et théâtrale par excellence russe. Il était donc relativment facile de démontrer que le rôle et la vie de l' Autorité théâtrale correspondent à ceux du Chef, qu' ils sont même leur reflet dans un champ limité du théâtre. Deuxièmement, Stanislavski était fondateur d' une cohérante doctrine théâtrale ce qui facilitait énormément de le désigner, à l' image de Staline, l'auteur des 'lois scientifique' de la création théâtrale." Tyska 1989/128

„Bis zur Perestroika, oder besser: bis zur Zeit Stalins, wurde Stanislawski ein sehr großer Schaden zugefügt: Stanislawski hat man geliebt in der Zeit Stalins, und diese Liebe und diese Forderung an das ganze Land, an das ganze sowjetische Theater, sich nur nach Stanislawski zu richten, hat vielleicht den größten Schaden gestiftet. ... Und jetzt entwickeln sich ganz normale Beziehungen zu ihm. Also nicht zu Stanislawski als einem Staatsportrait, sondern zu Stanislawskis als einem großen Künstler."[1]

Die in Osteuropa gängige Meinung beispielsweise, daß Stanislawski als einer der führenden Vertreter des *sozialistischen Realismus* sei, ist im Westen entweder gar nicht bekannt oder wird von manchem Interpreten sowieso als abwegig hingestellt. Der Kritiker und Schriftsteller Jürgen Rühle bezeichnete den Wandel des Stanislawski-Systems zum „kommunistischen Dogma und als die allgemeingültige Methode des sozialistischen Realismus auf dem Theater" bereits zum Ende der 50er Jahre als eine „erstaunliche Metamorphose". Und um diese zu verstehen, müsse man, so Rühle

„den ganzen Wust von Legenden und Mißverständnissen abtragen, unter dem inzwischen Leben, Werk und Gedankengut Stanislawskis begraben wurden." (Rühle 1957/50)

Rühle stand mit seinen Ausführungen bereits damals in krassestem Gegensatz zu denen der damaligen sowjetischen Stanislawski-Interpreten, die ja gerade diese Wandlung Stanislawskis verursacht hatten. Tyszka kommt heute zu dem Schluß, daß die unter dem Einfluß des Stalinismus entstandene Rezeption Korrekturen an Stanislawskis Biographie und bezüglich seiner Lehre vorgenommen hatte, zuvorderst nennt er zwei:

„Premièrement, il fallait dégager le caractère progressif et revolutionnaire de l' attitude de Stanislavski avant la Révolution d' Octobre, passer sous silence et neutraliser le fait que Stanislavski avait été un capitaliste, l' héritier d' une grande fortune.
Deuxièmement, il fallait prouver que les principes de la doctrine théâtrale de Stanislavski trouvent leur source dans les fondements universels, objectifs et scientifique du matérialisme dialectique et historique stalinien; prouver qu' ils sont un reflet fidèle dans le théâtre."[2]

Die folgenden Ausführungen dieses Kapitels verfolgen die Auswirkungen der politischen Umwälzung in Rußland bzw. der Sowjetunion auf Stanislawski, auf seine Position und seinen Weg als Künstler und Mensch. Sie geben Einblick in Stanislawskis vor- und nachrevolutionäres Schaffen als Autor seines großen theoretischen Werkes, das sowohl ihn wie seine Nachlaßverwalter, aber auch seine Leser immer wieder gleichzeitig fesselte und erschöpfte. Es handelt von den Problemen mit der Zensur, die natürlich alle damals tätigen

---

[1] Nach Aufzeichnungen der Verf. von einem Symposium zum Thema „Aktuelle Situation des Theaters in Moskau und die Ausbildungsprinzipien am GITIS (Staatliche Theaterhochschule Moskau) am 3.9.1989 im Literaturhaus Berlin
[2] „Erstens war es nötig, den progressiven Charakter einzulösen und das Verhalten von Stanislawski vor der Oktoberrevolution revolutionär zu machen, zu verschweigen und zu neutralisieren, daß er ein Kapitalist gewesen ist, der Erbe eines großen Vermögens. Zweitens, war es notwendig zu beweisen, daß die Prinzipien der Lehre des Theaters von Stanislawski ihren Ursprung in den universalen Grundlagen und Wissenschaften des stalinistischen dialektischen und historischen Materialismus finden." Tyszka 1989/128

sowjetischen Wissenschaftler, Schriftsteller und Künstler betrafen. Das besondere Problem in Bezug auf Stanislawski liegt darin, daß das Bild auch hierzulande über ihn revisionsbedürftig ist. Das trifft meiner Meinung nach für das amerikanisierte Bild Stanislawskis zu wie auch für das, das über die ehemalige DDR in die Bundesrepublik gelangte. Wenngleich Stanislawskis Schriften wie die Werke anderer russischer Künstler und Autoren im heutigen Rußland neu erschlossen werden können und auch werden, so schlagen sich diese Überarbeitungen noch kaum in der jüngeren deutschsprachigen Stanislawski-Rezeption nieder, bzw. sind bestimmte alte, überkommene Auffassungen über Stanislawski so verfestigt, daß sie das heutige Stanislawski-Bild immer noch fehlerhaft bestimmen. Eines der schwierigsten Themen in dieser Beziehung stellt die Frage nach dem *frühen* und dem *späten* Stanislawski dar, das in dieser Studie ebenfalls erörtert wird.

Proletarische Revolution und „Roter Zar"
Auswirkungen der Oktoberrevolution 1917

Die Oktoberrevolution von 1917 zeigte keinen nennenswerten Einfluß auf Stanislawskis Theaterkonzept eines *Psychologischen Realismus*, das er in dieser Zeit bereits entwickelt hatte. Noch weniger wurde die Entwicklung seiner Schauspieltheorie und -methodik davon berührt. Ganz im Gegenteil begann er wenige Jahre nach der Revolution sein erstes Buch zu schreiben, und zwar auf seiner Gastspielreise in den USA, wo er es auch zunächst veröffentlichte. Er und seine Arbeit waren im ideologischen „Feindlager" willkommen. Die Situation Stanislawskis und seines Theaters waren nach der Revolution entsprechend schwierig. Die Inszenierungstätigkeit am Haus ging nur mühsam voran. Zu viele Neuerungen durch den politischen Umbruch brachten Verunsicherungen und auch Behinderungen im organisatorischen wie im konzeptionellen Fortgang des Theaters mit sich. So hatte das Künstlertheater in den Jahren zwischen 1918 und 1923 nur insgesamt zwei Premieren herausgebracht, *Kain* von Byron und *Der Revisor* von Gogol. Zwischen der neuen proletarischen Kultur, die nun erstrebt wurde, aber erst noch zu schaffen war, und der alten bürgerlichen, die überwunden werden sollte, wurde unterschieden. Dennoch erhielt das *MCHAT* wie alle anderen staatlichen Bühnen den zusätzlichen Titel 'Akademisches Theater'. (Poljakowa, 1981/381 u. 384)

Wenngleich die Theaterleute des Künstlertheaters immer wieder massivst von den radikalen Vertretern einer reinen proletarischen Kultur angefeindet wurden, geschlossen wurde ihr Theater nicht. Zu unterschiedlich waren die Meinungen über das Wie und Was des Aufbaus einer neuen proletarischen Kultur. Die wurde zunächst von dem mit dem Ausbruch der Oktoberrevolution gegründeten *Proletkult* und vom *Narkompros*, dem Komissariat für Volksaufklärung, in die Hand genommen. Aber auch hier entwickelten die Zuständigen so unterschiedliche Vorstellungen, so daß sowohl die Künstler der proletarischen wie auch die der bürgerlichen Richtung trotz der Einmischung der bolschewistischen Partei weitgehend unabhängig von der staatlichen Kontrolle arbeiten konnten. So wurden auch den Leitern des *MCHAT* in diesen ersten Jahren nach der Revolution keine Auflagen gemacht, die Theaterarbeit in den Dienst der kommunistischen Doktrin zu stellen. Das sollte erst unter der restriktiven Kulturpolitik Stalins geschehen. Der Spielplan des *MCHAT* zeigte deshalb keine besonderen Veränderungen. Das gängige Repertoire, das in anderen Kapiteln noch ausführlich vorgestellt wird, wurde weiterhin aufgeführt. Veränderungen gaben sich dagegen im Publikum. Im Zuge der gesellschaftlichen Umgestaltung sollte nun auch das Proletariat vermehrt in den Genuß der etablierten *akademischen* Kunst kommen. Der Verkauf der Eintrittskarten fand von nun an ausschließlich über die Behörden und Fabriken statt. Obwohl Stanislawski, vor der Oktoberrevolution selbst Fabrikbesitzer, das Personal seiner eigenen Fabrik öfter in seinem Haus zu Gast hatte, wurden nun zweifellos neue Zuschauer erreicht, die zum Teil vorher noch nie in einem solchen Theater gewesen waren. Stanislawski versuchte, das neue Publikum an die Sitten und Gebräuche im Theater heranzuführen:

„Gestern hatte ein gemischtes Publikum das Theater gefüllt, unter dem sich auch Intelligenz befand; heute hatten wir eine völlig neue Zuhörerschaft vor uns, von der wir nicht wußten, wie wir uns ihr gegenüber verhalten sollten. Auch sie wußte nicht, wie sie uns begegnen sollte und wie sie sich mit dem Theater anfreunden sollten. Natürlich änderten sich in der ersten Zeit das Regime und die Atmosphäre des Theaters mit einem Schlag. Wir mußten ganz von vorne anfangen, den in seiner Einstellung zur Kunst völlig primitiven Zuschauer still sitzen lehren, ihm beibringen, daß er sich nicht unterhalten, rechtzeitig seinen Platz einnehmen, nicht rauchen, keine Nüsse knabbern, den Hut abnehmen solle und daß man im Theater nicht seine Butterbrote auspackt." (St. 1951/627f)

Nicht nur an diesem Zitat ist zu bemerken, daß Stanislawski in seinem Theater weiterhin ausgesprochen bürgerliche Maßstäbe anlegte. In seinen Ausführungen über die Revolution schrieb er in seiner Autobiographie wenig mehr als über die Konfrontation mit dem neuen proletarischen und bäuerlichen Publikum, das seiner Meinung nach offensichtlich eine gewisse Erziehung für den Theaterbesuch benötigte. Bezeichnend ist auch die Situation, daß am *MCHAT*, als die Oktoberrevolution ausbrach und revolutionäre Truppen in Richtung Kreml marschierten, gerade Tschechows KIRSCHGARTEN gespielt wurde. Ein Stück, das das Leben einer verarmten Gutsbesitzerfamilie psychologisierend und nicht politisch darstellte. Ein Grund, weshalb Stanislawski und das Ensemble sogar befürchteten, daß die Vorstellung abgebrochen werden müsse. Das mußte sie nicht, es gab großen Applaus, nur "aus dem Theater gingen die Zuschauer schweigend", schrieb Stanislawski. (Rühle 1957/49f) Das *MCHAT* war und wurde keine Bühne des politischen Agitationstheaters, wie es sich im Laufe der 20er Jahre in der Sowjetunion allerorten, in den großen Städten wie auch in den Provinzen, im Rahmen des *Proletkult* oder auch des *Theateroktober* entwickelte. Die proletarische Theaterkunst war seine Sache nicht, auch wenn er ihr, zufolge der Stanislawski-Biographin Selena Poljakowa, nicht grundsätzlich abgeneigt war. (Poljakowa 1981/392) Der Anführer der neuen erstarkenden proletarischen Theaterbewegung wurde sein ehemaliger Schüler Wsewolod E. Meyerhold, der seine Kunst, solange er es für richtig hielt, direkt in den Dienst der revolutionären Bewegung und der kommunistischen Partei stellte, verschiedenartigstes politisches Theater praktizierte und 1920 zur Leitung der Theaterabteilung des *Narkompros* ernannt wurde. Stanislawski dagegen hielt sich unpolitisch und antwortete beispielsweise auf die Frage eines Berliner Journalisten, „wie sein Theater in Moskau die Zeiten und Wirrnisse der Revolution überstanden habe":

„Bevor ich darüber spreche, muß ich betonen, daß wir ganz unpolitisch sind. Wir kümmern uns nur um unsere Kunst, aber nicht um Politik; ich weiß eigentlich gar nicht, was sich politisch in Rußland zuträgt. Ich kann nur sagen, daß es uns in Moskau gut geht." (Vossische Zeitung 29.11.1921, in Just 1970/289)

In der landeseigenen Presse rief er mit seinem deutlichen Festhalten an einer unproletarischen, vom ästhetischen, aber keineswegs vom politischen Standpunkt aus erneuerten Theaterkunst boshafte Reaktionen hervor:

„Die Rede K.S. Stanislawskis, des Vertreters aller Greise des Moskauer Künstlertheaters, zeigt die äußerste ideologische Hilflosigkeit und geistige Entfremdung dieser Gruppe von unserer Epoche. Sie verstehen ganz und gar nicht, in welcher Epoche sie leben, und darum ist es äußerst naiv, an sie irgendwelche Forderungen ideologischer Art zu stellen ...." (In Rühle 1957/49f)

Auch sein *System*, das zu diesem Zeitpunkt bereits einen gewissen Bekanntheitsgrad erreicht hatte, wurde vom ideologischen Standpunkt aus verrissen. Es sei

„durch und durch bürgerlich, subjektiver Idealismus, durchdrungen von Metaphysik, Mystizismus, Sensualismus, Mechanizismus und allen anderen idealistischen Übeln - nichts anderes als ein Selbstbetrug, eine abstrakte hysterische Moral, die von bürgerlichen Ideologen zur besseren Erhaltung der kapitalistischen Grundsätze erdacht wurde." (Ebd.)

Aber nicht nur die russische Intelligenz war, wie z.B. der revolutionäre Schriftsteller Maxim Gorki, eng mit der Tradition des *MCHAT* und mit Stanislawski persönlich stark verbunden, sondern auch Lenin selbst. Er rettete das von Mitgliedern der Kommunistischen Partei zum Teil stark angefeindete *MCHAT* in die junge Sowjetunion hinüber. Das *MCHAT* wurde gewissermaßen als ein erhaltenswertes Relikt der 'alten Zeit' akzeptiert. Es entsprach zwar nicht, aber es störte auch zunächst nicht den Strom der revolutionären Prozesse. "Wenn es ein Theater gibt", schrieb Lenin,

„das wir aus der Vergangenheit auf jeden Fall herüberretten und erhalten müssen, dann ist es natürlich das Moskauer Akademische Künstlertheater." (Ebd. 50)

Stanislawski wurde samt seines Theaters unter 'Denkmalschutz' gestellt und dabei in den 20er Jahren mit den höchsten Orden der Sowjetunion, dem 'Roten Banner' und dem 'Lenin-Orden', geehrt. Doch die umstrittene Position des *MCHAT* verlangte schließlich nach einschneidenden Maßnahmen. Ein Teil seines Ensemble wurde Anfang der 20er Jahre im Auftrag des Sonderkomitees für Auslandsreisen von Künstlern und Kunstausstellungen mit Stanislawski auf ausgedehnte Auslandstourneen nach Westeuropa und den USA geschickt. (St. I 1988/550) So konnte man zunächst den politischen Konfrontationen im eigenen Land entweichen. Die Gastspielreise nach Berlin, Prag, Zagreb, Paris und in mehrere Städte der USA wurde für das *MCHAT* ein großer Erfolg.

Stanislawskis Aufenthalt in den USA

Die Begegnung der russischen Schauspieler und Regisseure mit den amerikanischen Künstlern war folgenreich und ist es bis in die heutige Zeit. Nicht nur Stanislawski selbst, sondern auch seine Schüler setzten neue Maßstäbe in der Schauspielkunst. Richard V. Boleslawski (1887-1937) kam als Filmregisseur in Hollywood zu großem Erfolg, allein zehn seiner Filme wurden mit dem Oscar ausgezeichnet. (Kulesza in *Le siecle Stanislawski* 1989/98) Stanislawskis Bedeutung und Einfluß und der seiner Schüler ergab sich aber auch hier, vergleichbar wie in der Sowjetunion, nicht nur durch Inszenierungen, sondern durch die von ihm entwickelte Methodik, seine Lehre zur Schauspielkunst, sein *System*.

Er unterrichtete die amerikanische Schauspielerin und Schauspielpädagogin Stella Adler (1906-1992). Obwohl sie nur einige Wochen bei Stanislawski Unterricht hatte, baute sie ihre weitere eigene schauspielpädagogische Arbeit auf seiner Methodik auf. Wenngleich man dazu sagen muß, daß Stanislawski ihr klar zu machen versuchte, daß sie sein gesamtes *System* nicht in ein paar Wochen verstehen und erlernen könne. Bis heute, auch in der Bundesrepublik Deutschland, maßgeblich für die moderne Schauspielkunst ist die Adaption des Stanislawski-Systems durch Lee Strasberg (1901-1982). Er hatte sich Stanislawskis Methodik vor allem durch dessen Schriften erarbeitet und als eigene Lehrmethode weiterentwickelt zu der sogenannten bekannten *method*. Seine Beziehung zu dem Schauspielsystem Stanislawskis beschrieb er in seiner Autobiographie folgendermaßen:

> „Man hat mich oft gefragt, in welcher Beziehung das 'Stanislawski-System ' zur sogenannten 'method stehe. Ich habe dazu immer ganz einfach gesagt, daß die Methode auf den Grundsätzen und Verfahrensweisen des Stanislawski-Systems beruhe. ...
> Sie beruht nicht allein auf den Verfahrensweisen Stanislawskis, sondern auch auf den Klärungen und Anregungen, die Wachtangow beigesteuert hat. Hinzugefügt habe ich einige Deutungen und von mir entwickelte Verfahrensweisen. Durch unsere weiterführenden Überlegungen, durch Analyse, Anwendung und Ergänzung haben wir einen nicht unerheblichen Beitrag zur Vervollständigung von Stanislawskis Werk geleistet." (Strasberg 1988/112)

So beeinflußte Stanislawski nicht nur persönlich, sondern maßgeblich auch über seine Schüler und seine Schriften in den 20er und 30er Jahren die amerikanischen Theatermacher. Besonderen Einfluß auf die Stanislawski-Rezeption hatte sein USA-Aufenthalt auch insofern, als dort die ersten Buchpublikationen zu seiner Schauspielarbeit erfolgten. Sein erstes Buch, seine Autobiographie *Mein Leben in der Kunst*, begann er im Jahre 1923 auf dieser Gastspielreise zu schreiben. Dieser erste Band seines geplanten achtbändigen Gesamtwerkes wurde so in den USA im Jahr 1924 mit dem Titel *My Life in Art* in englischer Sprache publiziert. Erst im September 1926 erfolgte die russische Erstauflage. (Nach Hoffmeier in *Rolle* 1981/264f)[1] 1929/30 schloß er die ursprüngliche Fassung seiner beiden Bücher *Die Arbeit des Schauspielers an sich selbst* Teil I und II[2] ab. (St. II 1988/358) Auch der erste Teil dieses Buches, der die Arbeit im *schöpferischen Prozeß des Erlebens* behandelt, wurde zunächst in den USA, im Jahr 1936, unter dem Titel *An Actor Prepares* (in *Rolle* 1981/266) publiziert, die russische Erstauflage erfolgte erst 1938, wenige Wochen nach Stanislawskis Tod. (Ebd.) Während Stanislawskis *System* in den USA gefeiert wurden, stieß es, wie gesagt, in der Sowjetunion auf heftige Kritik, und das bereits Jahre bevor es dort publiziert wurde. So hieß es in einem Artikel von 1930 in der Zeitschrift *Rabocij i teatr* (*Arbeiter und Theater*):

„Das schöpferische System des Moskauer Künstlertheaters ... muß entlarvt und als ausgesprochen dekadentes System, das im Grunde gegen die Prinzipien des im Aufbau befindlichen proletarischen sozialistischen Theaters gerichtet ist, ... gesprengt werden. (In St. II 1988/359)

In einem weiteren Artikel der Zeitschrift *Sovetskij teatr* (*Sowjetisches Theater*), ebenfalls aus dem Jahr 1930, wurde das Moskauer Künstlertheater als ein „Theater für Seelenzustände, für innere Wahrheit, für Allgemeinmenschliches und Überbewußtes" bezeichnet und deshalb als ungeeignet angesehen, „mit seiner künstlerischen Methode politisches Bewußtsein und politische Aktion von Massen zu organisieren." (Ebd.)

Die von Stanislawski geschaffene und einst als revolutionär geltende Theaterkunst wurde von der vielfältigen proletarischen Theaterbewegung, dem Agitprop-Theater, den politischen Massenspektakeln und den vielen politischen Laientheatern in den Hintergrund gedrängt. Stanislawskis Theater wurde als bürgerlich verschmäht, als revolutionär konnte sein Theater in Anbetracht der radikalen Veränderungen im Theaterleben nun nicht mehr bezeichnet werden. Für ein Theater, das die Kunst des Schauspielers in den Mittelpunkt stellte, war in den neuen Theatern wenig oder gar kein Platz. Da vor allem die politische Agitation von Bedeutung war, rückte die Schauspielkunst hier in den Hintergrund. Zudem war es den oft laienhaften Schauspielern gar nicht möglich, sich eingehend mit Fragen der Darstellung auseinanderzusetzen. Meyerholds Schauspielmethodik, die *Biomechanik*, die im wesentlichen auf Tanz, Gymnastik und Akrobatik aufbaute, entsprach mit ihrem Temperament offensichtlich besser dem Lebensgefühl der revolutionären Theaterbewegung, die zu großen Teilen von jungen Leuten getragen wurde. Im Zuge der Verbreitung der politischen Theaterkultur forderte Meyerhold seinen einstigen Lehrer schließlich sogar dazu auf, sein *System* zu verbrennen. (Nach Rühle 1957/68) Ein vergeblicher Appell an den alten Theatermeister, der sein Leben lang an

---

[1] Stanislawskis Buch *Die Arbeit des Schauspielers an der Rolle* wird hier und im weiteren mit dem kursivgedruckten Kürzel *Rolle* angegeben.
[2] Der erste Teil des genannten Buchtitels *Die Arbeit des Schauspielers im schöpferischen Prozeß des Erlebens* wird in den Anmerkungen im weiteren mit dem kursiv gedruckten Kürzel *Erleben* angegeben. Der zweite Teil mit dem vollständigen Titel *Die Arbeit des Schauspielers im schöpferischen Prozeß des Verkörperns* wird dementsprechend unter dem Kürzel *Verkörpern* geführt.

der Entwicklung seines *Systems* gearbeitet hatte und der währenddessen seine ersten beiden Bücher in den USA publizierte, wo man ihm freundlicher begegnet war. Die Abwertung seiner künstlerischen Arbeit am *MCHAT* und seines *Systems* sollte sich allerdings, wie im weiteren zu sehen sein wird, unter Stalin zur Mitte der 30er Jahre hin grundlegend ändern.

Personenkult im Stalinismus

Nachdem Lenin nach längerer Krankheit im Jahr 1924 gestorben war, übernahm J.W. Dschugaschwili Stalin die Macht in der Sowjetunion. Lenins kurz vor seinem Tode geäußerten Bedenken, daß Stalin seine bereits starke Machtposition in seiner Funktion als Staatsoberhaupt mißbrauchen würde, sollten sich bewahrheiten. Bereits 1929 war es Stalin gelungen, die gesamte Opposition in Partei und Staat auszuschalten. Die Kollektivführung der Partei war zu dieser Zeit bereits abgeschafft. (Kesseler 1985/108) Mit der politischen Entwicklung zu einer starken und unbegrenzten Autokratie, deren ganze Macht in Stalins Händen lag, ging die Entstehung des *Personenkults* um Stalins Person einher. Als entscheidendes Datum gilt bei den Stalin-Experten der 50. Geburtstag des Diktators im Dezember 1929. Der Stalin-Biograph Boris Souvarin schrieb dazu:

„Die systematische Beweihräucherung, die anläßlich des fünfzigsten Geburtstags Stalins aufgenommen und seitdem mit einem Crescendo an gekünstelter Lobhudelei, Ehrerbietung und abgöttischer Verehrung fortgesetzt wurde, sträubt sich die Feder zu beschreiben." (In Laqueur 1990/23)

Tatsächlich nahm der Personenkult um Stalin ganz außergewöhnliche Ausmaße an und ist in der jüngeren Geschichte wohl nur mit dem Mao-Kult in China, dem Führerkult in Deutschland und dem Kult des Duce in Italien vergleichbar. Der Personenkult um Stalin stellt ein Phänomen dar, das für sich genommen viele Forscher beschäftigen dürfte, und das hier auch nur angeschnitten werden kann bzw. soll, da es für die Biographie Stanislawskis und die Rezeption seines Werkes von Bedeutung ist. Der Stalin-Kult übertraf bei weitem den Kult, der vorher bereits um Lenin geschaffen wurde. Gleich Lenin gab Stalin vor, den Kult um seine Person nicht zu mögen, da es „nicht die bolschewistische Art" (ebd. 237) sei. Nichtsdestotrotz ließ er seine Person in der Öffentlichkeit ehren und preisen. Eines von vielen Beispielen aus der *Iswestija*, 1936:

„Die Schriftsteller wissen nicht mehr, womit sie dich vergleichen können, und unsere Dichter verfügen nicht mehr über die Perlen der Sprache, mit denen sie dich beschreiben können." (Ebd. 240)

Der damals hochangesehene Schriftsteller L. Leonow schrieb gar, daß der Tag kommen werde,

„an dem ihm (Stalin) die ganze Menschheit huldigen werde und die Historiker erkennen würden, daß Stalins Geburt und nicht die Geburt Jesu Christi den Beginn einer neuen Zeitrechnung markiert habe." (Ebd.)

Stalin wurde nicht nur gefürchtet und verehrt, er wurde auch aufrichtig geliebt, selbst, wenn diese Liebe in eine Art Vergötterung kulminierte. Stalin galt nicht als 'normaler Mensch'. Er war nicht nur die maßgebliche Autorität für Partei und Staat, sondern auch für die Ideologie und die modernen Wissenschaften. Seine Schrift zur Geschichte der Kommunistischen Partei der Sowjetunion mit dem Titel *Kurzer Lehrgang*, 1933 erschienen, überholte, zumindest was die Auflagenstärke anging, die Klassiker des Marxismus-Leninismus. In allen Bereichen, sei es in Pädagogik, Ökonomie, Musik, Sport, Physik oder Jura, konnte man sich auf ihn berufen. (Ebd. 239) Seine Person stand für die Schaffung eines neuen Zeitalters der Menschheit, das auf den Grundlagen der modernen Wissenschaften und Techniken und den Dogmen des Marxismus-Leninismus basieren (nach Tyszka 1989/128), und gleichzeitig alte Glaubensmuster radikal ablösen sollte.

Diese Verankerung wissenschaftlicher Theorien, die das neue Weltbild der Sowjetunion prägten, halfen den Personenkult und die Macht Stalins zu stabilisieren, halfen den Kult um seine Person auch noch Jahrzehnte nach seinem Tod lebendig aufrechtzuerhalten. Eine einschneidende und längerwährende Veränderung ist diesbezüglich erst mit der Ära Gorbatschow zu verzeichnen. Die sogenannte 'Tauwetter - Periode', die dem politischen Führer der Sowjetunion der Jahre 1954-64, N. S. Chrutschtschow zu verdanken war, brachte zwar eine Liberalisierung und Entstalinisierung des Landes mit sich, die sich übrigens auch bei den historischen Recherchen über die Theatermacher bemerkbar macht. So wurde Meyerhold während dieser Periode rehabilitiert, von Stanislawski gelangten erstmals bislang unliebsame Aufzeichnungen an die Öffentlichkeit. Der Stalinismus setzte sich jedoch nach diesen Jahren erneut wieder durch. Auf einer Podiumsdiskusssion zum Thema Politik und Theater im März 1990 in der Theatermanufaktur Berlin erklärte beispielsweise der in der Sowjetunion lebende Schriftsteller Michail Switkay, daß „der stalinistische Sozialismus noch heute in den Menschen drin ist, und man kaum glauben kann, daß es den nicht mehr gibt."[1]

Verfolgung von Künstlern und Intellektuellen

Stalin hatte aber nicht nur mit seiner Verkündung einer neuen Weltepoche seine Macht durchsetzen und erhalten können, sondern auch durch Machtdemonstrationen, die in einem erschreckenden Ausmaß von Gewalt gipfelten. Mit vier Schauprozessen gegen einige „Schädlinge und Saboteure" (Laqueur 1990/412) in den späten 20er und den frühen 30er Jahren, wurde eine neue Ära in der Sowjetunion eingeleitet. (Ebd. 90) Ihnen folgten die großen „Säuberungsaktionen" der Jahre 1936-38. Hier wurde den angeblichen Stalin-Verschwörern bzw. Trotzki-Anhängern der Prozeß gemacht. Diese Prozesse riefen bereits damals im Ausland großes Entsetzen und Erstaunen hervor, nicht nur weil fast alle Angeklagten zum Tode verurteilt wurden, sondern weil es

---

[1] Nach Notizen der Verf., Podiumsdiskussion „Theater und Politik" in der Theatermanufaktur Berlin, 12.3.1990

sich ausschließlich um die Liquidierung alter Leninisten und auch ehemaliger Gefolgsleute Stalins handelte. Zu ihnen zählen unter zahlreichen anderen Nikolai Bucharin, Gregorij Sinowjew und Leo Kamenew. Leo Trotzki war bereits 1927 aus dem Lande verwiesen worden. Ungeachtet des Ausmaßes des Terrors bleibt die Frage nach den Gründen bis heute unbeantwortet. Stalins Terror ist, wie verschiedene Experten behaupten, in vielen Fällen von Absurdität wie totaler Willkür gekennzeichnet, da er immer wieder Menschen oder Funktionäre betraf, die eben noch zu seinen Mitläufern oder sogar engsten Vertrauten oder gehörten.

Die Kulturschaffenden blieben von dem Terror nicht verschont. Intellektuelle und Künstler mußten sich, sofern sie nicht emigrierten, den neuen politischen und auch den neuen künstlerischen Richtlinien anpassen. Während die außerordentlich fruchtbare Kunstepoche der Jahre von ca. 1900 bis 1927, die sowohl die bildenden wie die darstellenden Künste betraf, als dekadent abgetan und schließlich radikal beendet wurde, erfolgte die Gründung eines staatlich instruierten Verbandes für Schriftsteller und Künstler, wurde eine Theorie über die sozialistische Kultur zum Maßstab aller Kunst. Auf dem ersten Schriftstellerkongreß im August 1934 verkündete Andrej A. Schdanow die Doktrin des *sozialistischen Realismus*.

Doch schon Jahre vorher gab es strenge Restriktionen für die Künstler und Intellektuellen. Im Jahr 1928 wurde die *RAPP* (Russische Assoziation Proletarischer Schriftsteller) gegründet und gewissermaßen gegen die vormals unabhängige Organisation *WAPP* (Allrussische Assoziation Proletarischer Schriftsteller) eingetauscht. Hatten die Mitglieder der *WAPP* einen unabhängigen politischen Verbund gebildet, der sich im Zuge der Proletkultbewegung zusammengefunden hatten, so wurde die *RAPP* von parteitreuen Personen und Gruppierungen bestimmt. Sie wurde damit zum Unterdrückungsapparat gegen oppositionelle Intellektuelle, die kritische Äußerungen gegen den sich manifestierenden stalinistischen Staat wagten. Anatoli Smelianski bezeichnete die Auflösung der *WAPP* bzw. die Institutionalisierung der *RAPP* im Jahr 1928 geradezu als ein Pogrom gegen die russische Kultur, das Jahr 1928 als ein schwarzes Jahr für die Theaterleute und Schriftsteller.[1] Künstler und Intellektuelle mußten sich von nun ab der geforderten 'Parteilichkeit' unterordnen. Andernfalls wurden gegen sie entsprechende Repressionen eingeleitet.

Es traf besonders die avantgardistischen Künstler, die später wegen sogenannter formalistischer Tendenzen in der Kunst beschuldigt wurden. Gruppen wie die *Serapionsbrüder* oder *Oberiu* und viele andere wurden zerschlagen. Stücke, die in der Tradition der Futuristen von Chlebnikow und Majakowski standen, verboten. (Bütow 1986/468) Betroffen von Zensur und Terror waren letztlich die meisten der Künstler, die die zuvor aufblühende avantgardistische und proletarische Kunstrevolution mitgetragen hatten, auch solche namhaften Vertreter wie die Stanislawski-Schüler, Wachtangow und besonders Meyerhold. Das Stück DER SELBSTMÖRDER des sowjetischen Starautoren Nikolaj Erdmann wurde zunächst am Wachtangow-Theater von der obersten Zensur-

---

[1] Originalzitat Franz. a.d. Russ.: „En fait, c'est ce qui détermina l'action contre le R.A.P. en 1928, qui a été l'origine d'un véritable pogrome de la culture russe. Ce fut une anée noire pour les théâtre et les écrivains." Smelianski 1989/126

behörde verboten, dann aber auch an Meyerholds Theater. (Rischbieter/Berg 1985/3084) Das Stück zeigt einen durchschnittlichen Sowjetbürger, der den Entschluß faßt, sein trostloses Leben zu beenden. Seinen Entschluß teilt er seinen Bekannten freudestrahlend mit, und er verwandelt sich plötzlich, da er nichts mehr zu verlieren und vor nichts und niemand mehr Angst hat, auch nicht vor den sowjetischen Bürokraten, in einen Helden. Einen dem kommunistischen Staat gegenüber postiv eingestellten Volkshelden, wie ihn schließlich die Literatur des *sozialistischen Realismus* einforderte, hatte dieses Stück nicht zu bieten, im Gegenteil.

Und auch in anderen Stücken dieser Zeit regte sich laute Kritik an dem stalinistischen Regime. Wsewolod E. Meyerhold inszenierte zwei Stücke von Wladimir Majakowski, DIE WANZE (1929) und DAS SCHWITZBAD (1930), die ebenfalls sofort verboten wurden. (Ebd. 306) Auch in diesen Revolutionsstükken wird das hochgekommene sowjetische Bonzentum, die sogenannte *rote Bourgeoisie* auf satirische Weise angegriffen. Im SCHWITZBAD werden nicht nur phrasenschmetternde Funktionäre dargestellt. Majakowski nimmt hier auch zu der zunehmenden Restriktion der künstlerischen Freiheiten Stellung. Die beiden Stücke signalisierten allgemein Ernüchterung und Enttäuschung gegenüber der Revolution. Das Gegenteil wurde von den Künstlern und Schriftstellern erwartet.

Mit der Verkündung des *sozialistischen Realismus* auf dem ersten Schriftstellerkongreß 1934 war festgelegt worden, was sowjetische Kunst zukünftig sein sollte. Der Sowjetkommunismus sollte positiv dargestellt werden, und ein Volk, das zuversichtlich in die Zukunft dieses Staates blickte. Der positive sozialistische Volksheld, der für das Vaterland und den Sowjetkommunismus auch sein Leben gab, war fortwährend in den Theaterstücken, auch in den Filmen der Sowjetunion mehr oder weniger deutlich hervorzuheben. Alle nichtrealistischen Darstellungsweisen in der Kunst waren verboten. Die Partei bestimmte mit der geforderten zeitgenössischen sowjetischen Dramatik in Stücken wie W.W. Iwanows PANZERZUG 14-69 (1927), L.M. Leonows UNTIOWSK (1929) u.a. Stücken auch den Spielplan des *MCHAT*. Tschechows KIRSCHGARTEN oder Gogols DER REVISOR bedurften einer neuen sozialistischen Interpretation. (Nach Rühle 1957/71) Michail Bulgakows Bürgerkriegsstück DIE TAGE DES TURBINS wurde von der Zensur abgesetzt, bis Stalin persönlich das Stück 1930 jedoch zur Aufführung wieder frei gab. Das nichtkommunistische Stück stellte allerdings eine Sensation im stalinistischen Moskau dar, nur der Schluß mußte leicht geändert werden. (Rischbieter/Berg 1985/312) Aber dem Schriftsteller und Dramaturgen des Moskauer Künstlertheaters kam eine besondere Stellung im Kulturleben jener Zeit zu, die der großen Ausnahme. Trotz seiner kritischen Stücke gelang es ihm, weiterhin tätig zu sein, so daß er zu den wenigen großen sowjetischen Schriftsteller jener Zeit gehörte, die ihr Werk fortführen konnten.

Dem Moskauer Künstlertheater kam überhaupt eine besondere Bedeutung zu. Hier hatte Stalin, so Smelianski, „königliche Großzügigkeit walten lassen." In Wirklichkeit jedoch, „sollte er Stanislawski teuflisch verführen, als Antwort auf alle seine Forderungen, und schließlich wurde das Moskauer Künstlertheater zu dem Künstlertheater der UdSSR, und dieser Name ist ihm geblieben."[1] Dies zu sein bedeutete gleichzeitig ein bzw. *das* Theater des *sozialistischen Realismus* zu sein. Das *MCHAT,* festgelegt mit der Person Stanislawskis, galt als die eine tragende Säule der neuen Kulturpolitik. Als zweite tragende Säule sollte sich ein anderer bedeutender Schriftsteller, Maxim Gorki, erweisen. Er wurde eigens von Stalin aus der Emigration zurückgelockt. Gorki zuliebe mäßigte Stalin sogar zeitweise seine Repressalien und Terror gegen andersdenkende Schriftsteller. Aber auch Gorki hatte sich kritische Einstellungen bewahrt. Hatte er zunächst noch geholfen, den *sozialistischen Realismus* zu propagieren, war er schon 1936 zu einer anderen Ansicht gekommen. So stellte er fest, und dürfte damit auch die Meinung von Stanislawski und anderen Intellektuellen in der Sowjetunion zum Ausdruck gebracht haben:

„Beschämend armselig sind die Kräfte unserer Dichter, kalte Verse werden bei uns geschrieben. Allzu gleichgültig ist diese Froschpoesie. Und sogar wenn von der revolutionären Erektion geschrieben wird, spürt man, daß politisch Impotente schreiben." (Rischbieter/Berg 1985/227)

In diese Zeit fällt auch das Datum der sogenannten Formalismus-Debatte. Sie scheint vor allem mit Gewalt geführt worden zu sein. Unter Berufung auf die Doktrin des *sozialistischen Realismus* fand sie, groß angelegt, im Jahr 1936 statt. (Smelianski 1989/127) In jenem Jahr wurde auch Meyerholds Theater unter dem Verwurf des *Formalismus* geschlossen. Stanislawski engagierte ihn darauf als Regisseur an seinem Theater und hielt damit seine Hand über den einstigen Revolutions- und nun verfemten Künstler. Kurz darauf fiel aber auch Meyerhold dem Terror zum Opfer. Bislang gab es Unklarheit über seinen Tod. Durch die Öffnung der Archive im Zuge der Perestroika ist jedoch bekannt geworden, daß Meyerhold am 1.2.1940 von dem Stalinistischen Militärkollegium des Obersten Gerichts der UdSSR zum Tode durch Erschießen verurteilt und am darauffolgenden Tag hingerichtet worden ist. Dokumenten zufolge wurde ihm in dem Todesurteil vorgeworfen, was unzählige andere auch traf: Seit Anfang der 20er Jahre soll er für eine trotzkistische Organisation tätig gewesen sein und als Spion der englischen und japanischen Geheimdienste gearbeitet haben. Ihm wurden außerdem Vergehen auf künstlerischem Gebiet zur Last gelegt, nämlich „alle antisowjetischen Elemente auf dem Gebiet der Kunst vereinigt,, und damit antisowjetische Propaganda betrieben zu haben. Seit Juni 1939 wurde Meyerhold Folterverhören unterzogen, in denen er, wie viele andere Künstler und Oppositionelle der Sowjetunion, zu Geständnissen und zur Verleumdung anderer gezwungen wurde. Meyerhold und mit ihm der Schriftsteller Isaac Babel, wurden zu einem Zeitpunkt hingerichtet, als der Terror gegen Oppositionelle in Politik, Literatur und Kunst seinen Höhepunkt mit den Massenhinrichtungen und Schauprozessen in den Jahren 1936-38 schon fast überschritten hatte.

---

[1] Originalzitat Franz. a.d. Russ.: "En ce qui concerne le Théâtre d' Art, Staline fut d'une générosité royale. En réalité, il séduisit diaboliquement Stanislavski en répondant à toutes - ses demandes et ensuite le Théâtre d' Art devint Théâtre d'Art de l' U.R.S.S., et ce nom lui est resté." Smelianski 1989/126

In seiner letzten Rede vor dem Unionskongreß der Regisseure - Meyerhold war zu dieser Zeit bereits seiner Arbeit am eigenen Theater enthoben - nahm er zu den Vorwürfen gegenüber seiner Theaterarbeit, zum Zustand des sowjetischen Theaters überhaupt Stellung und nahm dabei kein Blatt vor den Mund:

„... Wie würden Sie die Entwicklung des gegenwärtigen Sowjettheaters beurteilen? Ich für meinen Teil möchte offen aussprechen: Wenn das, was heute auf den besten Bühnen Moskaus geschieht, eine Großtat des neuen Sowjettheaters ist, dann ziehe ich es vor, als Formalist bezeichnet zu werden. Ich für meinen Teil finde das, was gegenwärtig in unseren Theatern geleistet wird, erbärmlich und erschreckend. Ich weiß nicht, ob es Antiformalismus oder Realismus oder irgendein anderer "Ismus" ist, ich weiß nur, daß es geistlos und schlecht ist.

Dieses erbärmliche und sterile Etwas, das den Namen "Sozialistischer Realismus" beansprucht, hat mit Kunst nichts zu tun. Theater aber ist Kunst, und ohne Kunst gibt es kein Theater. Gehen Sie in die Moskauer Theater und sehen Sie sich die blassen, langweiligen Aufführungen an, die sich alle gleichen und nur im Grad ihrer Wertlosigkeit unterscheiden. ...

Niemand vermag mehr die künstlerische Handschrift des Maly-Theaters, des Wachtangow-Theaters, des Kammertheaters, des Moskauer Künstlertheaters zu erkennen. An den großen Städten, an denen es einstmals nur sprudelndes, stets sich erneuerndes künstlerisches Leben gab, an denen Männer der Kunst suchten, experimentierten, irrten und Wege fanden, um Inszenierungen zu gestalten, von denen einige schlecht und andere großartig waren, an diesen Stätten ist nichts mehr zu finden als eine deprimierende, wohlmeinende, aber hoffnungslose Mittelmäßigkeit und ein verheerender Mangel an Begabung."[1]

Meyerhold wurde noch am Tage seiner Rede verhaftet. Seinen deutlichen Worten folgte umgehend eine deutliche Antwort, die wie gesagt mit Folterungen und seiner Hinrichtung endete. Gorki versuchte schon in den Jahren zuvor zu emigrieren, da inzwischen viele seiner Freunde ums Leben gekommen waren, doch ihm wurde das verwehrt. Man nimmt an, daß auch er wie Meyerhold und viele andere keines natürlichen Todes gestorben ist, da er dem Machtapparat Stalins zunehmend kritisch gegenüberstand und seinen Dienst verweigerte. Eindeutige Beweise für die Ermordung Gorkis gibt es jedoch bis heute nicht. (Laqueur 1990/255) Im Jahre 1936 starb er im Alter von 68 Jahren in seiner Villa bei Moskau. Einer Version seines Todes zufolge, veranlaßte Stalins einstiger Geheimpolizeichef Jagoda, Gorki durch seinen Leibarzt umbringen zu lassen. (Rischbieter/Berg 1985/227)

Über Stanislawskis Tod weiß man soviel, daß er lange krank war, und schließlich im Alter von 73 Jahren im Krankenbett verstarb. Für ihn galt in seinen letzten Lebensjahren, wie übrigens auch für andere Künstler, die vom Terror verschont blieben, und nicht emigrierten, eine von der sowjetischen Regierung erlassene Anweisung: „Isolieren Sie, aber bewahren Sie." (Nach Smelianski 1989/127) Das hat man mit Stanislawski gemacht, der sein Haus in der Leontjewgasse in den letzten Jahren fast überhaupt nicht mehr verlassen hatte, und dort auch zuletzt seine Proben abhielt.

---

[1] Die Rede wurde aufgezeichnet von Jelagin in seinem Buch *Zähmung der Künste*. In Rühle 1957/127f

Der Theatergott Stanislawski unter Stalin

„Il aurait été merveilleux que Stanislavski soit mort sur scène, c'aurait été aussie beau que la vie de Molière! C'aurait être une vie aussie pure qu'elle a commencé. Mais ces dix dernières années posent des questions auxquelles nous sommes obligé de répondre."[1]

Seit 1928 wurde Stanislawski, wie allen anderen Künstler, zunehmend dazu aufgefordert, oder genauer gesagt gezwungen, sich den neuen Richtlinien in der Kunst anzupassen. Zwar war die Doktrin des *sozialistischen Realismus* noch nicht als solche manifestiert, aber mit der Gründung der *RAPP* in jenem Jahr setzte die systematische Unterdrückung avantgardistischer und kritischer Künstler bereits ein und eine der kreativsten Kunst- und Theaterepochen, der Stanislawski unzweifelhaft auch angehörte, wurde durch eine von sowjetischen Parteibürokraten verordnete sowjetische Ästhetik ausgelöscht.

Zwar wandte sich Stanislawski, wie im folgenden zu sehen sein wird, anfangs gegen die Dogmen der sowjetischen Ästhetik, genauer gesagt gegen ihre Literatur und gegen die Arbeitsweisen am Theater, aber später galt er in den Augen der Öffentlichkeit als einer der führenden Vertreter des *sozialistischen Realismus* und gab öffentliche Bekundungen in dieser Weise darüber ab. Davon zeugen auch einige ins deutsche übertragene Aufsätze und Reden von Stanislawski, die 1967 in der ehemaligen DDR veröffentlicht wurden.[2] Aufschlußreiches Material diesbezüglich bieten zudem die 1988 veröffentlichten *Ausgewählten Schriften* aus dem Nachlaß von Stanislawski mit zahlreichen Texten zu seiner Arbeit am Moskauer Künstlertheater.[3]

Smelianski sprach auf dem Pariser Symposium von dem Gesinnungswandel Stanislawskis und anderer Künstler, aber er betonte dabei immer wieder die schwierigen Umstände der dreißiger Jahre in der Sowjetunion, denen sich die Künstler, und besonders die prominenten unter ihnen, zu beugen hatten.

„Il faut se souvenir du contexte général des années 30, de comment on a pu forcer les artistes à changer d'attidute, comment on a pu les casser et les briser." (Ebd.)[4]

Die gegebenen Bedingungen ließen seit Ende der 20er und noch mehr seit Beginn der 30er Jahre zunehmend weniger Spielraum zu. Entscheiden konnten

---

[1] „Es wäre besser gewesen, wenn Stanislawski auf der Bühne gestorben wäre (gemeint ist sein Auftritt im Jahr 1928, bei dem er einen Herzanfall erlitten hatte, die Verf.), dies wäre ein Leben gewesen, so schön wie das Molières! Das wäre ein Leben gewesen, so rein wie es begonnen hatte. Aber diese letzten zehn Jahre werfen Fragen auf, welche wir verpflichtet sind zu beantworten." Smelianski 1989/127
[2] Gemeint sind seine Schriften *Aus Reden und Aufsätzen 1924-1938*, veröffentlicht in *Kunst und Literatur* Heft 3, 1967
[3] K.S. Stanislawski: Moskauer Künstlertheater, Ausgewählte Schriften in 2 Bänden. Hrsg. von Dieter Hoffmeier, 1988
[4] „Man muß sich an die generellen Umständen in den 30er Jahren erinnern, daran, wie man die Künstler zwingen konnte, ihre Einstellung zu ändern, sie zu degradieren und zu zerbrechen." Smelianski 1989/127

sich die Künstler und Intellektuellen nur zwischen Widerstand und Anpassung. Zu emigrieren gelang nur wenigen und wurde in den seltensten Fällen erlaubt. Widersätzlichkeit wurde, wie nicht nur das Beispiel Meyerholds zeigt, häufig mit Repressionen oder sogar dem Tode bestraft und nicht nur mit dem eigenen. Mit der Verbannung oder auch Ermordung der nächsten Verwandten wurde offensichtlich nicht nur gedroht, sie wurde auch schonungslos umgesetzt. So wurde auch Meyerholds Frau, die Schauspielerin Sinaida Reich, wenige Wochen nach Meyerholds Verhaftung, in ihrer Wohnung ermordet aufgefunden. (Nach Rühle 1957/130)

Der bei Stanislawski erfolgte Gesinnungswandel, der auch bei anderen Künstlern anzutreffen war, soll im folgenden nachgezeichnet werden. Hierzu gibt es auch reichlich deutschsprachige Quellentexte, sie sind u.a. in den genannten o.g. Publikationen zu finden. Nach seinem 1928 erlittenen Herzanfall war Stanislawski in den Jahren 1929 und 1930 in Badenweiler und Nizza zur Kur. Als er gekräftigt nach Moskau und zur Arbeit ans Künstlertheater zurückkam, hatte sich die Situation dort inzwischen entscheidend verändert. Die künstlerischen Maßregelungen der neu gegründeten *RAPP* hatten auch die Künstler an seinem Theater getroffen. Stanislawski sah sein Theater als verloren an und notierte:

„Je trace le mot FIN à la fin de l'ouvrage qui s'appele Histoire du Théâtre d'Art de Moscou, et j'ai le sentiment qu'on vient de tuer mon enfant."[1]

Auch in einem der ersten Entwürfe eines Gesuchs an die Regierung 1930/31 sprach Stanislawski von dem Ende seines Theaters.

„Sollte ich mich jedoch irren - ... in der Bestimmung und Beurteilung unserer Aufgaben in der Gegenwart - und sollte das Künstlertheater in unserer Zeit nutzlos und unnötig sein, das heißt, sollte die Gegenwart sein Wesen als falsch ansehen, schrecke ich nicht zurück vor der Schlußfolgerung, daß es nicht mehr bestehen kann und unverzüglich geschlossen werden muß. Dann mag mir die revolutionäre und sowjetische Geschichte gestatten, auf der letzten Seite der Chronik des Künstlertheaters mit eigener Hand das Wort 'Ende' zu schreiben." (St. II 1988/135)

Stanislawski schickte diese Version seines Gesuchs, in dem er vor dem weiteren Verfall des Künstlertheaters warnte, nicht ab. Interessant ist dieses mehrseitige Dokument trotzdem, da es Stanislawskis Kritikpunkte aufzeigt. Er beschwerte sich über die bestehende Leitung, die er für die Organisierung des Theaters und seine künstlerischen Belange für absolut unqualifiziert hielt. Man achtete seiner Meinung nach nur auf die Quantität, aber auf nicht die Qualität der Aufführungen. So kam es, wie er ausführte, in der Spielzeit 1930/31 an 260 Tagen zu insgesamt 750 Vorstellungen. (Ebd. 359)

Fehler warf er nicht den Schauspielern oder anderen Bühnenangehörigen, sondern allein der, wie er schrieb, „behördlich sanktionierten, im Grunde jedoch unfähigen Leitung" (ebd. 139f) vor. Im Mittelpunkt seiner Einwendun-

---

[1] „Ich schreibe das Wort ENDE für das Ende eines Werkes, welches die Geschichte des Moskauer Künstlertheaters ist, und ich habe das Gefühl, man kommt, um mein Kind zu töten." In Smelianski 1989/126

gen standen aber die neuen Spielplanforderungen, von denen er sich ausdrücklich distanzierte. Der künstlerisch-politische Rat des *MCHAT* vertrat in dieser Zeit noch die Ansichten der Presse und der *RAPP*, die die Theaterarbeit Stanislawskis und die seiner alten Mitarbeiter für reaktionär hielten und in übelster Weise beschimpften. Die neue Leitung versuchte daher mit politischen Gegenwartsstücken den neuen Tendenzen in der Kunst zu entsprechen. Stanislawski wandte sich, wie schon vor ihm Meyerhold, Gorki oder Majakowski, ohne Vorbehalt gegen die neue sowjetische Gegenwartsdramatik:

„Unter dem Vorwand unbedingten Reagierenmüssens auf brennende Fragen der Gegenwart, aus Mangel an Stücken, die politische Konsequenz mit echter Kunst verbinden, ..., zwingt er (der künstlerisch-politische Rat des *MCHAT*, d. Verf.) also Eintagsstücke mit jenem Minimum an primitiver Agitation aufzuführen ... Hier liegt die Quelle für den organisierten Pfusch.
Man zwingt uns, den Zuschauern Pfusch anzubieten ... Nein, so geht das nicht. Mit Pfuscharbeit kann man Zuschauer genausowenig erziehen, wie man damit Schauspieler erziehen kann, die den Zuschauern gegenüber verantwortlich sind." (Ebd. 140f)

Zwar wurde dieses Schreiben, in dem Stanislawski sich auch über den Verriß seines noch nicht veröffentlichten *Systems* beschwert, wie gesagt, nicht abgeschickt, aber auch in der sehr stark gekürzten Fassung sprach er davon, daß „es an Stücken mangelt, die politische Konsequenz mit künstlerischen Werten verbinden" und das Theater gezwungen sei, „primitive Agitation" zu betreiben. (Ebd. 143) Weggelassen hat er allerdings seine Klage über die schlechten Arbeitsbedingungen der Schauspieler, die unter den massenhaften Aufführungen, die sie zu leisten hatten, offensichtlich alle krank wurden. Stanislawski sprach sogar von Todesfällen, die auf die schlechten Arbeitsbedingungen zurückführte. (Ebd. 138f)
In der gekürzten Fassung des Schreibens, das an die Regierung ging, stellte Stanislawski drei Forderungen auf, um das Künstlertheater vor seinem Untergang zu bewahren. Er schrieb, daß sein Theater nur dann

"vor der Katastrophe gerettet werden (könne), wenn:
1. Regierung und Partei treffen genaue Festlegungen über seine Stellung in der Gegenwart als Theater des klassischen Dramas und der besten künstlerisch wertvollen Gegenwartsstücke,
2. es werden ihm die Aufgaben abgenommen werden, die vor allem ein hastiges Arbeiten oder eine übermäßige Zersplitterung seiner Kräfte für Abstecheraufführungen erfordern,
3. ihm das Recht zuerkannt wird, mit anderen Theatern nicht um die Anzahl der neu inszenierten Gegenwartsstücke, sondern um die Qualität ihrer Aufführungen zu wetteifern." (Ebd. 143)

Tatsächlich zeitigte das Ersuchen Stanislawskis seine Wirkung. Im Januar 1932 wurde das Künstlertheater in *Moskauer Akademisches Künstlertheater der UdSSR* umbenannt. Es wurde damit direkt dem Vollzugsausschuß der UdSSR unterstellt, während der künstlerisch-politische Rat aufgelöst und die Leitung in voller Verantwortung Stanislawski und Nemirowitsch-Dantschenko übergeben wurde. (Ebd. 358) So hatte Stanislawski hier auf den ersten Blick einiges erreichen können. Aber der Klärungsprozeß des künstlerischen und politischen Standpunktes des Theaters war damit nicht abgeschlossen. Wie aus einem Brief von Stanislawski an Maxim Gorki hervorgeht, hatte sich die Fragestellung nach dem künstlerischen Konzept eher zugespitzt, war auch die zu erbringende quantitative Arbeitsleistung des Theaters längst nicht gelöst. Stanislawski bekräftigte in diesem Brief seine Auffassung von der Rolle des Künstlertheaters in der Gegenwart als einer

> „besonderen, spezifischen Kunst, die sich von der Kunst anderer Theater unterscheidet. ... Sollen wir all unsere Kräfte auf das Verständnis, die Vertiefung und die Entwicklung unserer Kunst richten, ohne auf eine große Anzahl von Aufführungen Wert zu legen oder sollen wir ... bestrebt sein, schnell und darum flüchtig auf aktuelle Fragen zu reagieren, ohne an die Vertiefung der Kunst zu denken?" (Brief vom 6.1.1933, Moskau. St. 1975/719f)

Zwar wurde diese Frage am Theater diskutiert, aber Stanislawskis Haltung hierzu war währenddessen die gleiche geblieben. Er betonte, daß er sich mit seinem Standpunkt nicht von der Gegenwart abgrenzen wollte, aber die Aufgabe des *MCHAT* darin sähe, „tief und nicht oberflächlich auf die Gegenwart einzugehen", und seine pädagogische Aufgabe darin,

> „die Fähigkeit des Schauspielers von Grund auf so zu bilden, daß er die tiefsten und die stärksten Gefühle der Menschen unserer Tage auszudrücken vermag." (Ebd. 720)

Während in den Kommentaren zu den Quellentexten, darauf verwiesen wird, daß das Moskauer Künstlertheater seit seiner Umbenennung 1932 „eine allseitige Unterstützung zur Verbesserung seines Repertoires und bei der Organisierung der Arbeit" (St. II 1988/38) erhielt, so zeugen einige Briefe von Stanislawski von einer ganz anderen Situation. Noch im Frühjahr 1934 beklagte Stanislawski die fehlende materielle und ideelle Unterstützung des Theaters durch Regierung und Partei, so in einem Brief an den stellvertretenden Leiter seines Operntheaters, L. Sobbinow:

> „Das zweite Übel ist die bürokratische Anpassung der Inszenierungen an den Produktions- und Finanzplan. Hier muß es sich um Leute handeln, die von unserer Sache und gewissen Arbeitsbedingungen absolut nichts verstehen. ....
> Von uns verlangt man sowohl die Heranbildung von Kadern als auch 'Produktion'. Auf diese Forderungen können wir nicht eingehen. Was mich betrifft, so kann ich erstens nicht darauf eingehen, weil ich krank bin, und zweitens, weil ich mein Leben lang gegen Pfuscherei gekämpft habe. Das ist eine bürokratische Forderung, und wir müssen gegen unseren Willen in gleicher Weise darauf antworten, da diese Leute nichts von den Feinheiten der Kunst verstehen." (Brief vom 4.5.1934, Nizza. Ebd. 779)

Stanislawskis Protest war unter den beschriebenen historischen Umständen nicht ungefährlich, vergegenwärtigt man sich die zugespitzte politische Depression dieser Jahre. Und es mag richtig sein, daß es dem *MCHAT* im Gegensatz zu anderen Theatern durchaus gut erging. Das Theater und Stanislawski hatten dafür aber auch einen Preis zu zahlen. So ist eine radikale Wendung in Stanislawskis öffentlichen Äußerungen über die Theaterkunst und über das Verhältnis seines Theaters zur Regierung und Partei schon kurz danach, seit Mitte der 30er Jahre festzustellen. In seinen Reden propagierte Stanislawski nun den *sozialistischen Realismus*, gegen dessen Literatur er noch wenige Jahre zuvor angegangen war, und die sich im Verlaufe dieser Zeit keineswegs verbessert hatte. Auch in Hinsicht auf die avantgardistischen Kunstrichtungen änderte er nun in der Öffentlichkeit seine Meinung. So unterstützte er sogar das Verbot der sogenannten *formalistischen Kunst*. Man muß ihm wohl zugute halten, daß er in diesen Jahren dem verfemten Meyerhold an einem seiner Studios eine Zufluchtsstätte und ihm dort die Möglichkeit zu arbeiten bot. Dokumente aus diesen Jahren zeugen jedoch davon, daß Stanislawski sich, wie so viele andere, den geforderten politischen wie künstlerischen Richtlinien angepaßt hatte. Im Zuge der *Formalismus-Debatte* im Jahr 1936 sprach er sich dafür aus, daß die Partei und der Staat die Entwicklungen auf dem Gebiet der Kunst bestimmen sollten, und bestätigte die offizielle Meinung, daß die formalistischen Prinzipien keine künstlerischen sein könnten. Und als das Erste Studio des *MCHAT* geschlossen werden sollte, unterschrieb Stanislawski den Protestbrief dagegen nicht.

„... Stanislavski comprenait le formalisme, il avait tendu la main à Meyerhold! Mais ses articles déclarent qu' il est merveilleusement exemplaire de voir que ce ne sont pas les artistes, mais le Parti et l' Etat qui doivent prendre en main la bonne évolution des choses dans le domaine de l' art. Lorsqu' il fut décidé de fermer le Premier Studio, qui était l' enfant chéri du Théâtre d' Art, Stanislavski refusa de signer une lettre de protestation."[1]

In der Presse hatten sich die Berichte über das Moskauer Künstlertheater inzwischen schlagartig verändert. Das Künstlertheater und auch das *System* von Stanislawski wurden nun nicht nur von der Regierung, sondern auch in den Verlautbarungen der Presse voll unterstützt. Es war zu *dem* Theater des *sozialistischen Realismus* avanciert. Die ideologische Wandlung des Moskauer Künstlertheaters und Stanislawskis waren damit vollzogen.

In einer rückblickenden Rede zum vierzigjährigen Bestehen des *MCHAT* im Jahr 1938 bekundete Stanislawski klar und deutlich seine ablehnende Haltung gegenüber der als formalistisch bezeichneten Kunst, bezeichnete sich als Vertreter des *sozialistischen Realismus*, und nahm auch zu den viel Ablehnungen und Angriffen, die er zuvor hat hinnehmen müssen, Stellung:

„...Die Revolution brach aus und stellte uns ihre Forderungen.... Während in allen Theatern die Einstellung herrschte, Neues um des Neuen willen zu schaffen und alles Alte zu negieren, brachten wir es nicht fertig, obwohl wir unserer Unzulänglichkeit bewußt waren -, auf das Schöne zu verzichten, das uns das Alte hinterlassen hatte. Hinzu kam, daß uns das von formalistischen Neuerern Angebotene nicht begeisterte. ...
Das wißbegierige Suchen nach dem neuen Theater, bewahrte uns vor den 'Schierlingsbechern' des Formalismus. Wir hielten zwischen Altem und Neuem die Waage.

---

[1] „ ... Stanislawski hat den Formalismus verstanden, und er hat seine Hand schützend über Meyerhold gehalten. Aber seine Artikel zeigen, daß er ausgesprochen beispielhaft die Sicht angenommen hat, daß es nicht die Künstler, sondern die Partei und der Staat sind, die über die Entwicklungen auf dem Gebiet der Kunst verfügen müssen. Als entschlossen worden war, das Erste Studio, das ein Lieblingskind des Theaters gewesen war, zu schließen, hat Stanislawski es verweigert, einen Protestbrief dagegen zu unterschreiben." Smelianski 1989/127

Wenn uns das auch nicht vorwärtshalf, so ließ es uns doch zumindest nicht rückwärtsgehen, ließ uns nicht auf unsere Anforderungen an den Zuschauer verzichten. Wieviel Spott, Beleidigungen, Vorwürfe der Rückständigkeit mußte unser Theater anhören! Wie viele Male trugen uns unsere Gegner in dieser Zeit zu Grabe! Wir gaben nicht auf, und vorsichtig, aber beharrlich suchten wir unsere neuen Wege. Lang und quälend war diese bedrückende Periode, in der wir beinahe Opfer der formalistischen Tendenzen geworden wären, die von uns Besitz ergreifen wollten. ...
Und auf einmal, ganz plötzlich, wie im Märchen, kam die Wende. Die öffentliche Meinung, Artikel in der 'Prawda' unterstützten die von uns gewählte Richtung. Wir begriffen unseren Weg, die Kunst des sozialistischen Realismus und gingen ihn mit größerer Zuversicht." (In *Kunst und Literatur* 1967/310ff)

Und an anderer Stelle:

„In einem berühmt gewordenen 'Prawda'-Artikel (vom 28.1.1938) sagte das Volk seiner Regierung klar, bestimmt und überzeugend seine Meinung über jene Kunst, die es für unsere Epoche als brauchbar und notwendig ansieht. Diese Kunst heißt 'sozialistischer Realismus', den unser Theater jetzt mit großer Beharrlichkeit anstrebt." (Ebd. 313)

Im notwendigen Jargon huldigte Stanislawski der neuen Kunst und Stalins Staat. In der Prawda betonte er im November 1937 nun die waltende Großzügigkeit von Regierung und Partei gegenüber dem *MCHAT* und bestätigte, unter Verehrungsbekundungen für die neue kommunistische Gesellschaft, wiederum den großen Wert der neuen Kunstrichtung:

„Seit dem Beginn der Großen Sozialistischen Oktoberrevolution übernahmen Partei und Regierung alle Fürsorge für das Sowjet-Theater, nicht nur materiell, auch ideell, indem sie über die Wahrheit und die Volkstümlichkeit in der Kunst wachten und uns vor jeder falschen Strömung bewahrten. Waren es doch gerade Partei und Regierung, die ihre Stimme gegen den Formalismus und für eine echte Kunst erhoben. All das verpflichtet uns, echte Künstler zu sein und darauf zu achten, daß sich in unsere Kunst nichts Falsches und Fremdes einschleicht. (...) Wie beglückend ist es, für sein Volk zu arbeiten und dabei enge Verbindung zu ihm zu haben! Dieses Gefühl ist das Ergebnis der Erziehung durch die Kommunistische Partei ..." (St. II 1988/118f)

Als sein persönliches Ziel bezeichnete er es, seine Erfahrungen in der Theaterarbeit aufzuschreiben und sie an die sowjetische Jugend weiterzugeben. Nun ging es aber nicht mehr darum, wie noch in dem Brief vom Januar 1933 an Gorki, den Schauspieler dazu zu befähigen, zu lernen, die „tiefsten und stärksten Gefühle" ausdrücken zu können, sondern zusätzlich darum, den „Schauspieler des Sozialistischen Realismus" heranzubilden.[1] Das bedeutete auch die ideologische Veränderung seines *Systems*. Ihm wurde hiermit eine Komponente zugesetzt, die es ursprünglich nicht enthalten hatte: Die Erziehung des Schauspielers zum *Schauspieler des sozialistischen Realismus*, was immer sich im einzelnen hinter diesem Theorem verbirgt.

---

[1] Dies erklärte Stanislawski in einem seiner Entwürfe zu einer Rede zum 20. Jahrestag der Oktoberrevolution. Ebd. 123

Während er seine ersten beiden Bücher bereits im Auftrag einer amerikanischen Universität geschrieben und publiziert hatte, sollte sein Werk nun auch in Rußland veröffentlicht werden. Daß dies nun möglich war, auch dafür sprach er der Regierung seinen Dank aus. Die nun eröffnete Möglichkeit der Publizierung seines Werkes in der Sowjetunion war offensichtlich daran gebunden, namentlich zur Ausbildung sowjetischer Schauspieler nach den Richtlinien des *sozialistischen Realismus* beizutragen.

„Umgeben von der Aufmerksamkeit und der Fürsorge der Regierung und der Partei (...) schreibe ich ein Buch, in dem ich meine gesamten Erfahrungen der Jugend weitergeben will, und arbeite mit meinem jungen Studio, in dem ich neue, sowjetische Schauspieler ausbilde, Schauspieler des sozialistischen Realismus." (Ebd. 123)

Ob die von Stanislawski geäußerten Danksagungen an Stalins Regierung aus eigener Überzeugung erfolgten, unfreiwillig oder gar unter massivem Zwang erreicht wurden, darüber läßt sich hier in diesem Rahmen nur spekulieren. Letzteres ist in Anbetracht der damaligen Situation anzunehmen. Wenngleich auch zu vermuten ist, daß durchaus einige Momente der Überzeugung bei Stanislawski mitspielten. Aber vielleicht meinte er ja in dem Zitat mit „Aufmerksamkeit und Fürsorge" vielmehr die Beobachtung und Kontrolle durch Regierung und Partei.

Wie immer Stanislawskis persönliche Haltung ausgesehen haben mag, in seinem schriftlichen Werk über seine Schauspielarbeit hinterläßt die Ideologie Stalins keinen bemerkenswerten Einfluß. Weder seine von ihm noch selbst in den dreißiger Jahren überarbeiteten und herausgebrachten Bücher, noch die durch das spätere Redaktionskollegium erstellten Bände. Ein *Schauspieler des sozialistischen Realismus* taucht dort nicht auf. Und auch Stanislawski Mitte der 30er Jahre öffentlich deklarierte Distanzierung von den sogenannten *formalistischen Tendenzen* in der Kunst, können nur als Lippenbekenntnis betrachtet werden. Immerhin verband ihn mit dieser Kunst eine ganze Menge: Es waren vorwiegend seine eigenen ehemaligen Schüler, die diese Kunstrevolutionen, den *Theateroktober* und *Proletkultbewegung* nicht nur mitgetragen, sondern entscheidend mitgestaltet hatten. Auch wenn es zu Zerwürfnissen kam, besonders mit Meyerhold, und auch Tairow und Wachtangow entwickelten eigene Theaterkonzepte, die nicht denen Stanislawskis entsprachen, so ließ er sich immer wieder von ihnen inspirieren und arbeitete zwischenzeitlich auch mit ihnen zusammen. Davon ist in den in diesem Kapitel zitierten Reden aus den 30er Jahren nicht die Rede. Auch nicht davon, daß Stanislawski ja selbst die sogenannte *formalistische Kunst* lange vor dem *Theateroktober* von 1917 praktiziert und programmatisch, wie ebenfalls noch zu sehen sein wird, auch noch in den 20er Jahren in seine Theorie des Theaters integriert hatte.

Das schriftliche Werk in der Zange ideologischer Verhärtungen

Stanislawskis Schriften vor 1917

Stanislawski machte zeitlebens Notizen über seine Beobachtungen und Erfahrungen in der Theaterarbeit. Seine ersten konkreten Pläne, ein Buch über die Theaterkunst herauszugeben, gehen auf das Jahr 1902 zurück, wie aus einem seiner Briefe an die Schauspielerin W.W. Puschkarjowa-Kotljarewskaja hervorgeht:

> „Ich möchte mich an mein Buch machen, ...
> Ich möchte versuchen, so etwas wie einen Leitfaden für angehende Schauspieler zusammenzustellen. Mir schwebt dabei eine Art Grammatik der Schauspielkunst, eine Sammlung von Aufgaben für den praktischen Unterricht vor, die ich bei der Arbeit in der Schule erproben will." (*Erleben* 1981, 362)

Aus seinen Korrespondenzen läßt sich weiterhin entnehmen, daß er im August 1904 mit „seinen Aufzeichnungen" intensiv beschäftigt war. (Brief vom 8.8.1904, Moskau an Kotljarewskaja. St. 1975/184) Zum Ende des Jahres 1907 begann Stanislawski in der Zeitschrift *Der russische Schauspieler* eine Artikelreihe zu publizieren, in der er zu grundlegenden Fragen der Theaterkunst und der Arbeit des Schauspielers allgemein Stellung nahm. (zufolge Kristi in *Erleben* 1981/364) Den Begriff *System* verwandte er erstmals im Jahre 1909 in einem Skript mit dem Titel: „Entwurf eines Artikels: mein System". (Ebd. 365) In demselben Jahr stellte er sein *System* auf einem Kongreß von Theaterschaffenden vor und diskutierte es mit Schriftstellern, Regisseuren und Schauspielern. Er fand viele Anhänger, aber ebenso auch Skeptiker. In den folgenden Jahren wurde seine Schauspielgrammatik unter dem noch heute gültigen Begriff *System* zur theoretischen Grundlage der künstlerischen Arbeit am *MCHAT* und seiner Studios. Seit März 1911 unterrichtete Stanislawski Schauspielschüler des Künstlertheaters nach seiner Methode. (Ebd. 369) Im Jahr 1910 wollte er sein Buch zur Schauspielkunst niederschreiben. In einem Brief an die Frau von Sulershitzki schrieb er jedoch etwas verzweifelt:

> „Zwei Monate lang habe ich eine ganze Reihe von Gedanken und Fragen, die mein *System* betreffen, in mein Gehirn gesät ... ich habe die Zeit nicht, um alles niederzuschreiben, was mir einkommt und wenigstens annähernder wörtlicher Definition bedarf. Wenn ich jetzt nicht dazu kommen sollte, alles schriftlich festzuhalten, werde ich im nächsten Jahr von Neuem beginnen müssen; denn noch ist alles so ungeklärt, daß es leicht in Vergessenheit geraten kann; ..." (August 1910, Kislowodsk an O.I. Sulershizkaja. St. 1975/314)

Er kam aber wieder nicht dazu, seine bisherigen Ergebnisse aufzuschreiben. Seine zahlreichen Aufgaben als Theaterleiter, Regisseur, Schauspieler und Pädagoge, zudem eine Krankheit hinderten ihn wiederum daran, seinen Plan durchzuführen. Der sowjetische Kommentator G. Kristi stellte darüber hinaus fest, daß Stanislawski es auch noch ein Jahr später mit der Veröffentlichung nicht sehr eilig hatte, da sein *System* noch sorgfältig in der Praxis erprobt werden sollte. (Nach Kristi in *Erleben* 1981/368) Aber schon 1910 sprach Stanislawski an anderer Stelle davon, daß sein *System* bis auf einige wenige Fragen bereits sorgfältig genug erprobt sei. Die Aussagen von Kristi darüber, inwieweit das *System* zu diesem Zeitpunkt bereits konsolidiert war, sind etwas widersprüchlich. Die „Grundfragen des Systems" hielt Stanislawski jedenfalls, wie Kristi schrieb, „in diesem entscheidenden Jahr 1910 bereits gelöst." (*Erleben*/367) Anhand meiner Untersuchungen läßt sich ebenfalls feststellen, daß Stanislawski in den Jahren zwischen 1906 und 1910 nicht nur intensive Beobachtungen und Experimente durchgeführt hatte, sondern auch bereits zu diesem Zeitpunkt zu grundlegenden Ergebnissen kam. Auch meiner Meinung nach hatte er die Grundlagen seines *Systems* zu dieser Zeit bereits geschaffen. Im Gegensatz zu Kristi haben meine Studien allerdings darüber hinaus ergeben, daß auch die sogenannte Entdeckung seiner legendären *Methode der physischen Handlung* in diesen Zeitraum fiel.

Die Ergebnisse seiner Proben, seiner Inszenierungstätigkeit aus dieser Zeit schrieb er in Regietagebüchern auf, teilte sie auch gelegentlich in Briefen an Freunde mit oder beschrieb sie Jahre später zum Teil sehr ausführlich in seiner Autobiographie *Mein Leben in der Kunst*. Hatte Stanislawski in den ersten zwei Jahrzehnten des neuen Jahrhunderts zwar noch kein Buch über seine Schauspielkunst veröffentlicht, so erschien doch wenigstens in den Jahren zwischen 1912 und 1914 eine Aufsatzreihe mit dem Titel *Über das Theater*. Hier legte er seine Ansichten zur Schauspielkunst dar. Hier formulierte er beispielsweise, was er unter konventionellem Theater verstand, in seinem Aufsatz *Herkunft und Gefahr des konventionellen Theaters,* und er behandelte zentrale Termini seiner Theorie wie das *Unbewußte*, die *Kunst des Erlebens*, die im Gegensatz dazu stehende *Kunst des Darstellens* und die *Kunst des Vorführens*. Seine späteren theoretischen Aufsätze zur Schauspielerarbeit, von denen die letzten aus den zwanziger Jahren stammen, entsprechen inhaltlich, wenn sie auch insgesamt sehr viel ausführlicher sind, zum Teil sogar wörtlich diesen frühen schriftlichen Fassungen. Das schreiben die Herausgeber der russischsprachigen *Gesammelten Werke* Stanislawskis in der Hauptredaktion von M. Kedrow. (St. II 1988/337) Man kann daraus schließen, daß Stanislawskis theoretische Schriften, in denen er die Zielsetzungen seines Theaters und besonders seiner Schauspielmethodik mit dem zentralen Termini *Kunst des Erlebens* beschreibt, im wesentlichen ein Ergebnis seines frühen und mittleren Theaterschaffens bis etwa 1924 darstellen. Ein neues künstlerisches Konzept entwarf er später nicht mehr, wenngleich, wie gesagt, seine späteren Artikel über seine Theorie ausführlicher waren und hier auch neue Aspekte, wie z. B. das Verhältnis zwischen Zuschauer und Schauspieler, hinzukamen. Die grundlegenden Aussagen seiner früheren Schriften wurden aber beibehalten.

Bezeichnend ist, daß in der Stalin-Ära diese frühen theoretischen Schriften von Stanislawski nicht veröffentlicht und von der staatlichen Zensur zurückgehalten wurden.. Diese Aufsätze, die inhaltlich weit davon entfernt sind, auch nur irgendwelche Grundsätze des Marxismus-Leninismus oder des *sozialistischen Realismus* zu vertreten, wurden in russischer wie in deutscher Sprache erstmals im Jahre 1953 veröffentlicht (St. II 1988/340); d.h. erst nach dem Tode Stalins unter der Führung Chruschtschow's, in der Epoche des 'Tauwetters'.

Und als bemerkenswert ist zu verzeichnen, daß die Redakteure der in der poststalinistischen Ära herausgegebenen *Gesammelten Werke* auf die Bedeutung von Stanislawskis frühsten schriftlichen Niederlegungen für seine letztlich geltende Theorie hinweisen.

Stanislawskis Schriften nach 1917

Für alle Bücher von Stanislawski gilt, seine Autobiographie ausgenommen, daß sie erst in der nachrevolutionären, bis auf seine Autobiographie sogar erst in der stalinistischen und poststalinistischen Ära publiziert wurden. Nur die ersten beiden Einzelbände, *Mein Leben in der Kunst* und *Die Arbeit des Schauspielers an sich selbst im schöpferischen Prozeß des Erlebens*, wurden in den 20er und 30er Jahren in Rußland veröffentlicht. Die *Gesammelten Werke* in 8 Bänden kamen in den Jahren zwischen 1954 und 1961 heraus. Das bedeutet, daß sie den in der nachrevolutionären Ära neu gesetzten ideologischen Kriterien entsprechen mußten. Jedes Kunstwerk und besonders jede Theorie mußte seit Stalin mit den Prinzipien des Marxismus-Leninismus korrespondieren. Stalin vertrat die Meinung, daß jeder Schriftsteller, jeder Künstler, der die Wahrheit sucht, ohne Zweifel den Marxismus finden mußte. Denn für ihn war der Marxismus nichts anderes als die wissenschaftliche Wahrheit vom sozialen Leben, er enthüllte ihm zufolge die objektiven Gesetze des Fortschritts:

> „C'est Staline lui-même qui a mis l'accent sur le fait que chaque écrivains, chaque artiste qui cherche ardemment la vérité, trouvera sans doute le marxisme. Le marxisme n'est rien d'autre que la vérité scientifique de la vie sociale, il découvre des lois objectives du progrès."[1]

Wie aus den bisherigen Ausführungen deutlich wurde, wurde Stanislawski noch Anfang der 30er Jahre von der maßgeblichen kulturellen Organisation, der *RAPP*, aber auch von der Presse als bürgerlich, als für die revolutionäre Kunst völlig ungeeignet angesehen und sogar massiv deswegen angegriffen. Tatsächlich entsprachen seine Schriften in ihrem Tenor keineswegs den politischen Richtlinien des *sozialistischen Realismus*. Eine Publikation seiner Schriften konnte in der Form, wie Stanislawski sie bislang erstellt hatte, nämlich ohne die Orientierung an die Dogmen des Marxismus-Leninismus, nicht im Sinne der kommunistischen Kulturschaffenden der UdSSR sein. Es ist daher auch nicht verwunderlich, daß sich zunächst eine amerikanische Universität für die Veröffentlichung seines *Systems* einsetzte. Mit einer starken ideologischen Prägung durch Stalins Dogmen hätte von dieser Seite sicher kein Interesse an einer Publikation bestanden. Die Rohfassung für das erste Buch über seine Lehrmethode war in den USA im Jahre 1932 fertiggestellt (St. II 1988/353f u. 114), und damit zu einem Zeitpunkt, als Stanislawski und Nemi-

---

[1] „Es ist Stalin selbst gewesen, der den Akzent dahingehend gelegt hat, daß jeder Schriftsteller, jeder Künsler, der die Wahrheit sucht, ohne Zweifel den Marxismus finden wird. Der Marxismus ist nichts anderes als die wissenschaftliche Wahrheit von dem sozialen Leben, er deckt die objektiven Gesetze des Fortschritts auf." J. Siekirska 1953 in Tyszka 1989/129

rowitsch-Dantschenko wieder die Leitung des Künstlertheaters, nun *das Theater der UdSSR*, übertragen worden war, wenngleich der Kampf um die Stellung des Theaters noch nicht abgeschlossen, die Position Stanislawskis als eines Vertreters des *sozialistischen Realismus* noch nicht vollzogen war.

Der Blick in die Konzeptionsgeschichte von Stanislawskis schauspielmethodischen Schriften zeigt, daß ihm seit 1930 nahegelegt wurde, die marxistisch-leninistische Ideologie in sein Werk einzubeziehen. Bereits Mitte der 20er Jahre hatte er, nachdem er gerade seine Autobiographie beendet hatte, die Pläne zu seinem schauspielmethodischen Werk umrissen. Der Literaturhistorikerin und Kritikerin L.J. Gurewitsch, der er auch im weiteren die Bearbeitung und Herausgabe seines Gesamtwerkes anvertraute, teilte er im Jahr 1925 mit, daß er sein *System* in zwei unterschiedlichen Büchern, in einem zur *Arbeit des Schauspielers an sich selbst* und in einem weiteren zur *Arbeit des Schauspielers an der Rolle* niederlegen wollte. Auch die von ihm gewählte Form, den ersten Teil seines *Systems* als Tagebuch eines Schauspielschülers und den zweiten Teil als Geschichte einer Inszenierung herauszubringen, legte er hier bereits fest:

„Über die nächsten beiden Bücher kann ich jetzt schon Genaueres sagen. Das erste sind Notizen eines Schülers, das zweite ist die Geschichte einer Inszenierung. Im ersten wird die Arbeit an sich selbst behandelt, im zweiten die Arbeit an der Rolle." (Brief vom 14.6.1925, Charkow an L.J. Gurewitsch. St. 1975/543)

Die inhaltliche Konzeption seines schauspielmethodischen Werkes, die er im Jahr 1925 fertiggestellt hatte, entspricht in groben Zügen der Realisierung der russisch- und deutschsprachigen Ausgaben. (Nach Kristi in *Erleben* 1981/370) Der Direktionssekretärin des *MCHAT*, R.K. Tamanzowa, teilte er schließlich im April 1930 die neuen Pläne für die Publizierung seines *Systems* mit. Hier wußte er, nach langem Hin und Her, daß er seine Ausführungen über die *Arbeit des Schauspielers an sich selbst* nicht in einem Band unterbekommen konnte, sondern in zwei Bänden herausgeben mußte:

„Das erste Buch wird also heißen: 'Tagebuch eines Schülers. Die Arbeit an sich selbst. Erleben'. ... Zweites Buch: 'Tagebuch eines Schülers. Die Arbeit an sich selbst. Verkörpern'. Drittes Buch: 'Die Arbeit an der Rolle, das schöpferische Befinden und das Unbewußte'." (Brief vom 23.4.1930 aus Nizza. St. 1975/646)

Neben der für Stanislawski außerordentlich großen Schwierigkeit, sein *System* verständlich und übersichtlich in mehreren Bücher zu erfassen, eine Aufgabe, über die er immer wieder verzweifelte, stellte sich aber nun ein ganz neues Problem. In seinen methodischen Schriften stand das *Schöpferische* und das *Unbewußte* immer wieder im Mittelpunkt seiner Ausführungen. Diese von ihm gegebene Akzentuierung in seinem Werk widersprach der Begrifflichkeit und Wertigkeit der kommunistischen Doktrin. Immer wieder war er deswegen harten Angriffen ausgesetzt gewesen. Stanislawski befürchtete zu dieser Zeit dann auch, daß manche Begriffe in seinem Buch zensiert oder sogar seine Bücher verboten werden könnten. Er schrieb seine Befürchtungen an seine Lektorin L.J. Gurewitsch in einem Brief vom 24.12.1930:

„"...Meines Erachtens liegt die Hauptgefahr des Buches in der 'Schaffung des Lebens des menschlichen Geistes' (vom Geist darf nicht gesprochen werden).
Andere Gefahren: Unterbewußtsein, Ausstrahlung, Einstrahlung, das Wort Seele. Ob nicht deswegen das Buch verboten werden könnte?" (In St. 1975/681)

Seine Lektorin wies ihn in einem Brief deutlich auf die aus ihrer Sicht verfehlte ideologische Ausrichtung seiner Schriften hin, darauf, daß sein Buch,

„von dem ein Teil vor der Revolution geschrieben worden war, unzureichend auf die Fragen des zeitgenössischen Lesers antwortet, daß in ihm die Beziehung zwischen der Kunst und dem sie nährenden gegenwärtigen Leben wenig betont wird, daß einige Beispiele, die in dem Buch angeführt werden, Züge der alten Zeit tragen, die ganz fremd für den sowjetischen Leser sind." (Brief von L.J. Gurewitsch an St. St. GW 8 1961/546. A.d. Russ. M. Schulz-Wessel)

Gurewitsch sah darin eine, wie sie schrieb, „riesige Gefahr", daß Stanislawskis „Entrücktheit von der Realität des Lebens" in einem Buch, wie er es geschrieben hatte, offensichtlich werden würde. Sie machte ihn darauf aufmerksam, daß die neue Epoche eine „eigene Welt in allen ihren Forderungen" sei, „in ihrem Blick auf die Kunst und den Künstler, und daß sie unendlich weit entfernt von der Welt" sei, in der sein Buch entstanden war. (Ebd.)
Der Brief, in dem sie ihm das mitteilte von 1930, bekräftigt die Annahme, daß Stanislawskis *System* in der Weise, wie er es niedergelegt hatte, ein Werk der vorrevolutionären Zeit gewesen ist, und daß er es selbst in keinster Weise nach kommunistischen Kriterien ausgerichtet oder gar entwickelt hatte. Es ließen sich in der Fassung von 1930 keine deutlichen Bezüge zu den ideologischen Zielsetzungen des Marxismus-Leninismus festmachen. Das Gegenteil war der Fall. Es verwundert daher nicht, daß ein großer Teil der kommunistischen Bewegung sich aus ideologischen Gründen gegen Stanislawski, das *MCHAT* und gegen sein Schauspielsystem richteten. Stanislawski hatte sein Schauspielsystem nach Wertmaßstäben entwickelt und festgelegt, die nicht zu den dogmatischen sozialistischen zählten. Die Forderungen der sozialistischen Gesellschaft fehlten in seinem Werk und sollten ihm unbedingt noch einverleibt werden.
In seinen weiteren Ausarbeitungen nach 1930 hat sich Stanislawski, zufolge der Kommentatoren, nun aber nach den Hinweisen von Gurewitsch gerichtet. (Ebd.) Wie in dieser Studie noch zu sehen sein wird, hat sich zumindest das Schema des *System*s in diesen wenigen Jahren entscheidend verändert und konnte unter diesen Veränderungen auch der sozialistischen Schauspielkunst besser gerecht werden. Als einschlägiger Theoretiker einer sozialistischen Schauspielkunst wurde Stanislawski jedoch erst in der Nachfolge seiner Schüler zurechtinterpretiert. Anders als in Ländern ehemals sozialistischer Staaten hat sich allerdings dieser 'sozialistische Stanislawski' im Westen eigentlich nie durchsetzen können. Hier galt und gilt Stanislawski trotz Geschichtsklitterung nicht als der Meister einer sozialistischen Theaterkunst, sondern nach wie vor als einer der unverzichtbaren Meister professioneller Schauspielkunst schlechthin.

Zur Edition der Gesammelten Werke und ihren Kommentatoren

Hatte Stanislawski 1925 die erste inhaltliche Konzeption seiner Schauspielbände festgelegt, so stellte er im Dezember 1930 seiner Lektorin Gurewitsch nicht nur die endgültige inhaltliche Konzeption zu den Bänden zur *Arbeit des Schauspielers an sich selbst* und zur *Arbeit an der Rolle*, sondern auch seinen Plan über alle acht Bände seines Gesamtwerkes vor. (Brief vom 23./24.12. 1930, Moskau an L.J. Gurewitsch. Ebd. 680ff)

Sein Entwurf enthielt folgende acht Bände:

    I   Mein Leben in der Kunst
    II Die Arbeit des Schauspielers an sich selbst Teil I und II
    III Die Arbeit des Schauspielers an der Rolle
    IV Ethik und Disziplin des Schauspielers
    V Drei Richtungen in der Kunst
    VI Regiekunst
    VII Opern- und Musiktheater
    VIII Revolutionäre Kunst (gekürzte Zusammenfassung der Verf., ebd.)

In dieser Weise konnte sein achtbändiges Werk, auch in den russischsprachigen Ausgaben, damals allerdings nicht verwirklicht werden.[1] Zum Thema Regiekunst gibt es beispielsweise hauptsächlich Arbeitsberichte von späteren Schülern Stanislawski, die auch ins deutsche übertragenen Bücher von K. Antarowa, N. Gortschakow und W. Toporkow. Nach Angaben der sowjetischen Herausgeber hatte Stanislawski sowohl zum Opern- und Musiktheater wie auch zur revolutionären Kunst kaum Materialien hinterlassen. (Hoffmeier in *Rolle* 1981/239f u. 241) G. Kristi veröffentlichte statt dessen das Buch *Stanislawskis Weg zur Oper*, das jedoch nur wenige Materialien aus seinem Nachlaß enthält. Das ist besonders zu bedauern, da Stanislawskis schon früh der Opernarbeit großes Interesse entgegengebracht hatte - er inszenierte schon vor 1897 mehrere Opern - und weil er sich seit der Gründung seines Opernstudios 1918 und besonders in seinen letzten Lebensjahren diesem Genre wieder verstärkt zugewandt hatte. Auch diesbezüglich hatte er sich besonders mit methodischen Problemen auseinandergesetzt. (Ebd. 239f) Es verwundert, daß darüber so wenige Materialien vorgefunden wurden. Das gleiche gilt für den Mangel an Materialien über seine eigenen Theaterexperimente sowie über die von Meyerhold und Tairow. Stanislawski hat aber in seiner Autobiographie *Mein Leben in der Kunst* einige Gedanken zu den Errungenschaften des revolutionären Theaters um 1920 dargelegt. Zudem gibt es in Manuskripten, die erst in der Ära Chruschtschow zugänglich wurden, und auf die ebenfalls noch zu sprechen kommen sein wird, eindeutige Hinweise auf Stanislawskis positive Haltung gegenüber den verschiedensten sogenannten dekadenten Theaterexperimenten, die in der Ära Stalins der Repression ausgesetzt wurden. So in etwa sah bis noch vor kurzem die Erschließung des schrift-

---

[1] Eine Gesamtübersicht über die russischen *Gesammelten Werken* und ihre deutschsprachigen Übersetzungen sind aufgezeigt in *Stanislawski. Moskauer Künstlertheater. Ausgewählte Schriften I* 1988.

lichen Werkes von Stanisawski aus. Inzwischen haben sich ganz andere Archive geöffnet, die dort vorgefundenen Materialien können hier nicht besprochen werden.

Ein Blick auf die russischen Kommentatoren bzw. das sowjetische Redaktionskollegium der *Gesammelten Werke* in der Ausgabe von 1954-1961: Sie waren zum Teil Schüler von Stanislawski. Sie schrieben neben Theaterbüchern in den 50er und 60er Jahren auch Aufsätze über Stanislawskis Arbeit, von denen zahlreiche in deutsch-sowjetischen Kulturzeitschriften[1] deutschsprachig veröffentlicht wurden. Zu den Redakteuren der ersten Ausgabe der *Gesammelten Werke* Stanislawskis zählen u.a. M. Kedrow, seit 1946 künstlerischer Leiter des *MCHAT*, als Hauptredakteur, Regisseur und Verfasser von Artikeln über Kreativitätsforschung[2]; Olga Knipper-Tschechowa, Witwe des Schriftstellers Anton Tschechow und Schauspielerin am *MCHAT*; A. Popow und N. Gortschakow, beide Regisseure und Verfasser von Artikeln und Büchern zur Schauspielkunst; G. Kristi, der die Einführungen sowie Anmerkungen in den sowjetischen Ausgaben schrieb; W. Prokofjew und N. Abalkin, die in ihren Aufsätzen, wie ebenfalls noch zu sehen sein wird, Stanislawskis Theaterarbeit und *System* explizit mit den Dogmen des Marxismus-Leninismus in Verbindung setzten, deren Interpretationen des Stanislawski-*System*s in dieser Studie auszugsweise vorgestellt werden. Das Redaktionskollegium setzte sich offensichtlich auch aus politisch unterschiedlich stark indoktrinierten Theaterleuten zusammen. Man kann sicherlich behaupten, daß bei den Autoren und Bearbeitern, vermutlich mit Ausnahme der letztgenannten, vor allem ein fachliches Interesse und weniger ein ideologisches bei der Bearbeitung von Stanislawskis Nachlaß bestand.

Nichtsdestotrotz hatten sie mit einem Problem zu kämpfen, das auch Stanislawski schwer zu schaffen machte. Stanislawski hielt sich zwar in den 20er Jahren mehrmals in den USA auf und veröffentlichte dort seine ersten zwei Bücher, im Gegensatz zu anderen sowjetischen Künstlern und Intellektuellen emigrierte er aber nicht. Mit seiner unpolitischen Haltung einerseits und den Forderungen der kommunistischen Regierung andererseits gerieten er und schließlich die Verwalter seines Nachlasses in einen nahezu unlösbaren Widerspruch, von der die Edition seines Nachlasses in den russischen *Gesammelten Werken* gekennzeichnet ist. Dieser grundlegende Widerspruch, den übrigens auch Dieter Hoffmeier erwähnt (in *Rolle* 1981/182), resultiert aus dem Versuch, zwei entgegengesetzte Ideologien in einem Gesamtoeuvre zu verbinden. Weder Stanislawski noch die damaligen Herausgeber seines Werkes konnten ihn wirklich lösen.

Bis zu seinem Lebensende war Stanislawski mit ständigen Umarbeitungen zur schriftlichen Niederlegung seiner Bücher zur Schauspielerarbeit beschäftigt. Als er nach mehrjähriger Krankheit im Sommer 1938 starb, lagen, wenn auch in verschiedenen Sprachen, jedoch lediglich zwei Bücher seines in acht

---

[1] Zu nennen sind v.a. die Zeitschriften: *Sowjet-Literatur*, Moskau; *Kunst und Literatur*, Berlin DDR; *Theater der Zeit*, Berlin DDR; *Kultur und Leben*, Moskau; *Die Presse der SU*, Berlin DDR
[2] Ein Artikel von ihm ist veröffentlicht in: Ulmann, Giesela: *Kreativitätsforschung*, Gütersloh 1973

Bänden geplanten Gesamtwerkes, seine Autobiographie und *Die Arbeit des Schauspielers an sich selbst, Teil 1*, abgeschlossen vor. Alle anderen Bände wurden aus Fragmenten seines aus über 12 000 Manuskripten bestehenden Nachlasses herausgegeben. Die Ordnung seines Nachlasses stellte aufgrund Stanislawskis vieler immer wieder umgearbeiteter zahlreicher Manuskripte also eine ausgesprochen schwierige Aufgabe dar, auch ohne die ideologische Instruktion.

Der Hauptdisput bis heute:
Der *frühe* und der *späte* Stanislawski

Vielfach gilt die Meinung, daß Stanislawski erst seit Mitte der 20er, noch mehr seit den 30er Jahren die wesentlichen Ergebnisse seiner Schauspieltheorie und -methodik entwickelte. Diese Meinung spiegelt sich nicht nur in lapidar gehaltenen Äußerungen von Theaterleuten, wie z. B. folgendem wieder:

„Stanislawski hat die Urformel gefunden, aber dreiviertel seines Lebenswerkes sind eigentlich nur Vorgeplänkel für das Entscheidende."[1]

Ähnliche Meinungen werden zum Teil international vertreten: z.B. von der kürzlich verstorbenen amerikanischen Schauspielerin Stella Adler. Sie gab die Methode, die sie bei Stanislawski im Jahr 1934 kennenlernte, an ihre Schüler weiter. Es handelte sich hierbei um die Methode der physischen Handlung - sie hielt einen Vortrag darüber auf dem ersten Internationalen Stanislawski-Symposium in Paris und nahm dort an der lebhaften Debatte um die „wahre Methode" von Stanislawski teil. Stella Adler geriet aber schon damals in einen legendären Streit mit ihrem amerikanischen Kollegen Lee Strasberg, der bei Stanislawski eine ganz andere Methode, nämlich die des emotionalen Gedächtnisses kennengelernt hatte. Er orientierte sich dabei hauptsächlich am schriftlichen Werk Stanislawskis aus den 20er Jahren. (Garfield 1989/105) So wurde auch in den USA Stanislawskis Arbeit, vereinfacht ausgedrückt, in die 'frühe psychologische' und die 'späte physiologische' Phase eingeteilt. Allerdings gibt es auch hier andere Ansichten zu diesem Sachverhalt: Die damalige Regisseurin und jetzige Pädagogin Mary Hunter, die bei den Stanislawski-Schülern Boleslawski und Jilinski lernte, betonte, daß die russischen Theatermacher bereits in den 20er und 30er Jahren beide Methoden in die USA mitbrachten, die Methode der physischen Handlung genauso wie die des emotionalen Gedächtnisses. (Hunter 1989/93) Damals wie heute gibt es einige Verwirrung um die verschiedenen Arbeitsschwerpunkte in Stanislawskis jahrzehntelanger Theaterarbeit. Darauf verwies auch seinerzeit Lee Strasberg:

„... das, was wir taten, habe ich immer als 'Arbeitsmethode' bezeichnet, weil mir das, was in dem Wort *'System'* mitklingt, nicht gefiel. Außerdem wollte ich angesichts der

---

[1] Rolf Henninger von der Folkwangschule Essen im Interview mit Peter Lackner am 14.11. 1982. In Lackner 1985/227

vielen Debatten und Mißverständnisse in der Frage, was den Kern des '*System s*' ausmache und was nicht, und angesichts der Verwirrung um frühere und spätere Phasen im Schaffen Stanislawskis, Stanislawski nicht für irgendwelche Fehler verantwortlich machen." (Strasberg 1988/112).

Auf dem Internationalen Stanislawski-Symposium in Paris wurde in der Diskussion um den „wahren Stanislawski" und um seine „wahren Nachfolger" deutlich, daß die beiden Grundtechniken des Stanislawski-Systems, die *Methode der physischen Handlung* und das *emotionale (affektive) Gedächtnis*, noch immer im Mittelpunkt der Auseinandersetzung stehen. Im Spannungsfeld zwischen psychologisch und physiologisch intendierten Schauspielmethoden bewegten sich nicht nur die in den 50er Jahren geführten kulturpolitischen Debatten um Stanislawski, sondern auch die der 80er Jahre. Heute sind die westlichen, vor allem amerikanischen Vertreter von psychologisch betonten Methoden dabei für physische zum Teil ähnlich aufgeschlossen wie umgekehrt die östlichen Vertreter der betont physischen Methoden für die psychologischen. Dieser Hauptstreitpunkt in der Stanislawski-Diskussion scheint sich zumindest unter den Theaterpraktikern in Wohlgefallen aufzulösen. So bestätigten sowohl die Strasberg-Tochter Susan Strasberg und die Direktorin des Actor Studios Ellen Burstyn, wie auch Theaterleute aus Moskau, beispielsweise Natalia Zwerewa oder Leonid Cheijfez, daß sowohl psychologische wie physiologische Methoden in der Schauspielerarbeit nötig sind. Susan Strasberg drückte es pragmatisch, theaterpraktisch gedacht aus: „If it works, use it".[1] Das Ende dieser Kontroverse um die Methode Stanislawskis hat sich aber noch kaum in der Literatur, auch nicht in der wissenschaftlichen, niedergeschlagen. Eine vereinfachte Einteilung in einen frühen westlichen, psychologisierenden und einen späten, der materialistischen Ideologie verhafteten und daher auf physische Methoden eingeschworenen Stanislawski, wie sie noch heute teils als Allgemeingut bekannt, teils in der ideologisch geführten Stanislawski-Rezeption vorzufinden ist, ist nicht haltbar. Die bisherige Stanislawski-Literatur, Übersetzungen aus dem russischen ebenso wie die deutschsprachige, die hauptsächlich aus der ehemaligen DDR stammt, bietet hinsichtlich dieser Problematik nicht nur zweifelhafte, ideologisch gefärbte Thesen, sondern auch eine verwirrende editorische Aufarbeitung und Kommentierung der Werke Stanislawskis.

Zur These vom Qualitätssprung des Stanislawski-Systems

Anders als in den USA wurde Stanislawskis Theaterarbeit in Deutschland nicht durch seinen praktischen Unterricht oder den seiner Schüler eingeführt. Im deutschsprachigen Bereich gründet sich die Meinungsbildung über Stanis-

---

[1] Nach Aufzeichnungen der Verf. vom Ersten Internationalen Stanislawski-Symposium, zur Diskussion *Sense memory, physical action. The major debate.* Mit Stella Adler, Ellen Burstyn, Jack Garfein, Mary Hunter, Leonid Cheijfez, Martin Kurten, Robert Lewis, Fausto Malcovati, Sydney Pollack, Susan Strasberg, Georgi Towstonogow, Natalia Zwerewa. Paris, Centre Pompidou, 5.11.1988

lawskis Theaterarbeit und -pädagogik hauptsächlich auf sein literarisches Werk. Neben den bereits erwähnten Aufsätzen von Stanislawski, wurden vor allem seine populären Bände zur Schauspielmethodik, *Die Arbeit des Schauspielers an sich selbst im schöpferischen Prozeß des Erlebens*, Teil I, und Teil II, *im schöpferischen Prozeß des Verkörperns* sowie *Die Arbeit an der Rolle* herausgebracht. Die nahezu vollständige deutschsprachige Übersetzung seiner ersten *Gesammelten Werke I-VIII* liegt aber erst seit 1988 vor. Die deutschsprachige Edition erfolgte, mit einigen wenigen Ausnahmen, in der ehemaligen DDR seit den 50er Jahren. Dort wurden seitdem auch zahlreiche Aufsätze über Stanislawski und seine Theaterarbeit aus dem Russischen ins Deutsche übersetzt. Insgesamt erfolgte die Übersetzung seiner Schriften bruchstückhaft, in großen zeitlichen Abständen und erschwerte und verwirrte so die Beurteilung seiner Theorie und seines *Systems* erheblich.

Ein Überblick über die Edition der deutschsprachigen Stanislawski-Bände. 1938[1] erschien als erste und einzige deutschsprachige Übersetzung der erste Band der russischen *Gesammelten Werke* und zwar *Die Arbeit des Schauspielers an sich selbst im schöpferischen Prozeß des Erlebens*. Diese erste Übersetzung stammte aus der Schweiz, der Titel lautete hier allerdings *Das Geheimnis des schauspielerischen Erfolgs*; im Jahr 1958 erschien ein Auswahlband aus Stanislawskis Schriften[2]; 1961 kam in der ehemaligen DDR der erste Teilband über das *System* unter seinem regulär übersetzten Titel *Die Arbeit des Schauspielers an sich selbst im schöpferischen Prozeß des Erlebens* heraus, zwei weitere Jahre später, 1963, wurde erst bzw. endlich der zweite Teilband publiziert: *Die Arbeit des Schauspielers an sich selbst im schöpferischen Prozeß des Verkörperns*. Der Band über die Methoden des Verkörperns des Schauspielers kam also ganze *25 Jahre* (!) später als das erste deutschsprachige Stanislawski-Buch heraus, das als vollständig angenommen wurde, aber tatsächlich nur einen Teilband darstellte. Zwar war auch die russische Ausgabe des zweiten Teilbandes stark gegenüber dem ersten verzögert - sie wurde erst 1948 erstmalig veröffentlicht - aber bis zur deutschen Übersetzung verstrichen noch einmal 15 Jahre.

Diese Verzögerungen in der Edition führten zu Mißverständnissen. Vor der Herausgabe des zweiten Teilbandes hielt man Stanislawski, auch durch Brechts frühe Stanislawski-Kritiken bedingt, im deutschsprachigen Bereich für einen Theatermacher, der ausschließlich psychologische bis hin zu mystischen Methoden in der Schauspielarbeit anwandte. Das brachte ihm den wenig zum Ruhm gereichenden Ruf eines 'Psychotechnikers' ein. Nach der Herausgabe des zweiten Teilbandes über sein *System* schrieb Henning Rischbieter unter der Überschrift Bereicherung unserer Kenntnisse von Stanislawski, daß dieses Bild von Stanislawski so nicht zutreffen könne:

„Noch der in der Rowohltschen deutschen Enzyklopädie erschienene Stanislawski-Auswahlband zeichnete insofern ein falsches Bild, als er - wie Brecht in den dreißiger und

---

[1] Der Titel ist ohne Jahresangabe, von Dieter Hoffmeier wird das Jahr 1938 angegeben. In *Rolle* 1981/266
[2] Ernesto Grassie (Hg.): *K.S. Stanislawski. Theater, Regie und Schauspieler*. München 1958

vierziger Jahren - Stanislawski ganz als den Psychotechniker, den auf mystische Verwandlung des Schauspielers in die dargestellte Figur Bedachten, kennzeichnete. Die Revision, besser: Bereicherung des Bildes, die der neue Band bringt, liegt darin, daß sich Stanislawski mit dem körperlichen Ausdruck, nicht in erster Linie mit seelischen Vorgängen, beschäftigt." (In *Theater heute* 1964 Heft 2/26ff)

Erst mit der Herausgabe des zweiten Teilbandes, der die Methoden zur Verkörperung behandelte, wurden diese Methoden des Stanislawski-Systems im deutschsprachigen Bereich nun bekannt. Doch die Revision hätte, wie Henning Rischbieter fortfährt, schon Jahre vorher erfolgen können. Denn bereits vor der deutschsprachigen Publizierung von Stanislawskis schauspielmethodischen Schriften waren zwei Bücher zweier sowjetischer Regisseure über Stanislawskis Theaterarbeit herausgegeben worden, in denen seine Methoden zur Verkörperung, speziell die Methode der physischen Handlung vorgestellt wurden: W. Toporkows *Stanislawski bei der Probe*, herausgegeben 1952, und N. Gortschakows *Regie, Unterricht bei Stanislawski* von 1959. In diesen beiden Büchern, so Rischbieter

„wird immer wieder betont, daß Stanislawski in den letzten anderthalb Jahrzehnten zwei Begriffe besonders betonte, auf zwei Dinge besonders hinarbeitete: die 'physische Handlung' und die 'durchgehende Handlung'." (Ebd.)

Stanislawskis legendäre *Methode der physischen Handlung* und auch die der *durchgehenden Handlung* - sie werden in dieser Arbeit an anderer Stelle konkret vorgestellt - waren folglich seit den 50er Jahren in der deutschsprachigen Literatur bekannt, sie waren nur nicht aufgegriffen worden. Die Gründe dafür mögen, zumindest was das Buch von Gortschakow betrifft, von westlicher Seite in der Abwehr gegenüber der vorhandenen Propagierung des *sozialistischen Realismus* zu finden sein. Toporkows Berichte dagegen stellen ein ausführliches Zeugnis von Stanislawskis schauspielmethodischer Arbeit dar. Er beschreibt Stanislawskis praktische Arbeit vor allem anhand der Arbeit an verschiedenen Inszenierungen in den Jahren zwischen 1927 und 1938. Toporkow hebt dort Stanislawskis Arbeit mit der *Methode der physischen Handlung* hervor. Zudem zeigt er auch andere elementare Methoden des *Systems* auf, wie die *Analyse der Rolle*, oder *Elemente des Systems* wie die *Phantasie*, die *Konzentration*, den *Rhythmus* des Schauspielers genau auf, so daß hier auch der sogenannte frühe Stanislawski vorgestellt wird.

Warum die *Methode der physischen Handlung* und die ebenfalls zentrale *Methode der durchgehenden Handlung* bei den Theaterleuten nicht schon mit der Herausgabe dieser Schriften aufgegriffen wurden, darüber läßt sich hier nur spekulieren. Warum auch bis heute allerdings kaum wahrgenommen wird, daß diese beiden Methoden auch im ersten Teilband bereits enthalten sind, ist fraglich. Denn der Vergleich praktisch angewandter Methoden aus den letztgenannten Schriften über Stanislawskis Theaterarbeit mit denen in seinem ersten Teilband niedergelegten, kommt zu diesem Ergebnis: Die *Methode der physischen Handlung* ist bereits in diesem ersten Buch enthalten. Während der *durchgehenden Handlung* mit der *Überaufgabe* ein eigenes Kapitel gewidmet ist, trifft dies zwar für die *physische Handlung* nicht zu. Beispiele und Ziele dieser Methode gab Stanislawski aber bereits auch hier, vor allem in den Kapiteln *Gefühl für Wahrhaftigkeit und Glaube* und *Abschnitte und Aufgaben*. Wenngleich denkbar wäre, daß Stanislawski die *Methode der physischen Handlung* erst in seinen letzten Überarbeitungen eingefügt hat, zeigten meine Untersuchungen, besonders anhand von datierten Briefaufzeichnungen, daß Stanislawski diese einfache und sehr wirkungsvolle Methode, als die er sie bezeichnete, schon sehr früh geläufig war.

Trotzdem setzte sich im deutschsprachigen Raum das Bild eines frühen auf psychotechnische Methoden eingeschworenen Stanislawski durch. Im weiteren mußte sich, aufgrund der Informationen durch die sowjetische, aber auch deutschsprachige Kommentierung seiner Werke der Eindruck verstärken, daß Stanislawski in seiner frühen Schaffensphase psychologische und erst seit den zwanziger Jahren, also in der nachrevolutionären Phase, die für die Schauspielarbeit so entscheidenden physiologischen Methoden entwickelt hatte. Besonders mit der These vom *Qualitätssprung* in der Entwicklung des Stanislawski-Systems im Jahr 1927 von Dieter Hoffmeier (in *Rolle* 1981/196f) konsolidierte sich diese Meinung über Stanislawski. Doch das Bild eines frühen 'psychologischen, womöglich mystisch verklärten Stanislawski gegenüber einem späten auf physische Arbeitsmethoden bedachten Stanislawski stellt meines Erachtens ein falsches Bild von Stanislawskis Entwicklung in seiner Theaterarbeit dar. Die zentralen Begriffe seines *Systems*, die *Psychotechnik* und die *Methode der physischen Handlung* bedürfen einer eingehenden Betrachtung. Diese erbringt die Erkenntnis, daß es richtiger und genauer wäre von einer *Psychophysiotechnik* und einer *Methode der psychophysischen Handlung* zu sprechen, wie Stanislawski selbst es übrigens auch manchmal tat, (z.B. in *Rolle* 1981/530). Anderseits muß man sagen, daß die formale Trennung zwischen psychologisch und physiologisch intendierten Schauspielmethoden generell sinnvoll ist. Denn so können auch begrifflich Schwerpunktsetzungen in der schauspielpraktischen Arbeit deutlich gemacht werden. Doch dieses Problem wird im wesentlichen in den Kapiteln dieser Arbeit behandelt, die sich mit theaterpraktischen Fragen bei Stanislawski auseinandersetzen. Unberührt von dieser Fragestellung bleibt aber die in dieser Studie ausgebreitete These, daß Stanislawskis legendäre *Methode der physischen Handlung*, in ihrer gängigen Definition, ein Ergebnis seiner Untersuchungen auf dem Gebiet der Schauspielkunst um das Jahr 1910 herum ist.

2. Kapitel

Geistige Wurzeln der Theaterarbeit Stanislawskis

Russische Tradition und Kulturwandel

Stanislawski wurde 1863 in Moskau geboren, wie er selbst sagt, „an der Grenze zweier Epochen." In seiner Autobiographie *Mein Leben in der Kunst* fährt er fort:

> „Ich entsinne mich noch der letzten Überbleibsel der Leibeigenschaft... Vor meinen Augen entstand in Rußland die Eisenbahn mit Kurierzügen, wurden Dampfer, elektrische Scheinwerfer, Automobile, Flugzeuge, Panzerschiffe, U-Boote, Fernsprechverbindungen, Funkanlagen, Telegraphenstationen und zwölfzöllige Geschütze gebaut.
> So war ich Zeuge der Entwicklung vom Talglicht zum elektrischen Scheinwerfer, von der Reisekutsche zum Flugzeug, vom Segelschiff zum U-Boot, von der Kurierpost zum Telegraphen, vom Steinschloßgewehr zur 'Dicken Berta', von der Leibeigenschaft zum Bolschewismus und Kommunismus. Wahrhaftig ein vielgestaltiges Leben, das sich oft in seinen Grundlagen änderte." (St. 1951/12)

Stanislawski lebte in einer Zeit, in der sich krasse Lebensveränderungen konstituierten. Die industrielle Revolution, die in Rußland etwas verspätet gegenüber den damaligen modernen Nationalstaaten eintrat, setzte tiefgreifende politische, gesellschaftliche und emanzipatorische Umbrüche in Bewegung. Erst zwei Jahre vor Stanislawskis Geburt wurde offiziell in Rußland die Leibeigenschaft abgeschafft Stanislawskis schauspielerisches Vorbild, Michail Stschepkin, ging noch aus einem der damals typischen Leibeigenentheater des Adels hervor, 1821 wurde er vom Kaiserlichen Theater in Moskau freigekauft. Dem endgültigen Niedergang des Zarismus mit der Oktoberrevolution von 1917 gingen verschiedene parlamentarische Demokratisierungsversuche, die gescheiterte, blutig niedergeschlagene Revolution von 1904/05 und die Februarrevolution von 1917 voraus. Den immer wieder stürmischen politischen Erneuerungen, eingeleitet und mitgetragen durch die russische Intelligenz, vor allem aber durch die Bourgeoisie und das entstehende Proletariat in den Metropolen Rußlands, stand eine starre, zum Teil noch feudalherrschaftliche Ordnung auf dem Lande gegenüber, die mit den spontanen, eher unorganisierten Aufständen der Bauern in den Jahren 1904/05 nicht grundlegend erschüttert werden konnte. Bis 1914 lebten dreiviertel der russischen Gesamtbevölkerung in erdrückender Armut auf dem Lande.

Vergleichbar mit anderen Staaten des 19. Jahrhunderts war auch das riesige russische Reich ein Land der Gegensätze von arm und reich, der extremsten Gegensätze. Einerseits stand dem unterbesiedelten sowie industriell und landwirtschaftlich rückständigen asiatischen Teil der relativ dichtbesiedelte, industriell fortschrittliche europäische Teil, Zentralrußland gegenüber, das im Sinne einer Kolonialmacht über die Geschicke der Bewohner im asiatischen Teil wachte und sie lenkte. Aber auch in Zentralrußland bestand eine tiefe Kluft zwischen der Stadt- und Landbevölkerung. Die politisch, wirtschaftlich und kulturell fortschrittlichen Bewegungen waren auf die Metropolen Petersburg und Moskau sowie einige andere Industriestädte beschränkt.

Vorläufer des Theateroktober

In den Städten fanden nicht nur gesellschaftspolitische Veränderungen statt, dort konnten sich vor allem kulturelle und künstlerische Neuerungen, experimentelle avantgardistische Kunströmungen verschiedenster Art behaupten. Dem *Theateroktober* und dem *Proletkult*, die sich im Gefolge der Oktoberrevolution von 1917 als Kulturbewegungen manifestierten, gingen unterschiedlichste theater- und kulturrevolutionäre Gruppierungen, Manifeste und eine experimentierende Studiotheaterbewegung voraus. Der Schriftsteller Paul Pörtner schrieb, daß nie so gründlich und erfolgreich experimentiert wurde wie in den dreißig Jahren des revolutionären russischen Theaters zwischen 1897 und 1927. (In Tairow 1964/11) Auch für den Bereich der Bildenden Künste, die zum Teil in enger Zusammenarbeit mit dem Theater und dem Ballett standen, gilt, daß dieser Zeitraum zu den aufregendsten Kapiteln der russischen Kulturgeschichte zählt. (Parton in Jablonskaja 1990/7)

Theaterrevolutionäre Bewegungen sind zu dieser Zeit unmittelbar nach der Jahrhundertwende in ganz Europa zu finden. Die damalige russische Bewegung zeichnete sich jedoch durch eine wohl einzigartige Vielseitigkeit aus. So war der führende Theoretiker des *Proletkult* A. Bogdanow zwar für eine proletarische Kultur und Wissenschaft, vertrat dabei jedoch auch religiöse und universelle, zum Teil nicht sehr parteisozialistische Anschauungen. (nach Gorsen/Knödler-Bunte 1974/39f) Diese wurden von Lenin scharf verurteilt, aber es gab verschiedene andere Persönlichkeiten und Gruppierungen in dieser Zeit, die sich als linksbolschewistisch verstanden, und gleichzeitig religiöse Zielsetzungen verfolgten, unter ihnen auch Maxim Gorki, der in dieser Zeit auch einer Gruppe mit dem ominösen Namen „Gotterbauer" angehörte. (Ebd.)

Auf dem Theater wurde mit stilisierten Kunstformen experimentiert, besonders bekannt ist das *Stilisierte Theater* von Meyerhold. Mit den Vertretern der auf stilisierte Formen ausgerichteten Theaterbewegungen verband Stanislawski die Ablehnung des reinen Unterhaltungstheaters und das Ziel der Erneuerung der Theaterkunst. Gleich Meyerhold, Wachtangow und Tairow ging es auch Stanislawski um die Erforschung des *schöpferischen Befindens* des Schauspielers. Die große Bedeutung der Phantasie und des Spielelements wurde in dieser Zeit für das Theater wiederentdeckt und im Probenprozeß betont. (Nach Fiebach 1981/26)

Theaterzirkel

Stanislawski stammte aus einer bekannten und reichen Fabrikantenfamilie. Seine Eltern waren dem kulturellen Leben gegenüber aufgeschlossen. In ihrem Sommerhaus in Ljubimowka ließen sie eine sehr gut ausgestattete Theaterbühne mit Zuschauer-, Ankleideraum und Requisitenkammer errichten, auf der Stanislawski, der damals noch mit bürgerlichem Namen Konstantin S. Alexejew hieß, im Kindesalter gemeinsam mit seinen Geschwistern seine ersten Laienspielerfahrungen sammeln konnte. Den Künstlernamen Stanislawski legte er sich später zu, um den Namen seiner Familie nicht durch seine Theaterarbeit zu kompromittieren. Schon im Alter von vierzehn Jahren verband sich Stanislawskis Spiel auf der Bühne mit der für ihn auch später typischen rationalen Analyse des Bühnendaseins. Damals bereits, bei seinem ersten Schauspielversuch, machte er eine seiner ersten Notizen zur Schauspielerarbeit:

> „Der Vorhang hat sich geöffnet, und ich bin nicht mehr ich selbst, sondern ein durchtriebener Mathematiker, aber gleichzeitig muß ich die Zuschauer überzeugen, daß ich der Mathematiklehrer bin ... Ich spreche die Worte der Rolle, mache Gesten und gehe - doch das sind nicht meine Intonationen, nicht meine Gesten, das ist nicht meine Gangart. Alles das hat schon ein anderer Schauspieler vor mir gemacht, und ich ahme ihn nur nach." (In Poljakowa 1981/26)

In den Kreisen des wohlhabenden liberalen Bürgertums gehörte es damals zu einer gehobenen Art der Unterhaltung Liebhaberaufführungen in Salons, auf Sommerterrassen, in kleinen Sommertheatern zu veranstalten. Die vielen russischen Zeitstücke von Tschechow, Turgenjew, Tolstoi und Gorki schildern nicht nur das soziale Elend der verarmten Bevölkerung, sondern geben auch Einblick in das Leben der damaligen russischen gehobeneren Gesellschaftskreise in der Zeit um die Jahrhundertwende. In Maxim Gorkis Stück SOMMERGÄSTE, in dem die Ratlosigkeit und die Zerstrittenheit der bürgerlichen Intelligenz am Vorabend der Revolution von 1905 thematisiert wird, vertreibt man sich die Zeit mit Liebhaberaufführungen auf einer Bühne auf dem Landsitz, wie es für das damalige liberale demokratische Bürgertum, dem auch Stanislawski angehörte, typisch war.

Stanislawski selbst bezeichnete sich schon hier als grundlegend unpolitischen Menschen. Ihn interessierten auch zu dieser Zeit weniger die gesellschaftsrevolutionären Veränderungen als vielmehr die theaterrevolutionären, im Sinne einer ästhetischen Erneuerung des Theaters. Und sehr wichtig waren ihm nicht nur künstlerisch wertvolle Ergebnisse, sondern, wie im folgenden gezeigt wird, die gute Zusammenarbeit im Ensemble sowie die Bildung und Erziehung der Schauspieler und Zuschauer.

Philosophische Grundlagen Stanislawskis

Ästhetik, Bildung und Ethik

Stanislawskis Interesse am Theater ging von Beginn an über den reinen Unterhaltungswert der Kunst hinaus. Der familiäre, gutsituierte Laienspielzirkel entwickelte sich zu einem der besten Theaterliebhaberkreise in Moskau, und Stanislawski galt als der beste Laienschauspieler im Moskau der achtziger Jahre. (Ebd. 53) Schließlich ergab sich die Zusammenarbeit mit professionellen Theaterschaffenden. Das Privattheater war weniger von der kaiserlichen Zensur betroffen war und wurde von einer Begeisterung der Beteiligten und der Bereitschaft zu intensiver Probenarbeit getragen. Hier wurden nun programmatisch Forderungen zur Erneuerung der Schauspielkunst aufgestellt. Die von

Stanislawski und anderen Theaterleuten 1888 gegründete *Moskauer Gesellschaft für Kunst und Literatur* setzte sich zum Ziel,

> „a) die Annäherung zwischen Literaten, Kunstmalern und Schauspielern zu fördern, b) die notwendigen Kenntnisse zu vermitteln, mit dem Ziel, gebildete Schauspieler der Opern- und der Schauspielbühne zu schaffen und gleichzeitig den Lernenden die Möglichkeit zu geben, die erworbenen Kenntnisse durch Veranstaltungen von Schüleraufführungen praktisch anzuwenden, c) beispielhafte Liebhaberaufführungen von Opern und Schauspielen zu veranstalten, da solche beim Publikum die Liebe und eine ernsthaftere Beziehung zur Bühnenkunst fördern und oft auch die Möglichkeit geben, neue ernsthafte Talente zu entdecken, die es vermögen, sich einem besonderen Studium und dem Dienen der Kunst zu widmen." (Ebd. 54)

In den Zielsetzungen dieser Gesellschaft lassen sich bereits die Schwerpunkte von Stanislawskis weiterer Theaterarbeit erkennen: die Zusammenarbeit der verschiedenen Künste, das Augenmerk auf die professionelle Ausbildung des Schauspielers sowie dessen moralische Verpflichtung gegenüber der Kunst. Auch seine Leidenschaft für das Musiktheater, dem er sich vor allem wieder in den letzten Jahren seines Lebens zuwandte, ist hier bereits vorhanden.
Ästhetische wie ethische Werte bestimmten von Anfang an sein Theaterverständnis. Das eine war für ihn mit dem anderen untrennbar verbunden. Und bereits in dem familiären dramatischen Zirkel betonte er die Wichtigkeit von *Ethik und Disziplin* bei der schauspielerischen Arbeit. Seine Ansichten dazu führte er schon in einem 1908 geschriebenen Aufsatz aus. Den vierten Band seines Gesamtwerkes wollte er allein der *Ethik* widmen und betonte dabei, daß dieser Band „vielleicht der wichtigste von allen sei". (*Rolle* 1981/233) Ethische Werte bestimmten nicht nur das von ihm geforderte Theater, das sich mit seinen Aufführungen vorbildlich und beispielhaft gegenüber seinen Zuschauern geben und somit auch eine entsprechende erzieherische Funktion innehaben sollte. Er bezog diesen Begriff auch auf die Arbeit und die Arbeitsatmosphäre am Theater. Im Resultat brachte die hier geforderte Ethik die Ensemblekunst mit sich, ein Theater, das sich als zusammengehörige und gegenseitig füreinander verantwortliche Gruppe verstand. Auch die künstlerische Disziplin verstand er als einen Teil dieser Ethik. Seiner Meinung nach wirkte sich die Disziplin der Schauspieler und die gute Arbeitsatmosphäre positiv auf die von ihm geforderte *schöpferische Arbeit* aus. (*Verkörpern* 1981/205) Deswegen ist die Ethik auch ein Element seines *Systems*. Er bezeichnete sie als eine Voraussetzung für das *Befinden* des Schauspielers auf der Bühne. (Ebd.)
Hinsichtlich seiner Forderungen nach Ethik und Disziplin ist Stanislawski auch tatsächlich als ein radikaler Theatererneuerer zu bezeichnen. Liest man seine Schriften, so scheint er in diesem Bereich kompromißlos gegenüber anderen, aber auch gegen sich selbst gewesen zu sein. Seine von Beginn an hohen, ja manchmal sogar geradezu fanatisch erscheinenden Anforderungen an die Disziplin und moralische Lebenseinstellung des Schauspielers spiegeln sich z.B. in seinem zur Gründung des *Ersten Studios des MCHAT* im Jahr 1913 geäußerten Wunsch nach einer Art *Schauspielerordensgemeinschaft*.

„...ihre Mitglieder sollten Menschen mit erhabenen Ansichten, weiten Ideen und einem großen Horizont sein, welche die menschliche Seele kannten, edle künstlerische Ziele erstrebten und die fähig sein würden, sich für eine Idee zu opfern." (St. 1951/579)

Der Künstler ist ein über den Massen stehender Mensch, ihm kommt nicht nur eine priviligierte Stellung in der Gesellschaft zu, sondern nahezu die Rolle eines Auserwählten. So verbindet er in seinem frühen Aufsatz *Über das Theater* die Bedeutung des Theaters mit der der Religion. Das Theater betrachtete er als einen heiligen Ort, er bezeichnete es sogar als Tempel.

Stanislawskis Schauspieltheorie und -methodik ist nicht ohne den Hintergrund seiner ausgeprägten ethischen Haltung denkbar. Er schrieb dem Theater- und Schauspielkünstler die Rolle eines Missionars zu, der seine eigene Bildung und sein Wissen dem Zuschauer „verkünden" sollte. In dieser Auffassung liegt die Antriebsfeder seiner stets unermüdlichen Arbeit für das Theater. Das geht aus einem Brief hervor, in dem er sich zu seinem Entschluß äußerte sich im Alter von 35 Jahren dem Berufstheater zugewandt zu haben:

„Wissen Sie, wieso ich meine eigenen Geschäfte verließ, und mich dem Theater widmete? Weil das Theater das allermachtvollste Katheder ist, noch wirksamer als das Buch oder die Presse. Dieses Katheder ist in die Hände des Abschaums geraten, der es zu einem Ort des Lasters gemacht hat. Meine Aufgabe sehe ich darin, die Familie der Schauspieler nach Maßgabe meiner Kräfte von der Unbildung, von der Unwissenheit und den Ausbeutern zu säubern. Meine Aufgabe besteht darin, der heutigen Generation nach Kräften klarzumachen, daß der Schauspieler Verkünder von Schönheit und Wahrheit ist. Der Schauspieler sollte deshalb höher stehen als die Masse, sei es durch sein Talent, durch seine Bildung oder durch andere Vorzüge. Vor allem aber muß der Schauspieler kultiviert sein, die Genies der Literatur verstehen und sich zu ihnen emporschwingen können." (Brief vom 11.3.1901, Petersburg an A.D. Borodulin. St. 1975/122)

Diese Haltung gegenüber dem Künstler in Rußland geht aber nicht auf Stanislawski zurück. Die Rolle des Künstlers als *Führer des Volkes*, gleichzeitig aber auch als sein *Diener*, gilt als die traditionelle soziale Rolle des Künstlers in Rußland. Der Künstler galt als die moralische Autorität im zaristischen Rußland, die in Opposition zum Zaren die Interessen des Volkes vertrat. (Nach Tyszka 1989/130)

Wahrheit und Wahrhaftigkeit

In Verbindung mit seinen Forderungen nach dem gebildeten und zur Aufklärung der Allgemeinheit berufenen Schauspieler kann auch seine Forderung nach *Wahrheit* und *Wahrhaftigkeit* in der Kunst gesehen werden. Diese beiden Begriffe erweisen sich ebenfalls als zentrale Stichworte seiner Theater- und auch seiner Schauspieltheorie. Ihre Bedeutung erschließt sich auch nicht nur im theoretischen philosophischen Kontext, sondern auch in seiner praktischen Arbeit mit dem Schauspieler.

Seine Entdeckung dieser *Elemente* für sein Schauspielsystem beruhte auf mehreren Ereignissen, die Stanislawskis Theaterarbeit grundlegend beeinflußten. In seiner Autobiographie nannte er zum einen seine Begegnung mit der *Meininger Theatertruppe*, die im Jahr 1885 in Rußland gastierte. Die Theatergruppe des Herzog Georg II. aus der deutschen Residenzstadt Meiningen ist mit ihrem historistischen Theaterstil international berühmt geworden. Diese Gruppe zeichnete sich durch ihre exakten Rekonstruktionen der jeweiligen historischen Situationen in den Stücken, die sie spielten, aus. An ihrem historisch-wahrheitsgetreuen Inszenierungsstil orientierte sich Stanislawski noch in seinen Inszenierungen um die Jahrhundertwende.

Prägend ist jedoch vor allem der Einfluß der russischen Theaterkunst, die am Maly-Theater in Moskau gepflegt wurde. Stanislawski suchte das im Jahr 1824 gegründete Theater seit seiner Kindheit regelmäßig auf. (St. 1987/48ff) Hier lernte er die Werke der westeuropäischen Klassiker kennen, z.B. die Werke Molière's (1622-1673) und Lessings (1729-1781). Vor allem aber wurden in diesem ältesten russischen Schauspieltheater die russischen Dramatiker und Autoren des 19. Jahrhunderts gespielt: Puschkin (1799-1837), Gribojedow (17951829), Gogol (1809-1852) und Ostrowski (1823-1886), Dostojewski (1828-1881), Turgenjew (1818-1883) und Tolstoi (1828-1910). Ihre Werke setzten sich mit den gesellschaftlichen und sozialen Verhältnissen, soweit es die Zensur der zaristischen Herrschaft zuließ, kritisch und kompromißlos auseinander. Hier kam es darauf an, gesellschaftliche Zustände wahrheitsgemäß darzustellen. Über die Literatur hinaus hatte das Maly-Theater aber auch die besten russischen Schauspieler auf der Bühne zu bieten, wie z.B. Michail Stschepkin. (In Braunecker 1986/550f)

Mit *Wahrheit* und *Wahrhaftigkeit* auf dem Theater forderte Stanislawski zum einen, im Sinne der sozialkritischen russischen Tradition, die wirklichkeitsgetreue Darstellung der gesellschaftlichen Realität, und damit ein realistisches Theater. Mit einer solchen Dramatik stellte er sich in Opposition zu dem Theater des zaristischen Hofes, das hauptsächlich, nach dem Vorbild westeuropäischer Höfe, historisierenden Pomp und Prunk auf seinen Bühnen präsentierte. Ganz im Sinne des damals auch in Westeuropa verbreiteten Realismus und Naturalismus auf dem Theater und in der Literatur bezog sich auch sein Realismus nicht nur auf die Dramaturgie eines Stückes, sondern auch auf die äußere Gestaltung einer Inszenierung. Es wurde das realistisch dargestellte Detail auf der Bühne gefordert, dies galt für die Arbeit am *MCHAT* besonders in den Anfangsjahren. Aber schon bald kam diesen Elementen auch eine bedeutende, ja überaus zentrale Rolle in seiner Schauspielerarbeit zu. Denn Ziel seiner Schauspielkunst war es, mit „wahrhaftigen, echten menschlichen Gefühlen und Leidenschaften auf der Bühne" zu sprechen. Der gängigen oberflächlichen, von Pathos getragenen und übertriebenen Selbstdarstellung einzelner Star-Schauspieler stellte er die Ensemblekunst und die *Kunst des Erlebens* gegenüber. So sind *Wahrheit* und *Wahrhaftigkeit* unmittelbar mit seiner grundlegenden Theorie, der *Kunst des Erlebens* verbunden, die auch in einer der Grundlagen seines *Systems*, der *Definition Puschkin* zum Ausdruck kommt.

*Stanislawskis Philosophie
in der Interpretation des sozialistischen Realismus*

Stanislawskis war nicht nur der einzige Begründer einer umfassenden Lehre zur Schauspielkunst, er integrierte auch die traditionelle Rolle des russischen Theaters in seine Schauspieltheorie. Beides waren Gründe, gerade ihn als die maßgebliche Autorität in der sowjetischen Theaterkultur einzusetzen. Seine intellektuellen Wurzeln in der russischen Tradition ermöglichten es, seine Ansichten mit den Zielen des *sozialistischen Realismus* in Verbindung zu bringen. Diese Verknüpfung ist beispielsweise bei dem Mitherausgeber von Stanislawskis *Gesammelten Werken*, A. Popov, in einem Aufsatz aus dem Jahr 1951 festzustellen:

„Pour Stanislavski le théâtre était une école de la vie. Bielinski, Tczernyschewsky, Ostrovski, Schtechepkine, Motschalov, Sadovski, Yermolova ont aussi partage cette opinion. Elle est à l'origine du réalisme de Stanislavski qui voulait toujours que toute la nation pût le comprendre. La vérité de la représentation de la vie humaine sur la scène est devenu pour Stanislavski un principe inébranlable. Il était d'avis que chaque vie humaine devait être conduite par la sublime idée de servir son peuble."[1]

Popov vertrat die Ansicht, daß Stanislawskis Berufung auf die traditionelle progressive russische Kultur mit Recht erlaubte, ihn an die Spitze des *sozialistischen Realismus* zu stellen. Denn tatsächlich gibt es hier wesentliche ideelle Übereinstimmungen. Nicht nur den Schauspieler, sondern letztlich das Publikum, das Volk aufzuklären, zu bilden und zu erziehen, das war auch Stanislawskis Ziel gewesen, wenngleich er andere Inhalte, besonders keine parteisozialistischen zu transportieren gedachte. Aber die Instrumentalisierung des Theaters in ihrer erzieherischen Funktion, das war auch die Idee Stanislawskis. In dem bereits zitierten Brief aus dem Jahre 1901 an A.D. Borodulin betonte Stanislawski zudem, daß der Schauspieler „Verkünder von Schönheit und Wahrheit" sei, und daß er deshalb höher stehen sollte als die Masse.

Das *höhere Ziel* des Schauspielers und dessen Rolle als Verkünder der Wahrheit befürwortete er. Seine Kunst sowie die Schauspieler und Regisseure seiner Kunst sollten nicht nur der einfachen Unterhaltung, sondern der Bildung der Menschheit dienen. Damit entsprach er den Forderungen des *sozialistischen Realismus*, der ebenfalls die Erziehung des Volkes beabsichtigte, und dem Künstler für diese Aufgabe eine außerordentlich Rolle im Staat zuerkannte. W. Pudowkin, Verfasser mehrerer ausgedehnter wissenschaftlicher Erklärungen zum *System* von Stanislawski, interpretierte Stanislawskis Zielsetzungen als die Prinzipien der kommunistischen Moral:

---

[1] „Für Stanislawski war das Theater eine Schule des Lebens. Bielinski, Tschernytschewsky, Ostrowski, Stschechepkine, Motschalow, Sadowsky, Jermolowa haben auch diese Meinung geteilt. Diese Schule bot das Original des Realismus, den er immer wollte, den die ganze Nation verstehen können sollte. Die Wahrheit von der Darstellung des menschlichen Lebens auf der Bühne ist für Stanislawski ein unerschütterliches Prinzip geworden. Er vertrat die Meinung, daß jedes menschliche Leben von der erhabenen Idee geleitet sein sollte, seinem Volk zu dienen." A. Popov *L'idée - la base d'une création artistique (Die Idee-Grundlage einer kreativen Kunst)*. In Tyszka 1989/128

„Dans le système de Stanislavski s' arffermit la notion de „supérieure idée maîtresse" qui désigne la position idéologique de toute la troupe et de chaque acteur. Servir son peuple, le soutenir activement dans la réalisation de ses idéaux, être un digne citoyens, affermir les principes de la morale communiste dans la vie et sur la scène - voilà le contenu du „but supérieur".[1]

Der Interpret dieser Moral eines *höheren Ziels* betrachtete diese als ideologisch ausschlaggebendes Element von Stanislawskis *System*. Das Stanislawski-System erfuhr aber in der Diskussion in der stalinistischen Ära keineswegs eine einheitliche Interpretation, im Gegenteil gehen die Meinungen zum Teil sehr stark auseinander. Gemeinsam ist den verschiedenen Interpreten, die hier genannt werden, aber der Versuch, es in das marxistisch-leninistische Weltbild zu integrieren. Zavadski beispielsweise vertrat die Ansicht, daß das *System* keine Technik, sondern vor allem eine Philosophie darstelle:

„Le système n' est pas une technologie mais une idéologie, une philosophie de l' art, un appel adressé a l' artiste l' invitant à lutter pour les idéaux qu' il représente. La fin idéologique que Stanislawvski désigne comme le but supérieur détermine l'essence et la signification de ce système."[2]

Der Mitherausgeber der *Gesammelten Werke*, N. Abalkin, bekräftigte diese Meinung, daß Stanislawski seine Techniken der Schauspielarbeit im Namen seiner Philosophie suchte und entwickelte:

„Bei der Lösung der neuen, komplizierten Schaffensmethoden ging Stanislawski in erster Linie von den Prinzipien eines hohen ideologischen Niveaus der Bühnenkunst aus. Diese Prinzipien bilden die ästhetische Grundlagen von Stanislawskis System." (In *Sowjet-Literatur* Heft 12, 1951/170)

Der Blick auf Stanislawskis Beweggründe, sich dem Theater hauptberuflich zuzuwenden und mit seiner Theaterarbeit, die er in den folgenden Jahrzehnten an dem *MCHAT* geleistet hatte, macht deutlich, daß Stanislawski nicht nur künstlerisch-ästhetische, sondern betont erzieherische und moralische Wertvorstellungen mit seinem Theater vertrat. Seine Bekräftigung ethischer Werte, die, wie er schrieb, vielleicht die wichtigsten in seiner Theaterkunst seien, entsprechen einerseits den hier aufgezeigten Interpretationen aus den 50er Jahren, andererseits wurden sie für die stalinistische Ideologie zurechtgebogen. Die traditionelle Rolle des russischen Künstlers als diejenige vom *spirituellen Füh-*

---

[1] „In dem System von Stanislawski manifestiert sich der Begriff von der 'höheren meisterschaftlichen Idee', welche die ideologische Position der ganzen Gruppe und jedes Schauspielers bestimmt. Seinem Volk zu dienen, aktiv zu stützen in der Realisation seiner Ideen, ein würdiger Staatsbürger sein, die Prinzipien der kommunistischen Moral im Leben und auf der Bühne zu festigen - das ist der Inhalt des höheren Ziels." W. Pudowkin *Conformément à la réalité (Gemäß der Realität)* 1951. In Tyszka 1989/129

[2] „Das System ist keine Technik, sondern eine Ideologie, eine Philosophie der Kunst, ein Appell an den Künstler, der lebt, um für seine Ideen zu kämpfen, die er repräsentiert. Das ideologische Ziel, das Stanislawski als das höhere Ziel bezeichnet, bestimmt die Essenz und Bedeutung von diesem System." I. Zavadski *Les remarque sur un théâtre polonais (Bemerkungen zu einem polnischen Theater)* 1953. In Tyszka 1989/130

rer des Volkes und gleichzeitig als die maßgebliche 'moralische Autorität' lag ja gerade in ihrer oppositionellen Haltung gegenüber dem herrschenden Regime, in der vorrevolutionären Zeit gegenüber dem Zaren. Eine Opposition gegenüber dem neuen Herrscher, dem stalinistischen sowjetischen Regime und gegenüber dem nunmehr „Roten Zaren" war allerdings unter dem Dogma des *sozialistischen Realismus* so gut wie nicht mehr möglich. Die Idee eines politischen kritischen und sozialistischen Theaters war dem Dogma eines sozialistischen Theaters gewichen. Die Rolle des Künstlers, so Tyszka, vom *spirituellen Führer und Diener des Volkes* wandelte sich vielmehr zum „*Ingenieur der menschlichen Seele.*"[1]

---

[1] Originalzitat a.d. Russ.: „Dans le domaine de l' art, cette évolution a pour conséquence la transformation du 'chef spirituel - serviteur du peuble' en 'ingénieur des âmes humaines', se conformant fidèlement aux normes de l' idéologie stalinienne." Tyszka 1989/130

3. Kapitel
Stanislawskis Theaterarbeit

Die Jahre 1898-1906

Gründung des Moskauer Künstlertheaters (MCHAT)

Das *Moskauer Künstlertheater für alle* wie es zunächst mit seinem vollständigen Namen hieß, wurde von Stanislawski und W.I. Nemirowitsch-Dantschenko (1858-1943) im Jahr 1898 gemeinsam gegründet. Stanislawski war bereits seit 10 Jahren als Schauspieler, Regisseur und Leiter der Liebhaberbühne der *Moskauer Gesellschaft für Kunst und Literatur* tätig gewesen. Erst mit der Gründung dieses Theaters entschloß er sich aber vollberuflich am Theater tätig zu werden. Dort übernahm er die Bereiche Darstellung und Inszenierung. Für den dramaturgischen Bereich, vor allem für Fragen der Literatur und des Geschäfts, erklärte sich der ehemalige Leiter der Theaterschule der *Moskauer Philharmonischen Gesellschaft*, Nemirowitsch-Dantschenko, verantwortlich.

Das Schauspielensemble setzte sich aus Schauspielern der Stanislawskischen Laienschauspielgruppe und dem Entlassungsjahrgang 1898 der von Nemirowitsch-Dantschenko geleiteten Theaterschule, unter ihnen auch Meyerhold, zusammen. Des weiteren engagierten sie Schauspieler aus Provinz und Hauptstadt, wobei die Zusammenstellung des Ensembles nicht zufällig war, sondern nach von Stanislawski und Nemirowitsch-Dantschenko eigens aufgestellten Kriterien erfolgte. Diese Kriterien standen bereits im Zeichen der von den Gründern angestrebten Erneuerung der Schauspielkunst: Nicht nur das Talent war für die Annahme an das *MCHAT* entscheidend, sondern auch die ethische Haltung der Bewerber gegenüber ihrem Beruf. Ein Schauspieler, der nur auf eine Karriere aus war, wurde mit der Begründung abgelehnt, daß er „seinen Charakter vollkommen dem Unternehmer angepaßt und sein ganzes Ich auf billige Theatralik abgestellt" habe. Die Gründer wollten statt dessen einen Schauspieler mit

> „Idealen, für die er auch zu kämpfen gewillt ist; er gibt sich nicht mit dem Althergebrachten zufrieden, sondern ist ein Mensch der Idee." (St. 1951/305)

Tatsächlich gingen eine Reihe russischer Theaterpersönlichkeiten, die die vor- und nachrevolutionären Theaterreformen, wie den *Proletkult* und den *Theateroktober* gestalteten, aus der Schule Stanislawskis und Dantschenkos hervor, darunter auch die berühmtesten: Meyerhold, Tairow und Wachtangow. Im Moskauer Künstlertheater konnten die Ideen für eine neue Schauspielkunst praktisch im professionellen Rahmen umgesetzt werden, für die Stanislawski schon in der *Moskauer Gesellschaft für Kunst und Literatur* eingetreten war. Die Gründer plädierten für die Erneuerung der Schauspiel- und der Theaterkunst überhaupt. Man richtete sich vor allem gegen die althergebrachten Theaterkonventionen:

> „Wir protestierten gegen die frühere Art des Spielens, gegen die schauspielerische Routine, gegen das verlogene Pathos, gegen die Deklamiererei, gegen das schauspielerische Übertreiben, gegen die albernen Konventionen in Inszenierung und Bühnenbild, gegen das Starsystem, welches das Ensemble verdirbt, überhaupt gegen den ganz gewöhnlichen Ablauf der Vorstellungen sowie den nichtigen Spielplan der dama-

ligen Theater. In unserem revolutionären, alles niederreißenden Drang erklärten wir um der Erneuerung der Kunst willen aller Theaterkonvention den Krieg, gleichviel, in welcher Form sie sich auch zeigen mochte: im Spiel, in der Inszenierung, im Bühnenbild, in den Kostümen, in der Auffassung und der Behandlung des Stückes und so weiter." (Ebd. 317)

Und so brach man am *MCHAT* mit dem damals üblichen Ablauf der Theateraufführungen: man schaffte die Eingangs- und Pausenmusik ab, die in keinem Zusammenhang mit den Aufführungen standen; das Orchester, das für gewöhnlich vor der Bühne spielte, wurde hinter die Kulissen plaziert und der Applaus bzw. die Verbeugungen der Stars und berühmter Gäste bei ihrem ersten Auftritt und während des Spiels wurden abgeschafft; Einlasser und Platzanweiser durften nun nicht mehr nach Vorstellungsbeginn durch den Zuschauerraum laufen; und auch die üblichen mit Landschaften, Städten oder Parks bemalten Vorhänge und Prospekte wurden durch den Stücken entsprechende Bühnenbilder ersetzt. (St. 1987/241f) In den Vordergrund seiner Theaterarbeit stellte Stanislawski den Schauspieler und das Ensemble, das nach den neuen Richtlinien der Theaterkunst arbeiten sollte.

Rückblickend vermißte Stanislawski für die ersten Jahre an seinem Theater ein konkretes konzeptionelles Programm, wie er in seiner Autobiographie schrieb. Nichtsdestotrotz hob er dort auch einige wichtige Entwicklungslinien dieser ersten Periode des *MCHAT* vor 1906 hervor, die die künstlerische Ausrichtung des Theaters deutlich machen. Sie und die weitere Theaterarbeit am *MCHAT* bis zur Oktoberrevolution sollen in diesem Kapitel zusammenfassend dargestellt und kommentiert werden. Die Bezeichnungen der verschiedenen „Richtungen", die Stanislawski angibt, umreißen einzelne Etappen des Theaters mit bestimmten Schwerpunktlegungen: Als erste Phase nennt er die „historisch-wirklichkeitsgetreue" Richtung, dann die der „Intuition und des Gefühls", danach die „gesellschaftliche" Richtung und für die Zeit von 1906 bis 1908 die „phantastische". Selbst wenn im folgenden die unterschiedlichen Richtungen gebündelt aufgezeigt werden, so gab es selbstverständlich vielerlei Überschneidungen zwischen diesen Phasen. Nach etwa 1907 zeigt der Spielplan des *MCHAT* ein ausgesprochen gemischtes Bild auf. Für die Jahre seit der Spielzeit 1906/07 spricht Stanislawski von seiner *künstlerischen Reife*. In dieser Zeit begann er auch mit der Ausarbeitung seines *Systems,* das im Wechsel mit und unter dem Einfluß seiner Inszenierungen nun entstand.

Historische Inszenierungen

Die Eröffnung des Moskauer Künstlertheaters am 14. Oktober 1898 fand mit Leo Tolstojs ZAR FJODOR IWANOWITSCH, einer im russischen Mittelalter spielenden Tragödie, statt. Es folgte eine Serie weiterer historischer Inszenierungen: Shakespeares DER KAUFMANN VON VENEDIG (1898), Goldonis Komödie MIRANDOLINA (1898), Tolstojs DER TOD IWAN DES SCHRECKLICHEN (1899) oder Shakespeares JULIUS CÄSAR (1903) u.a. Aber auch Stücke von Gerhart Hauptmann, sein Märchendrama DIE VERSUNKENE GLOCKE (1898), und von Henrik Ibsen HEDDA GABLA (1899), standen in den ersten Jahren auf dem

Spielplan des *MCHAT*. (St. 1987/256 u. 1975/890) Das Echo auf die bis dahin in Rußland weitgehend unbekannte historische wirklichkeitsgetreue Inszenierungsform nach dem Vorbild der Meininger Theatergruppe war sehr groß.

Die *Wahrheit* war bereits zu dieser Zeit für Stanislawski zum entscheidenden Kriterium der neuen Kunstrichtung geworden. (Nach Fiebach 1975/135) Zum einen ging es ihm in den Stücken darum, den Alltag der jeweiligen Zeit realistisch wiederzuspiegeln. Da Stanislawski die Arbeit des Schauspielers in den Mittelpunkt gestellt hatte, bestand zum anderen auch hier schon die Forderung nach dem *seelischen Realismus, der Echtheit des künstlerischen Erlebens und der schauspielerischen Empfindung.* (St. 1987/260) Die Authentizität in der äußerlichen Inszenierung der Stücke und die Authentizität der Schauspieler in ihrer Rolle waren hier angestrebt, wenngleich letzteres in seiner späteren Vollkommenheit erst einige Jahre später gelingen sollte. Stanislawski zufolge kannten sie in dieser Zeit nur den "Weg zur äußeren Gestalt der Rolle". Die Methode zur Erarbeitung der Rolle beschrieb er für diese Zeit folgendermaßen:

„... man zog alle möglichen Gewänder und Schuhe an, polsterte sich da und dort, klebte sich Nasen und Bärte, setzte sich Perücken und Hüte auf in der Hoffnung, sich das Äußere, die Stimme und den Körper der darzustellenden Person physisch zu erschließen.

Der Gewinn war, daß die Schauspieler das äußerlich Charakteristische einer Gestalt beherrschen lernten, was eine wichtige Voraussetzung für ihr Können ist." (Ebd. 258)

Die Arbeit an der seelischen Empfindung der Rolle fand aber noch kaum statt. Stanislawski schrieb rückblickend, daß sie das Neue in der Kunst zu dieser Zeit lediglich in einem *äußerlichen Realismus* gefunden hatten. (ebd. 260). Doch auch den bezeichnete er nachträglich als eine wichtige Errungenschaft, da sie sich auf dem Weg zur "wirklichen künstlerischen Wahrheit" befanden:

„Diese künstlerische Wahrheit erreichten wir freilich eher äußerlich durch die Echtheit der Gegenstände, Möbelstücke, Kostüme, Requisiten oder durch Bühnenlicht, Ton, das äußere Bild der Figuren und das nach außen gerichtete körperliche Leben der Darsteller.

Doch allein die Tatsache, daß es uns gelungen war, die wirkliche, obgleich rein äußerliche Echtheit auf die Bühne zu bringen, zu einer Zeit, wo die Lüge das Theater beherrschte, eröffnete uns einigermaßen gute Perspektiven für die Zukunft." (Ebd.)

Noch im Dezember des Jahres 1898 kam die MÖWE von Anton Tschechow im *MCHAT* zur Aufführung. Der überraschend gewaltige Erfolg dieser Inszenierung stellte den Höhepunkt der Anfangsphase des Theaters dar (Hensel 1978/580); eine Möwe war seitdem das Emblem des Moskauer Theaterhauses. Mit den Inszenierungen von Tschechows Stücken begann Stanislawski, wie im folgenden gezeigt wird, sich vermehrt mit der Psychologie der Rollen und mit psychologischen, besser gesagt, psychophysiologischen Methoden der Arbeit des Schauspielers an der Rolle auseinanderzusetzen.

Theater der Intuition und des Gefühls

Mit der erfolgreichen Aufführung der MÖWE avancierte Anton Tschechow zum Hausautor des *MCHAT*. Ein Jahr später wurde sein Stück ONKEL WANJA dort aufgeführt, die DREI SCHWESTERN im Januar 1901 und DER KIRSCHGARTEN im Januar 1904 uraufgeführt. (St. 1975/890f) Der praktizierende Arzt und Novellenschreiber und zu dieser Zeit schon erkrankte Anton Tschechow verdankte Stanislawski und dem *MCHAT* seine Anerkennung als Bühnenautor. Die MÖWE war zwei Jahre vor der erfolgreichen Aufführung durch Stanislawski an einem Theater in Petersburg durchgefallen. Stanislawski verstand es als erster, die äußerlich handlungsarmen poetischen Stücke Tschechows, in denen der Alltag der Menschen und ihre Beziehungen zueinander gezeigt wurden, bildhaft und erzählend in Szene zu setzen.

Umgekehrt fand Stanislawski in den Werken Tschechows entscheidende Anstöße zur Entwicklung der von ihm angestrebten neuen Schauspielkunst, die er in den folgenden Jahren zunehmend präzisierend zu entwickeln und auch schriftlich darzulegen begann. Er versuchte in dieser Zeit zunehmend die psychologische und psychophysiologische Aktivität des Schauspielers in den Mittelpunkt der Arbeit zu stellen, die auch in seiner vorherigen Inszenierungsarbeit noch wenig Beachtung fand. Er beschäftigte sich nun konzentriert mit Fragen zur *Intuition* und dem *Gefühl* des Schauspielers. Die Möglichkeit zur Auseinandersetzung mit diesem Thema boten ihm außerdem Stücke von Hauptmann, Gribojedow, Turgenjew und Dostojewski. Aber auf das Thema selbst brachte ihn Tschechows Dramaturgie. (St. 1987/269) Sie war für Stanislawski offensichtlich von besonderer Qualität:

„Seine Stücke sind handlungsreich, freilich nicht in ihrer äußeren, sondern in ihrer inneren Entwicklung. Schon in der Untätigkeit seiner Figuren verbirgt sich eine komplizierte seelische Aktivität. Tschechow hat besser als jeder andere bewiesen, daß das Handeln auf der Bühne auch von seinem inneren Sinn her verstanden werden muß und daß es möglich ist, auf ihm allein, ..., ein dramatisches Ganzes aufzubauen." (Ebd. 270)

Gerade die 'seelische Beschaffenheit der Menschen' der Figuren bei Tschechow war für Stanislawski von Interesse. Die Psychologie, und das heißt auch die Gefühle der Menschen wirklichkeitsnah auf das Theater zu bringen, das war gleichermaßen sein wie auch Tschechows Anliegen, das sie mit vielen anderen Autoren und Theaterregisseuren ihrer Zeit teilten. Die Frage war, wie man diese Form des Theaters möglichst lebensecht präsentieren konnte.

In den Anfangsjahren versuchte Stanislawski die Emotionen der Schauspieler wie gesagt vor allem mit äußerlichen Stimmungsmachern, mit Beleuchtung, Toneinstellungen und Dekorationen zu stimulieren. Die im Detail ausgefeilte Bühnenillusion wurde weniger publikumswirksam eingesetzt. Vielmehr benötigte man sie als Hilfestellung für die Schauspieler, um ihre emotionale Aktivität, ihre *Einfühlung* in die Rollen wirksam und überzeugend zu erreichen. Die Requisiten in der Inszenierung von DREI SCHWESTERN zeigen, wie detailliert die Bühnenausstattung für diesen Zweck ausfiel: Auf der Bühne befand sich nicht nur ein sorgfältig ausgestattetes Wohnzimmer mit Möbeln in Überzügen, mit einem Klavier an der linken Wand und mit Familienalben auf einem Tischchen; für eine große Photographie haben sich die Schauspieler geschminkt, zeitgenössische Kleidung angezogen und sich in die entsprechenden Gestalten verwandelt, so daß jedes Detail auf dem Photo realistisch war. (Poljakowa 1981/158) Auch Geräusche wurden naturgetreu nachgeahmt. Dieser detailliert naturalistische Inszenierungsstil führte zu Auseinandersetzungen zwischen Autor und Regisseur. Tschechow sah seine Stücke durch die übertriebene Anwendung äußerlicher naturalistischer Mittel ruiniert, was er Stanislawski auch deutlich machte:

„Wissen Sie, ich werde ein neues Stück schreiben, und das wird folgendermaßen beginnen: Wie wunderbar still es hier ist, kein Vogel zu hören, kein Hund bellt, kein Kukkuck ruft, keine Eule schreit, keine Nachtigall singt, keine Uhr schlägt, keine Glocken läuten und nicht ein einziges Heimchen zirpt." (St. 1951/463)

Tschechow ließ seine Werke trotzdem an Stanislawskis Theater weiterhin zur Uraufführung bringen. Bei der Beschäftigung mit den verschiedensten Details stand schließlich die zu erreichende Emotion des Schauspielers im Vordergrund. Und um betont mit der Emotion des Schauspielers zu arbeiten, bot die MÖWE reichliche Möglichkeiten, weswegen sie, oder überhaupt Stücke von Tschechow, auch heute immer wieder gerne von Schauspielern und Schauspielschülern gespielt wird. Stanislawski schrieb zu diesem Stück:

„Ihr Reiz läßt sich durch Worte nicht wiedergeben, er liegt zwischen den Zeilen verborgen, in den Pausen, oder in den Ansichten der Schauspieler, in der Ausstrahlung ihres inneren Gefühls ... Alles liegt in der schöpferischen Intuition und im Gefühl des Schauspielers beschlossen." (Ebd. 374)

Aber selbst wenn er hier solche psychologischen Elemente wie das Gefühl des Schauspielers und dessen schöpferische Intuition für die Inszenierung der Stücke Tschechows in den Vordergrund stellte, diese Elemente waren nicht die einzigen Gesichtspunkte, nach denen er ein Stück inszenierte. So machte er hier auch deutlich, wie wichtig es ist, die Stückidee des Autors konsequent zu verfolgen. Da es sich in den Stücken Tschechows nun meistens um psychologische Dimensionen des menschlichen Miteinanders handelt, die auch von dem unbewußten Vorgängen in einem Menschen handeln, setzte er sich in diesem Zusammenhang auch besonders mit dem *Unbewußten* auseinander:

„Um Tschechow spielen zu können, muß man sich vor allen Dingen bis zu einer Goldader durchgraben, sich ganz der Gewalt des ihn auszeichnenden Gefühls für Wahrheit, ... ergeben, allem glauben, um dann zusammen mit dem Dichter auf der geistigen Linie seines Werkes bis zu den Geheimnissen des eigentlichen künstlerischen Unterbewußtseins vorzudringen." (Ebd. 380)

Die unbewußten, tiefenpsychologischen Handlungen der Figuren Tschechows, ihre, wie Stanislawski sie bezeichnete, "geheimnisvollen Seelenwerkstätten, die oft nicht wahrzunehmenden Reichtümer ... der Tschechowschen Seele" (ebd. 380), interessierten ihn besonders. Zwar ist hier noch undeutlich, ob sich Stanislawski mehr aus dramaturgischen Gründen für das *Unbewußte* interessierte, oder ob er eine Technik suchte, mit der er das *Unbewußte* des Schauspielers in seine Schauspielarbeit generell integrieren konnte. In jedem Fall rückten tiefenpsychologische Vorgänge zu dieser Zeit maßgeblich in die schauspielerische Arbeit Stanislawskis.

Politische Inszenierungen

Der vollständige Name des MCHAT, *Moskauer Künstlertheater für alle*, sollte signalisieren, daß dieses Theater im Gegensatz zu den kaiserlichen Theatern allen Bevölkerungsschichten zugänglich sein sollte. (Poljakowa 1981/103) Dieses Theater vertrat jedoch eine Kunstrichtung, dessen Tradition dem liberaldemokratisch orientierten mittelständischen Bürgertum entwuchs. In der Presse wurden die Schauspieler des MCHAT schon in den Anfangsjahren als die *Kunstmacher* bezeichnet. (Ebd. 233) Der anfängliche Anspruch, ein Theater *für alle* zu sein, wich dem den Gründern offensichtlich wichtigeren Anspruch, die Bühnenkunst unter Einbeziehung diffiziler psychologischer und ästhetischer Fragestellungen zu erneuern.

Das Künstlertheater ist auch nicht für die vorrevolutionäre Zeit um die Jahre 1904/05 als ein politisches Theater zu bezeichnen. Politische Gruppierungen, die sich in dieser unruhigen Zeit in bürgerlichen Kreisen und unter Arbeitern organisierten, sollten sich auf der Bühne des Künstlertheaters nicht artikulieren. Natürlich unterstand Stanislawskis und Dantschenkos Theater, wie alle anderen Theater auch der Zensur des Zaren. (St. 1987/305) Aber politisch agitatorisches Theater entsprach nicht dem Anliegen Stanislawski. Das geht aus verschiedenen Äußerungen von ihm hervor:

„Tendenz und Kunst sind unvereinbar, eins schließt das andere aus. Geht man an die Kunst lediglich mit tendenziösen, zweckbetonten und anderen nicht künstlerischen Grundideen heran, so welkt sie wie die Blume in der Hand." (In Rühle 1957/61)

Zeitgenössische gesellschaftspolitische Stücke der naturalistischen und realistischen Dramatiker fehlten jedoch nicht im Spielplan. Nur ging es Stanislawski nicht um Parteilichkeit, sondern um die von ihm geforderte *Wahrheit auf der Bühne*, die Wiederspiegelung der wirklichen gesellschaftlichen Verhältnisse, ohne eine vorgegebene politische Tendenz. Er bemühte sich um die möglichst objektive Wahrheit, indem er die genaueste Reproduktion der Wirklichkeit in seinen Inszenierungen anstrebte, der gesellschaftlichen wie der psychologischen. So spielten die psychologischen Aspekte der Bühnenfiguren auch in seinen Stücken mit besonderer gesellschaftlicher Bedeutung eine große Rolle. Die objektive Wahrheit der einzelnen Bühnenfiguren versuchte er mittels einer psychologisch wahrhaftigen "Seelengestaltung" zu erreichen. Die Psychologie der Figuren, und nicht eine programmatische politische Idee standen hier wie auch später im Mittelpunkt seines Interesses. Deutlich wird das an Stanislawskis Äußerungen zu der Inszenierung des VOLKSFEIND von Ibsen, die in der Spielzeit 1900/1901 erstmalig zur Aufführung kam. Um einer politischen Tendenz bei der Inszenierung zu entgehen, forderte er, daß die

„fremde Tendenz zur eigenen Idee des Schauspielers werden (muß), sich in Gefühl verwandeln, zu aufrichtigem Streben, zur zweiten Natur des Schauspielers werden (muß). Dann geht sie in das geistige Leben des Schauspielers, der Rolle, des ganzen Stückes ein und wird nicht Tendenz, sondern eigenes Kredo." (Ebd.)

Das, wie die meisten Stücke am *MCHAT* erfolgreich inszenierte Stück spielte man auch in weiteren Spielzeiten, auch im Jahre 1905 in Petersburg, an dem Tag als dort mit dem 'Blutigen Sonntag' die erste russische Revolution ausbrach. Hier kam es zu Begeisterungsstürmen während der Aufführung, da die Figur des Stockmann, den Stanislawski selbst spielte, hier mit seinen Anklagen gegen die Gesellschaft in dieser revolutionären Stimmung größtes Echo fand, so daß die Aufführung beinahe abgebrochen werden mußte. (St. 1987/303) Stanislawski betonte in seiner Autobiographie aber, daß der politisch bedeutende große Erfolg der VOLKSFEIND - Inszenierung aus der wahrhaftigen und emotionalen Erarbeitung der Rollen resultierte:

„...wir Darsteller dachten keineswegs an Politik und waren von den Demonstrationen im Zuschauerraum überrascht. Für uns war Stockmann weder Politiker noch Versammlungsredner, sondern ein überzeugter und rechtschaffener Mensch, ein Freund seines Volkes und seines Heimatlandes, wie es jeder ehrliche Staatsbürger sein sollte." (Ebd. 304)

Die politische Bedeutung, die dem Stück schließlich zukam, ergab sich seiner Meinung nach aus seinem künstlerischen Konzept, daß die Intuition und das Gefühl des Schauspielers in den Vordergrund stellte. Und, so Stanislawski weiter:

„Für den Zuschauer war die Inszenierung ein gesellschaftspolitisches Ereignis, für mich war das Stück immer noch aus der Richtung der Intuition und des Gefühls. Durch diese beiden Komponenten erkannte ich die inneren Leidenschaften der Gestalt, aber auch die alltägliche Seite des Stückes, während seine politische Tendenz sich mir von selbst offenbarte. Unversehens geriet ich auf die gesellschaftspolitische Geleise: von der Intuition über Alltag und Symbol zur Politik." (Ebd.)

Ein zeitgenössisches gesellschaftskritisches Stück wurde auch von Maxim Gorki am *MCHAT* aufgeführt. Der revolutionäre, der bolschewistischen Partei nahestehende Schriftsteller Gorki, 'der Bittere', der eigentlich Alexej Maximowitsch Peschko hieß, war ganz im Gegensatz zu Stanislawski in ärmlichsten Verhältnissen und auch elternlos und unbehütet aufgewachsen. Bei der zaristischen Regierung galt er als notorischer Revolutionär, war mehrfach verhaftet und unter Polizeiaufsicht gestellt und aus seiner Heimatstadt Nishni Nowgorod (dem heutigen Gorki) verbannt worden.

In seinem 1902 vollendeten Schauspiel NACHTASYL (oder SZENEN AUS DER TIEFE) legte Gorki das Resümee seines ganzen bisherigen Lebens nieder. Er selbst kannte das Elend der Millionen von Ausgebeuteten und Deklassierten, die er in diesem Stück beschrieb. Die erfolgreiche Aufführung dieses Stückes am *MCHAT* brachte für den dreißigjährigen Gorki den Durchbruch als international anerkannter Theaterautor. Stanislawski bekräftigte nach der Inszenierung von Gorkis NACHTASYL die große Bedeutung von *Intuition* und *Gefühl* für die erfolgreiche Inszenierung von gesellschaftlich relevanten Stücken:

> „Wieder einmal hatte mich die Praxis zu der Schlußfolgerung gebracht, daß es in den Stücken gesellschaftlicher Bedeutung besonders wichtig ist, selbst die Gedanken und Gefühle der Rolle zu leben; dann wird auch die Tendenz des Stückes ganz von selbst herauskommen." (Ebd. 314)

Das Bemühen eines Schauspielers, seine ideologische Haltung auf der Bühne zum Ausdruck zu bringen, führte nach Stanislawski Meinung zur 'leeren Pose'. Das politische Bewußtsein des Schauspielers sollte ihm zufolge statt dessen als Ergebnis aus der „richtigen seelischen Haltung" des Schauspielers zur Rolle und zum Stück von selbst entstehen. Gorkis folgende Stücke SOMMERGÄSTE und KINDER DER SONNE schilderten weniger die Unterdrückten der Gesellschaft, sondern stellen vielmehr die passive und resignative Haltung der Intellektuellen der Zeit heraus. Stanislawski weigerte sich, die SOMMERGÄSTE an seinem Theater zur Aufführung zu bringen, da er dessen politische Tendenz nicht akzeptieren konnte, und es kam zum zeitweiligen Zerwürfnis zwischen ihm und Gorki. (In St. I 1988/502f) Dieses Stück wurde daher im Jahre 1904 im Theater der Kommissarshewskaja in Petersburg uraufgeführt. KINDER DER SONNE wurde im darauffolgenden Jahr aber doch am *MCHAT* uraufgeführt.

In Stanislawskis Autobiographie wird immer wieder deutlich, daß er in seinen gesellschaftspolitischen Inszenierungen seinem künstlerischen Grundsatz von der psychologisch wahrhaftigen Gestaltung der Rollen den Vorrang gab. Nach der Inszenierung des VOLKSFEIND schrieb er:

> „Vielleicht gibt es in unserer Kunst nur noch diese eine Richtung - die der Intuition und des Gefühls. Vielleicht erwachsen gerade daraus unbewußt äußere und innere Bilder, Formen, Ideen, Gefühle, politische Tendenzen und die entsprechende Arbeitsweise an der Rolle. Möglicherweise integriert diese Richtung alle übrigen und berührt sowohl den geistigen als auch den äußeren Kern des Stückes und der Rolle." (St. 1987/304)

So erschloß sich seiner Meinung nach auch noch Anfang der zwanziger Jahre, als er rückblickend dieses Ereignis in seiner Autobiographie beschrieb, die politische Aussage eines Stückes erst durch seine Kunst, die die Intuition und das Gefühl des Schauspielers in den Mittelpunkt stellte.

Theaterstudio mit Meyerhold

Für die Gründung des ersten Theaterstudios[1] des *MCHAT* im Jahr 1905 zog Stanislawski Meyerhold heran, der das Theater bereits 1902 aufgrund des dort vorherrschenden naturalistischen und realistischen Inszenierungsstils verlassen hatte. Stanislawski suchte nach neuen Formen in der Kunst und öffnete sich für neuartige Experimente aus der avantgardistischen Richtung, in der vor allem mit stilisierten Mitteln gearbeitet wurde. Meyerholds avantgardistische

---

[1] Dieses Theaterstudio ist nicht zu verwechseln mit dem sogenannten 'ersten Theaterstudio' des *MCHAT*, das Stanislawski 1913 mit den Regisseur Sulershitzki gegründet hatte.

Theaterexperimente, die er mangels finanzieller Unterstützung zunächst nicht realisieren konnte, entsprachen den Vorstellungen Stanislawskis:

> „Der Unterschied zwischen uns bestand darin, daß ich Neues erstrebte, aber noch keine Mittel und Wege zu seiner Verwirklichung kannte, während Meyerhold anscheinend die neuen Methoden schon gefunden hatte, sie nur aus materiellen Gründen und wegen seines kleinen Ensembles nicht so, wie er wollte verwirklichen konnte." (St. 1987/341)

Meyerhold kehrte für die ihm angebotene Aufgabe, die künstlerische Leitung des Studios zu übernehmen, an sein ehemaliges Theater zurück. Das Studio-Theater sollte 1905 mit Maeterlincks DER TOD DES TINTAGILES und Hauptmanns Scherzspiel SCHLUCK UND JAU und einigen anderen Einaktern eröffnet werden. (Ebd. 345) Ein halbes Jahr wurde an den Szenen gearbeitet, aber zur Eröffnung des Theaters kam es nicht. Stanislawski hielt den Stil der dort erarbeiteten Inszenierungen für unangemessen und sagte das enthusiastisch begonnene kurzerhand Projekt ab. Verbindender Grundgedanke des *MCHAT* und des Studio-Theaters war das „Streben nach höchster Schönheit in der Kunst", „der Kampf gegen die Routine" und vor allem das „bebende, unaufhörliche Suchen nach neuen darstellerischen Mitteln für die neue Dramaturgie." (Poljakowa 1981/252) Während Stanislawski die in seiner Theaterarbeit gefundenen Arbeitsweisen und Formen allmählich, evolutionär verändern wollte, brach das Ensemble um Meyerhold radikal mit dem naturalistisch-realistischen Arbeitsstil des *MCHAT*. Obwohl Stanislawski das Projekt absagte, was auch an fehlenden geldlichen Mitteln gelegen haben soll, gefielen ihm viele aus dem Studio hervorgegangenen Ideen, Experimente und schauspielerische Techniken. Er befürwortete sowohl das gewählte Stückrepertoire, das vorwiegend Träume, Ahnungen, das irreale Leben überhaupt behandelte, als auch die Umsetzung und Anwendung von ästhetischen Gestaltungsprinzipien aus der modernen Malerei und der Musik für das Theater:

> „Das Credo des neuen Studios bestand darin, ..., daß der Realismus überholt und die Zeit für das Irreale auf der Bühne gekommen sei. Nicht das Leben selbst sollte dargestellt werden, sondern das, was wir in unseren Träumen und Affekten vage zu empfinden vermögen. Dieser seelische Zustand sollte szenisch dargestellt werden, wie es die Maler der neuen Richtung auf ihren Leinwänden, die Komponisten der Moderne in der Musik und die neuen Dichter in ihren Werken taten. ...
> Die Stärke der neuen Kunst liegt in der Kombination von Farben, Linien und Tönen, im Zusammenklang der Worte. Sie schaffen allgemeine Stimmungen, die den Betrachter unbewußt beeinflussen, deuten nur an, was den Schauenden veranlaßt, sich aus seiner eigenen Phantasie einen Begriff zu machen." (St. 1987/343f)

Trotzdem genehmigte er nicht die Aufführung, und das eigens für dieses Projekt gemietete Theater wurde geschlossen. Meyerhold inszenierte seine folgenden Stücke an dem Theater der Kommissarshewskaja in Petersburg und bei der Gesellschaft des Neuen Dramas, wo er seine im Studio begonnenen Experimente fortsetzten konnte. Das Prinzip der *Stilisierung* in der Theaterarbeit entwickelte er zunächst dort in seiner Inszenierungstätigkeit weiter. (Meyerhold I 1979/101) Obwohl Meyerhold gleich Stanislawski den *schöpferischen Prozeß* des Schauspielers auf der Bühne zu erreichen suchte, kam er auf der

Grundlage seines stilisierten Theater zu einer ganz anderen Methodik, der von ihm entwickelten *Biomechanik*.

Spielzeit 1905/06 und Auslandstournee 1906

Die Spielsaison 1905/06 war aus verschiedenen Gründen die schwierigste in den Anfangsjahren des *MCHAT*. (Poljakowa 1981/260f) Der gescheiterte Versuch, mit Meyerhold ein Theaterstudio aufzubauen, hatte gezeigt, wie stark Stanislawski grundlegend an seinen gewohnten Inszenierungsstilen festhielt. Die Möglichkeiten neuer schauspielerischer Techniken waren innerhalb seines naturalistisch-realistischen Konzepts zwar erschöpft, aber den ästhetischen radikalen Neuerungen Meyerholds gab er keinen Raum. Dazu kam, daß Tschechow gestorben war, der seiner langjährigen Krankheit erlag. So verlor Stanislawski nicht nur einen Freund, sondern auch seinen Hausautoren, einen wichtigen, ihn maßgeblich in seiner Arbeit inspirierenden Kollegen. Auch auf die weitere Zusammenarbeit mit Gorki mußte er verzichten, da dieser 1906 im Zuge der um sich greifenden politischen Unruhen emigrieren mußte. So hatte Stanislawski innerhalb kurzer Zeit drei große Verluste in seinem Kollegium hinnehmen müssen, die ihn sicherlich nicht nur beruflich, sondern auch persönlich trafen.

Dazu kam, daß in jenen Jahren die politische Situation zunehmend instabil wurde. Im Gefolge der Niederlage Rußlands in seinen kriegerischen Auseinandersetzungen gegen Japan 1904/05 bedeutete die erste russische Revolution den zweiten entscheidenden Riß in der Autokratie des Zaren. Die blutige Niederschlagung des ersten großen Aufstandes in Petersburg, am dem über 140000 Menschen teilgenommen hatten, führte zu einem groß angelegten gesamtrussischen Generalstreiks im Oktober 1905. (Lorenz 1976/48) Hier wurden für die demokratische Bewegung des Landes wichtige politische Erfolge errungen: So kam der Zar nicht umhin, die erste russische Volksvertretung, die Reichsduma, zuzulassen, ohne deren Zustimmung keine Gesetz mehr in Rußland in Kraft treten konnte. Trotzdem kam es es in den folgenden Jahren immer wieder zu einzelnen Rebellionen in den Städten und auf dem Land. Die Arbeiter und Bauern, die den Generalstreik mitgetragen hatten, hatten wenig Nutzen von der Duma, die vornehmlich eine Vertretung der russischen Bougeoisie war. Nur zeitweise konnten die verschiedenen in der Illegalität wirkenden sozialistischen Gruppierungen, wie die Bolschewiki und Menschewiki, Rede- und Versammlungsfreiheit erwirken.

Am Moskauer Künstlertheater beschloß man, in der politisch aufgewühlten Situation auf eine Auslandstournee zu gehen. Sie führte das Ensemble mit seinem Repertoire 1906 auf Gastspielreise nach Westeuropa, in die großen Städte Deutschlands und Österreichs. Stanislawskis und Dantschenkos Theater erlangte hier erstmals internationalen Weltruf. Gezeigt wurde vor allem Tschechows Meisterwerke DIE DREI SCHWESTERN, ONKEL WANJA, DER KIRSCHGARTEN. Die Erfolge in Berlin, Wien und anderen deutschsprachigen Städten zeugen von der hohen Qualität der Schauspielkunst, die das *MCHAT* bereits in dieser Phase bis 1906 erreicht hatte. Joachim Fiebach bezeichnete Stanislawskis Inszenierungen bis 1906 als

> „künstlerischen Gipfel und in gewissem Sinne zugleich als ein Endpunkt illusionistischen[1] realistischen Theaters, über die formal kaum hinausgegangen werden konnte." (Fiebach 1975/116)

Der große Erfolg galt der von deutschen Theaterkritikern immer wieder hervorgehobenen herausragenden Schauspielkunst des russischen Ensembles. Die folgend aufgeführte Auswahl von Kritikerauszügen zu der Gastspielreise 1906 zeigt, daß das Ensemble um Stanislawski und Dantschenko eine Schauspielkunst entwickelt hatte, die von der Realitätstreue jedes einzelnen Schauspielers und von einem beeindruckenden Ensemblespiel gekennzeichnet waren. Prädikate wie "lebenswahr, einfach" (*Berliner Börsenkurier*, 11.3.1906 in Just 1970/107), "vollste realistische Treue" (*Lokalanzeiger*, 11.3.1906, ebd.) wiederholten sich in den Kritiken, ebenso tauchte der Begriff "Natürlichkeitsstil" (*Der Kunstwart*, 1905/1906, ebd.) immer wieder auf. Wie es sich Stanislawski und Dantschenko zum Ziel gesetzt hatten, wurde ihr Theater aufgrund seiner wirklichkeitsnahen Inszenierungen und besonders auch aufgrund ihrer besonderen Spielweise, auf deren natürliche, lebensechte Art Stanislawski so bedacht war, gerühmt. Das Schauspielerensemble präsentierte, wie es die *Vossische Zeitung* ausgedrückte, "ursprüngliche, schauspielerische Begabung". (Ebd.) Die meisterhafte Schauspieltechnik wurde hervorgehoben:

> „... die modernste Technik wird beherrscht, die heißeste Leidenschaft und die leiseste Seelenregung durch Wort und Gebärde zum Ausdruck gebracht. Diese Leute sprechen vorzüglich und meistern ihren Körper wie ein Virtuose sein Instrument. Nie wird die Bescheidenheit der Natur überschrien." (*Die Zukunft* 10.3.1906, ebd.)
> „Alle sprechen einfach, sind auf denselben Ton kräftiger Natürlichkeit gestimmt und sinken nie ins Triviale. Jeder, man merkt's, kennt den Menschen, den er spielen soll, bis in die geheimste Seelenfalte." (Ebd.)

Ebenso das Ensemblespiel:

> „Dabei bietet aber auch jeder einzelne eine bis ins kleinste charakteristische Leistung, ohne je auch nur um eine Linie über das Maß seiner Rolle herauszugreifen und um eines momentanen Effekts willen die zart und klug abgetönte Wirkung des Ganzen störend zu beeinträchtigen. Die Kunst der Moskauer ist eine Ensemblekunst, wie sie vollendeter nicht gedacht werden kann." (*Das Journal*, 12.3.1906, ebd.)

Allgemeiner Tenor der Kritiker war, daß die außerordentliche Qualität der von den Moskauern dargebotenen Schauspielkunst in ihrem Zusammenspiel bestand. Einzelne schauspielerische Leistungen wurden kaum hervorgehoben, da sie sich den Kritikern fast immer erst im Zusammenspiel, gleich einem "erst-

---

[1] Unter 'illusionistischem Theater' wird hier verstanden:ausgedachte Welten auf dem Theater, die so gestaltet werden, daß sie die Illusion wirklicher Geschehnisse erzeugen, und die den Zuschauer dazu bewegen, sich an den gespielten Vorgängen wie an wirklich existierenden beteiligt zu glauben. Nach Fiebach 1975/8f

klassigen Orchester, dem seltene Instrumente zu Gebote stehen" künstlerisch erschlossen. (*Neue Freie Presse*, 7.4.1906, ebd. 122)

Robert Musil beschrieb die Inszenierungen des Moskauer Theaters zwar erst auf ihrer Gastspielreise 1921, aber da er bereits die Aufführungen von 1906 gesehen hatte und im deutschsprachigen Bereich mit großer Einfühlung das bei weitem Beste zu Stanislawskis Schauspielkunst geschrieben hatte (nach Just, ebd. 137), soll er an dieser Stelle zitiert werden. Musil zufolge kam den Aufführungen des *MCHAT* eine ganz besondere Kunstrealität zu, die sich durch die Verdichtung und Typisierung von Wirklichkeit auszeichnet:

„Man meint, ihr Spiel wächst so natürlich aus der Szene empor, wie ein Garten voll der tausend Einfälle des freien Wachstums; in Wahrheit dagegen spielen diese Menschen ungeheuer enthaltsam und überlegt und zeigen statt der vielen Gebärden, welche in Wirklichkeit möglich wären und bei wirklichkeitsbeflissenen Schauspielern übereinanderwuchern, jeweils nur die eine, welche den ganzen Sinn des Augenblicks enthält, weil sie nach allen Dimensionen dieser magischen Regie gesiebt ist. Dadurch gewinnen sie die Zeit, die nötig ist, um die Einzeleffekte zur Sinfonie zusammenzufassen, und erreichen etwas, das zehnmal kompresser ist als die Realität. Sie geben den von allen schauspielerischen Nebengeräuschen befreiten reinen Klang, den Klang der Dichtung, und was sie spielen ist nicht mehr Theater, sondern Kunst. ...

Ich bin sicher, so wie sie Stücke, die schlechter gespielt Wirklichkeitsstücke sind, ganz leise über den Boden heben, werden sie phantastischen Stücken zu einer verwirrenden Wirklichkeit verhelfen." (Ebd. 138)

Lebendige Wirklichkeitsspiegelung und eine auf Vollkommenheit zielende Schauspielkunst sind Kriterien der von Stanislawski und Nemirowitsch-Dantschenko aufgestellten Kunst, die sie in ihren Inszenierungen vor 1906 vollendet verwirklicht hatten.

Die Jahre 1906-1915

Stanislawski selbst betitelte seine Arbeit seit der Spielzeit 1906/07 in seiner Autobiographie mit der Überschrift 'Künstlerische Reife'. Trotz der erfolgreichen Auslandstournee stellte er in der Sommerpause 1906 fest, daß er mit sich selbst als Schauspieler unzufrieden war, und daß eine neue künstlerische Linie für das *MCHAT* fehlte. Er fiel in eine Schaffenskrise, aus der heraus er neue und grundsätzliche Fragen zur Schauspielkunst stellte.

Zwei Veränderungen sind für seine Arbeitsperiode seit der Spielzeit 1906/07 charakteristisch. Erstens überwand Stanislawski seine naturalistisch-realistische Theaterkonzeption und öffnete sich erneut für antinaturalistische Formen in der Theaterarbeit. Dabei regten ihn insbesondere Beispiele anderer moderner Künste an: in der Musik die damalige avantgardistische sogenannte 'linke' Richtung, in Malerei und Tanz die expressionistische und in der Literatur vor allem die symbolistische. Zweitens setzte er sich von dieser Zeit an - trotz der von ihm mit Malern und Musikern erbrachten Neuerungen in der äußerlichen Bühnengestaltung - mehr und intensiver mit den Schaffensprinzipien der schauspielerischen Arbeit auseinander. In diesem Zusammenhang beschäftigte er sich zudem mit der orientalischer Kunst und Weltanschauung und dem Yoga.

Inszenierungen symbolistischer Dramen

Eingeleitet wurde die Spielsaison 1906/07 mit VERSTAND SCHAFFT LEIDEN (1906) von Gribojedow. Dieser Inszenierung folgten drei symbolistische Stücke: Hamsuns Stück SPIEL DES LEBENS (1906), Andrejews DAS LEBEN DES MENSCHEN (1907) und Maeterlincks DER BLAUE VOGEL (1908). Die Komödie Gribojedows ausgenommen, war den Stücken ihr irrationaler, märchenhafter Charakter gemeinsam, die Auseinandersetzung mit gesellschaftlicher Realität fand hier nicht statt. Vergleichbar mit den Inszenierungen des Theaterstudios von 1905 wurde versucht, eine moderne, auf Traumspiele ausgerichtete Dramaturgie auf die Bühne zu bringen. Stanislawski ließ ein Spiel der universellen "Weltgeheimnisse" auf der Bühne entstehen. Die von ihm 1907 entwickelte Konzeption zu Maeterlincks BLAUEN VOGEL verdeutlicht seine neue dramaturgische Richtung, nach der er es für notwendig hielt,

> „so tief wie möglich erfüllt zu sein vom Mystizismus des Autors, um auf der Bühne eine entsprechende Atmosphäre zu schaffen, die für das Publikum bezaubernd ist." (St. GW 5/364ff in Fiebach 1975/120)

Geheimnisvolle unbekannte Mächte, das Schicksal, bestimmten hier das Geschehen auf der Bühne das Leben des Menschen:

> „Der Mensch ist umgeben vom Geheimnisvollen, Schrecklichen, Schönen, Unerwarteten... Dieses Geheimnisvolle zerstört entweder gedankenlos das Junge und Lebensfähige, das mehr als alles andere auf der Erde zittert, oder es überschüttet die hilflosen Blinden mit Schnee, oder es blendet uns mit seinen Schönheiten...Es zieht uns zum Geheimnisvollen, wir ahnen es, aber verstehen es nicht ..." (Ebd.)

Auf der Bühne schuf er eine märchenhafte Welt. Keine realistisch gehaltene Ausstattung, keine realistischen Bühnenfiguren, sondern Märchenwesen und Märchenwelten. Der Bruch des Moskauer Künstlertheaters mit der realistischen Spielweise wurde von seinem Publikum gemischt aufgenommen. Zur Aufführung von Hamsuns SPIEL DES LEBENS im Februar 1907 schrieb Stanislawski:

> „Spiel des Lebens hat den Erfolg, den ich mir erträumt hatte. Die Hälfte pfeift, die andere Hälfte tobt vor Begeisterung. Die Décadents sind zufrieden, die Realisten empört, die Bourgeois beleidigt." (Brief vom 15.2.1907, Moskau an Kotljarewskaja. St. 1975/231)

Auch in diesem Stück wird das Leben der Figuren vom 'höheren' Schicksal geleitet. Der Hauptheld, der Träumer und Philosoph Kaveno, will ein Buch 'Von der Gerechtigkeit' schreiben. Der für ihn errichtete gläserne Turm wird von anderen angezündet, und er verbrennt mit all seinen geistigen Schöpfungen. So wie er, erreicht auch sonst keine der anderen Figuren, deren Leben allesamt von Leidenschaften gekennzeichnet sind, ihr Ziel. Statt dessen feiert die Cholera unter den Menschen ihren Sieg, in rasenden Tänzen fallen ihr die Verzweifelten zum Opfer. Jede Stückfigur verkörperte nur eine einzige menschliche Leidenschaft, und hatte keine differenzierte Charaktergestaltung. Die verliebte Teresita vergeht vor leidenschaftlicher Liebe zum Haupthelden, der Schwärmerische tut nichts anderes als zu schwärmen, der Geizige ist fortwährend bis zum Wahn hin geizig. Stanislawski betonte in seiner Inszenierung die Einfachheit der menschlichen Charaktere, und konzentrierte die Gestaltung der Rollen auf ihre jeweilige Leidenschaft. Das Prinzip der Einfachheit übertrug er auch auf das Bühnenbild, das nicht naturalistisch, sondern stilisiert von den Bühnenbildnern Jegorow und Uljanow gestaltet wurde.

Mögen die beiden Inszenierungen, DAS LEBEN DES MENSCHEN und DER BLAUE VOGEL, nicht durchweg vom Publikum angenommen worden sein, so hatten sie nach Stanislawskis Einschätzung doch größten Erfolg. Sie zeichneten sich einerseits durch ihre für das Moskauer Künstlertheater ungewöhnlichen Formexperimente aus. Sie waren aber auch in anderer Hinsicht für Stanislawski wichtig. An die Schauspielerin O.L. Knipper-Tschechowa, die ehemalige Frau Anton Tschechows, schrieb er Anfang 1907, daß er Hamsuns Stücke inszeniere, um nach neuen Formen in der Schauspielkunst zu suchen. (Brief von Januar/Februar 1907, Moskau, ebd. 227) Kotljarewskaja berichtete er kurz darauf, daß die Proben interessante Prinzipien erschlossen haben. (Brief vom 15.2.1907, ebd. 231) Und in seiner Autobiographie heißt es hierzu:

„Der erste Versuch einer praktischen Anwendung der von mir in der Laboratoriumsarbeit gefundenen Methoden einer inneren Technik, die schöpferisches Selbstgefühl schaffen will, wurde in Knut Hamsuns 'Spiel des Lebens' durchgeführt." (St. 1951/517)

Stanislawskis Beschäftigung mit der symbolistischen Literatur hatte ihn also bei der Suche nach schauspielerischen Techniken offensichtlich entscheidend weitergebracht. Es gilt für ihn also, - ähnlich wie für Meyerhold, dessen Auseinandersetzung mit dem symbolistischen dramatischen Werk Maeterlincks ihn zu seinem 'stilisierten, unbewegten' Theater inspirierte, - daß er in der Auseinandersetzung mit der symbolistischen Literatur Schlüsselerkenntnisse für die von ihm angestrebte neue Schauspielkunst erhielt. Noch mehr läßt sich feststellen, daß Stanislawskis genau in dieser Zeit die Entdeckung einer neuen, wie er sie nannte, *psychophysiologischen Methode* machte.

Zufolge Joachim Fiebach wendete Stanislawski sich in diesen Jahren aufgrund der politischen Situation von seiner realistischen Theaterkonzeption ab. (Fiebach 1975/138f) Der reale gesellschaftliche Hintergrund zu jener Zeit war für die demokratischen Kräfte im Land, zu denen auch Stanislawski zählte, erschreckend. Die Wirtschaftskrise und die durch den russisch-japanischen Krieg verursachte zunehmende Verarmung der Bevölkerung, die niedergeschlagene erste Revolution in Rußland und die folgenden Streike und Rebellionen stellten erhebliche Belastungen für die bürgerlich-demokratische Bewegung dar. Trotz einiger Erfolge, wie der Schaffung der Duma, kam die Gesellschaft nicht zur Ruhe. Das Gegenteil war der Fall. Da sich große Teile der russischen Bourgeoisie gemeinsam mit dem Zaren gegen die sozialistischen Gruppierungen wandten, bestimmte verschärfter politischer Druck und Zensur die gesellschaftliche Realität und auch die Spielpläne der Theater. Nach Fiebach resignierte Stanislawski wie zahlreiche andere russische Intellektuelle, sah sich den historischen Prozessen hilflos ausgeliefert und versuchte seine Ohnmacht durch die Konstruktion einer „idyllisch gemeinten, von Widersprüchen unberührten, eine sogenannte natürlichen Welt" auszugleichen. (Ebd. 139) Dieser Schlußfolgerung ist jedoch gegenüberzustellen, daß Stanislawski ein positives wie produktives Verhältnis zu der symbolistischen Dramatik und dessen theatraler Umsetzung hatte. Dafür spricht nicht nur die Tatsache, daß die dort gemachten Formexperimente die Entwicklung seiner Theorie und seiner Methodik weiterführten, auch Fiebach zufolge wertete Stanislawski diese Theaterexperimente positiv (ebd. 149). Stanislawski machte aber die Inszenierung dieser Stücke auch schlichtweg Spaß, wie aus seiner Autobiographie hervorgeht. Er hielt sie für „heiter, hübsch und unterhaltend" und offensichtlich für besonders schön:

„Das Phantastische auf der Bühne war mir seit jeher besonders lieb... Das Phantastische ist für mich etwas wie ein Glas schäumenden Champagners ... Sicher war es nicht nur das märchenhafte, das mich lockte, sondern auch die unvergleichliche Schönheit des russischen Epos in 'Schneeflöckchen' oder die künstlerische Verkörperung eines Symbols im 'Blauen Vogel'.
Es ist schön sich etwas auszudenken, was im Leben zwar nie vorkommt und dennoch Wahrheit ist, weil es in uns, im Volk und in seinen Sagen in der Phantasie lebt." (St. 1987/261)

Expressionistische Vorbilder in Musik, Malerei und Tanz

Stanislawski arbeitete in dieser Zeit mit dem Musiker und Komponisten Ilja Saz zusammen, der von dem Theaterstudioversuch mit Meyerhold zum MCHAT kam und als avantgardistischer Musiker galt. Seine für einen Musiker besondere Funktion bestand darin, daß er als Mitgestalter der Inszenierung tätig wurde. Zur Einstudierung von Hamsuns SPIEL DES LEBENS nahm er an allen Proben teil und war ebenso wie die Schauspieler an der Ausarbeitung des Inszenierungsplans beteiligt. Darüber hinaus animierte er in der Probe mit seiner Musik die szenische Stimmung und die der Schauspieler. „Um der Erläuterung der Grundidee des Stückes willen" setzte er die musikalischen Akzente:

„In allen Feinheiten des allgemeinen Grundgedankens eingeweiht, verstand und fühlte er nicht schlechter als wir, wo, d.h., an welcher Stelle des Stückes seine Musik notwendig sei und welchen Zweck sie erfüllen müsse ... Das Wesen der Quintessenz jeder Probenarbeit formte und fixierte der Komponist in einem musikalischen Thema oder einer Harmonie." (St. 1951/542)

Durch diese ungewöhnliche Art der Integration von Musik machten die Kompositionen von Saz nicht nur einen wesentlichen Bestandteil der Inszenierungen Stanislawskis aus, sondern auch bereits des Probenprozesses. Nicht nur auf die Zuschauer sollte die Musik stimulierend wirken, sondern bereits vorher auf die Schauspieler und ihr Schauspiel.

Aber nicht nur in der Zusammenarbeit mit Musikern ging Stanislawski neue Wege. Auch für die Bühnengestaltung gewann er moderne Künstler: So den lyrischen Maler, Grafiker und Bühnenbildner Dobushinski, den späteren Avantgardisten des Films W.J. Jegorow, den Kritiker, Kunsthistoriker und Bühnenbildner A.N. Benois, der, ebenso wie der Archäologe, Schriftsteller und Bühnenbildner N.K. Rerich, dem Djagelew-Ballett nahe stand.[1] In der äußeren Bühnengestaltung wurde das naturalistische Prinzip von Stanislawski überwunden. Besonders ist hier die Inszenierung von Andrejews LEBEN DES MENSCHEN zu nennen, in der die ganze Bühne mit Samt ausgelegt war und Raumbegrenzungen mit weißen Linien gekennzeichnet wurden. In Übereinstimmung mit der konturenhaften Bühnengestaltung standen die Kostümentwürfe und die schauspielerische Darstellung. Damit gewann die schauspielerische Arbeit den Charakter der *Groteske*, die damals auf dem russischen Theater in Mode kam. (Ebd. 542)

Der Gebrauch der *Commedia dell' arte* und der *Groteske* scheint für den als Vertreter des Naturalismus und Realismus geltenden Stanislawski ungewöhnlich. Stanislawski setzte in seiner Theaterarbeit aber auch andere nichtrealistische Elemente ein. Weitgehend unbekannt ist sein Interesse für den expressiven Tanz. Bereits in seiner Jugend war der musikalische Stanislawski begeisterter Anhänger des klassischen Balletts. Von dem expressionistischen Tanz der amerikanischen Ausdruckstänzerin Isadora Duncan, der er im Jahre 1905 das erste Mal begegnete, war er jedoch auf geradezu enthusiastische Art und Weise begeistert. Das kann man verschiedenen Briefen von ihm an sie entnehmen. (St. 1975/243f) Er war ein ausgesprochen großer Verehrer ihrer Tanzkunst. Ihr Ausdruckstanz zeichnete sich durch seinen Improvisationscharakter und ihre expressiv geführten Bewegungen aus. Stanislawski gefiel besonders auch die Einfachheit und die Musikalität ihrer Bewegungen. Und sie weckte sein besonderes Interesse an ihrer künstlerischen Arbeit auch deswegen, weil Stanislawskis in ihrer Tanzarbeit und ihren Ansichten zum tänzerischen Schaffensprozeß Anknüpfungspunkte zu den von ihm gesuchten schauspielerischen Schaffensprinzipien fand. Auch Isadora Duncan hielt eine intensive 'seelische' Vorbereitung für ihre künstlerische Arbeit für notwendig, sogar unerläßlich:

„Bevor ich auf die Bühne gehe, muß ich mir in der Seele einen Motor einbauen; er beginnt im Inneren zu arbeiten, und dann bewegen sich meine Beine, Hände, Rumpf unabhängig von meinem Willen ganz von selbst. Doch ohne diese seelische Vorbereitung kann ich nicht tanzen...." (St. 1951/563)

Genau den von Isadora Duncan als 'Motor' bezeichneten Impuls für eine schöpferische, künstlerische Tätigkeit suchte Stanislawski in dieser Zeit. An Isadora Duncan schrieb er im Januar 1908:

---

[1] Im übrigen betonte die russische Regisseurin und Pädagogin Natalia Zwerewa auf einem Symposium im Literaturhaus Berlin, daß die vielfältige berufliche Ausrichtung der auch hier genannten Künstler noch heute für russische Kulturschaffende typisch ist.

„Sie haben meine Prinzipien erschüttert. Seit Ihrer Abreise suche ich in meiner Kunst so etwas, wie Sie es mit Ihrer Kunst geschaffen haben. Das ist Schönheit schlechthin, als Natur..." (St. 1975/245)

In einer späteren Abhandlung über die *Entwicklung der körperlichen Ausdrucksfähigkeit* zog Stanislawski Parallelen zu den unterschiedlichen schöpferischen Zuständen, dem *wahrhaftigen Erleben* und der *Konvention*, beim expressionistischen Tanz einerseits und der Schauspielkunst andererseits. Ebenso wie im konventionellen Theater kritisierte er im klassischen Ballett das bloße Aufführen von Posen und Gesten. Auch für den Tanz forderte er das „echte, innere Erleben". Das konnte sich nach Stanislawski nur mit Hilfe einer „wahrhaftigen, produktiven und zielbewußten Handlung" und von „schlichten, ausdrucksvollen, aufrichtigen und innerlich gehaltvollen Bewegungen" einstellen. (*Verkörpern* 1981/14ff) Man kann annehmen, daß die von Isadora Duncan aufgestellten Prinzipien zum körperlichen Ausdruck in ihrer expressionistischen Tanzkunst Stanislawskis Schauspielkonzeption beeinflußten.

Zusammenarbeit mit Edward G. Craig

Die Bekanntschaft mit Edward Gordon Craig verdankte Stanislawski Isadora Duncan. Der englische Theaterreformer, der antinaturalistische Formen auf dem Theater einsetzte, wurde von Stanislawski im Jahre 1908 für die Inszenierung des HAMLET eingeladen. Das Projekt zog sich jedoch über Jahre in die Länge. Erst nach mehrjähriger Vorbereitungszeit kam das Stück zur Aufführung; die Proben mußten durch die Abwesenheit Craigs immer wieder unterbrochen werden. Stanislawski begrüßte die antinaturalistische Inszenierungsarbeit Craigs am *MCHAT*. Er arbeitete zwar seit 1908 auch verstärkt wieder an realistischen Inszenierungen, aber die Suche nach weiteren avantgardistischen Theaterformen war nicht abgeschlossen. An Gurewitsch schrieb Stanislawski im November 1908:

„Es ist ganz natürlich, daß wir zu einem Realismus, der durch Erfahrung und Arbeit angereichert ist, sich verfeinert hat, tiefer und psychologischer geworden ist, zurückgekehrt sind. Wir werden uns ein wenig in ihm kräftigen und dann erneut auf die Suche gehen. Und dazu haben wir eben Craig angefordert ... (In Poljakowa 1981/305)

Offensichtlich versprach Stanislawski sich von der Zusammenarbeit mit Craig nicht nur neue Anstöße für seine eigene Theaterarbeit, sondern auch eine Synthese aus dessen grundlegend antinaturalistischer Theaterkonzeption und seiner eigenen realistischen. Das läßt folgender Briefauszug aus dem gleichen Brief vermuten:

„Ich bezweifle nicht, daß jede beliebige Abstraktion, Stilisierung und Impression auf der Bühne mit einem verfeinerten und vertieften Realismus erreichbar sind. Alle anderen Wege sind falsch und überholt." (Ebd.)

Craig hatte, als er an das Künstlertheater eingeladen worden war, bereits seine erste Schrift *The Art of the Theatre* abgeschlossen. darin hatte er sich für eine radikale Wiedererneuerung des Theaters ausgesprochen. (Nach Bablet 1965/98) Sein Grundprinzip war - im krassen Gegensatz zu Stanislawski, eher an die Theaterarbeit Meyerholds erinnernd - die radikale Stilisierung des Theaters. Nicht nur in Bühnenbild und Beleuchtung, sondern auch in der Schauspielkunst. In der Schauspielschule, die er kurzzeitig in Florenz leitete, standen tänzerische und akrobatische Elemente im Vordergrund seiner Ausbildungskonzeption. Jede Form von naturalistischer Spielweise schien ihm fremd zu sein. Er ging sogar soweit, daß er den Schauspieler von der Bühne „eleminieren" wollte, weil er die Bühne von den „Schwächen des Schauspielers" befreien wollte. (Ebd. 134) Denn seiner Meinung nach sollte der Schauspieler ein perfektionierter, unemotionaler Empfänger und Ausführer von Regieanweisungen sein. Er forderte die *Über-Marionette*, einen Schauspieler als „men without egoism". (Ebd.) Dem Schauspieler sprach er ausdrücklich die Bezeichnung 'Künstler' ab, da er die künstlerische Perfektion auf dem Theater durch den unberechenbaren und egoistischen „Faktor Mensch" gestört sah. (Ebd. 131) Stanislawski stimmte vor allem zunächst der abstrakten Bühnenbildkonzeption von Craig zu: statt traditioneller Dekoration strebte er die stilisierte Vereinfachung des Hintergrundes an. Craigs Ansicht,

> „daß die Anwesenheit des Schauspielers auf der Bühne die gemalte Leinwand und die Attrappe zugunsten des architektonischen Raumes ausschließe", (ebd. 162)

fand Stanislawskis volle Zustimmung, obwohl er in der Aufführung des HAMLET, die schließlich 1912 zustande kam, die Dominanz der Bühnenausstattung gegenüber den in den Hintergrund gedrängten Schauspielern kritisierte. (St. 1951/581f) Stanislawski suchte nach neuen Anregungen, aber es kam aufgrund Craigs radikal anderer Ansichten zur Schauspielerarbeit unweigerlich zu großen Differenzen. In der schauspielerischen Darstellung erreichten sie keine Übereinstimmung. Stanislawski schlug Craig, wie er sich zu den letzten Proben zu HAMLEt erinnerte, verschiedene Spielweisen vor, deklamatorische ebenso wie die russische realistische Methode. Craig lehnte jede natürliche Spielweise ebenso wie die konventionellen ab, weil ihm der poetische künstlerische Ausdruck in ihnen fehlte. Zwar strebte Craig wie Stanislawski „Vollkommenheit, ein Ideal, das heißt, den einfachen, starken, tiefen, erhabenen, künstlerischen und schönen Ausdruck des lebendigen menschlichen Gefühls" (ebd. 579f) an. Aber Stanislawskis schauspielerische Methode, die gerade auf der Psychologie des Menschen basiert, entsprach nicht der Kunst Craigs. Und es überrascht nicht, daß Craig Stanislawskis Schauspielsystem, das den lebendigen Schauspieler in den Mittelpunkt des Theaters stellte, obwohl er ihn persönlich als Schauspieler bewunderte, als allgemeingültige Methode ablehnte. (Nach Bablet 1965/181)

Für Craig war, im Gegensatz zu Stanislawski und in Übereinstimmung mit der *Biomechanik* Meyerholds, „die Bewegung Ursprung des Theaters". Seiner Meinung nach sollte der „künftige Theaterkünstler seine Werke mit Bewegungen, Dekorationen und Stimme schaffen." (ebd. 140) Die Psychologie und

Charaktere der Figuren, durch den Schauspieler mit seiner eigenen individuellen Persönlichkeit künstlerisch geformt, gab es bei ihm nicht.
Die Aspekte der Bewegung des Schauspielers auf der Bühne hatte Stanislawski zu diesem Zeitpunkt noch nicht unabhängig von der Psychologie des schauspielerischen Schaffens betrachtet. Craig beurteilte die Bewegungstechnik des Schauspielers bereits zu diesem Zeitpunkt als Grundlage der Schauspielkunst. Er interessierte sich für die Erforschung von den

> „Prinzipien der Bewegung des menschlichen Körpers, ..., den Prinzipien der Bewegung von einzelnen Personen und Personengruppen auf der Bühne, ..., dem Prinzip, welches Handlung, Szene und Stimme regiert... und den Prinzipien der Improvisation oder des spontanen Spiels mit oder ohne Worte." (Ebd. 140)

Stanislawski rechnete erst später der Bewegungsarbeit einen wichtigen Stellenwert in der Schauspielerarbeit zu. Sie bildete schließlich einen Teil seines Ausbildungskonzepts, ohne jedoch besonders in den Vordergrund seiner Überlegungen oder gar Untersuchungen zu treten. Er setzte sich intensiv mit der Stimme und Gesetzen der Stimmbildung auseinander, mit der Intonation beim Sprechen oder auch mit der Rhythmik der körperlichen Bewegung, aber der Bereich der Körper- und Bewegungslehre war und wurde nicht sein Metier als Pädagoge. Gymnastik, die er auch im herkömmlichen Sinne für Schauspielschüler für notwendig hielt, verstand er trotzdem zuvorderst als eine Gymnastik der 'Sinne' des Schauspielers. Nicht die rein physische Bewegung, sondern die Wechselbeziehung psychophysiologischer Prozesse bei der Arbeit des Schauspielers an sich selbst und an der Rolle bildeten seinen Untersuchungs- und Lehrgegenstand.

Das Theaterstudio mit L. A. Sulershitzki

Das sogenannte erste Theaterstudio des *MCHAT* wurde im Jahr 1913 gegründet. Es stellte die Verwirklichung des gescheiterten Theaterstudioversuchs mit Meyerhold dar. Jetzt schuf Stanislawski gemeinsam mit dem Regisseur L.A. Sulershitzki eine Versuchs- und Experimentierbühne, auf der entscheidende Erkenntnisse und Fortschritte in Hinblick auf Stanislawskis *System* gemacht wurden. Die aktuellen Erkenntnisse wurden intensiv überprüft, weiterentwickelt und weitergegeben. Stanislawski hielt es für notwendig, die hier geleistete stark experimentelle Theaterarbeit, seine Forschungen und die Entwicklung von Übungen von der Inszenierungsarbeit am Theater zu trennen. Die Anforderungen des Theaterbetriebes erlaubten keine ausführlichen Experimente, wie er sie durchführen wollte.

Mit diesem Theaterstudio war jedoch nicht nur die weitere Suche nach szenischen Mitteln und schauspielerischen Techniken verbunden. Auch Stanislawskis ethische Vorstellungen zum Schauspielerberuf, mit denen er sich vor allem an die jungen Schauspieler und Schüler wandte, sollten hier verwirklicht werden. Der Dienst an der Kunst war Leitprinzip der gesamten Organisation der dort geleisteten schauspielerischen Arbeit. Wiederum ging es Stanislawski um die Bildung der Schauspieler, um die Schaffung von Menschen „erhabener

Ansichten, ... die edle künstlerische Ziele anstrebten", wie er es bezeichnete. Für dieses Projekt kaufte Stanislawski einen Sandstrand an der Schwarzmeerküste auf der Krim, auf dem eigens von den jungen Schauspielschülern Gemeinschaftsgebäude, Gästehaus und Ställe für einen landwirtschaftlichen Betrieb gebaut wurden. Ganz im Sinne der zu dieser Zeit in ganz Europa verbreiteten Lebensreformbewegungen, lebten ein Teil der Schüler von Stanislawski hier unter 'urnatürlichsten' Bedingungen und wurden von Sulershitzki zu Schauspielern ausgebildet. Stanislawski war der Ansicht, daß die körperliche Landarbeit das Gemeinschaftsgefühl unter den Schauspielern fördern würde, das er in der Arbeit am Theater immer wieder vermißte:

> „Wenn sich aber dieselben Menschen außerdem in der Natur begegnen, in gemeinsamer Arbeit auf dem Acker, in der frischen Luft, unter den Strahlen der Sonne - dann werden sich ihre Herzen öffnen, die bösen Gedanken verdunsten ..." (St. 1987/429)

An diesem Beispiel wird einmal mehr deutlich, wie sehr Stanislawskis Arbeit von ethischen Werten bestimmt war. Ohne den ausgeprägten Ensemblegedanken ist seine Theaterkunst nicht denkbar. Neben der ethischen Erziehung und der schauspielpädagogischen Arbeit sollte das Studio aber auch Raum für Regieexperimente bieten. Stanislawskis Ideen zeugen von seinem Anspruch, sich verschiedensten theatralischen Stilrichtungen zu öffnen, die seiner vorherigen Inszenierungspraxis fremd waren. So schlug er vor, auch volkstümliche Theaterelemente anzuwenden, die der von ihm angestrebten 'hohen Kunst' in früheren Ausführungen widersprachen. Seine Pläne hierzu stellte er in einem Brief an Nemirowitsch-Dantschenko zusammen:

> „5. ...muß man daran denken, denjenigen, die das System vollständig begriffen haben und beherrschen, ein Betätigungsfeld zu verschaffen. Zunächst in Vorstellungen ohne Publikum.
> 6. Organisiert werden muß ein Studio für Regisseure, um neue Möglichkeiten der Bühne ausfindig zu machen, der Beleuchtung, volkstümlicher Vorstellungen von Wandertruppen, des Kasperle, der Marionette, der neuen Theaterarchitektur, von Aufführungen in großen Sälen, im Zirkus, in fahrbaren Theatern uws. usf.
> 7. Versuche zu einer neuen Methode des Stückschreibens und einer neuen Kunstart ..." (Brief vom Juki 1912, St. 1975/366f)

Stanislawski zog sich mit der Zeit aus den konkreten Belangen des Studios zurück, es wurde schließlich zum *MCHAT II*. Im Jahr 1914 wurde das zweite Studio gegründet und 1920 das dritte, unter der Leitung von Wachtangow. Die Arbeit in allen Studios war vom Experiment in der Schauspielkunst gekennzeichnet. Im weiteren sind drei Studios des großen Hauses zu nennen: N.L. Zemach gründete im Jahr 1917 das jüdische Theaterstudio Habima, Stanislawski im Jahr 1918 zudem das Opern- und Schauspielstudio des *MCHAT*. Dort arbeitete er bis zuletzt seine Methoden zur Schauspielerarbeit aus. Ein zweites Musikstudio entstand 1919 unter der Leitung von Nemirowitsch-Dantschenko. (Kindermann 1970/303ff)

Das vorrevolutionäre Theater Stanislawskis

Ein Theater ästhetischer Vielfalt

Stanislawskis Theaterarbeit am MCHAT vor 1917 zeugt von verschiedenen künstlerischen Inszenierungsstilen. Die aufgezeigten Phasen stellen Schwerpunkte dar, die Stanislawski selbst in seiner Autobiographie hervorhob. Fest abgegrenzt waren diese Phasen nicht voneinander, statt dessen kam es zu Überschneidungen, zu partiellen Veränderungen und Schwerpunkverlagerungen des einen oder anderen Inszenierungsstils.

Die Einordnung seiner Inszenierungen in eine bestimmte ästhetische Kategorie, wie den in der Hauptsache angenommenen *Naturalismus* oder den *Realismus*, kann der Beschreibung seiner Theaterarbeit nicht gerecht werden. Das gilt auch für seine Theaterarbeit bis 1906, die besonders von seiner Auseinandersetzung mit diesen beiden Richtungen gekennzeichnet ist. Denn auch hier beschäftigte er sich mit nichtrealistischen Stücken. Unter der Regie von Nemirowitsch-Dantschenko spielte er in Hauptmanns Märchendrama DIE VERSUNKENE GLOCKE (1898) oder inszenierte selbst das Frühlingsmärchen SCHNEEFLÖCKCHEN (1900) von Ibsen. Noch mehr der Versuch, Stanislawskis vorrevolutionäres Theater dem naturalistischen alternativ dem realistischen Genre definitiv zuzuteilen, scheint mir unmöglich. Selbst im Drama gilt die Abgrenzung vom *Naturalismus* gegenüber dem *Realismus* für die Zeit um die Jahrhundertwende als kaum möglich. (Rischbieter 1983/Rubr.942) Das naturalistische Drama zeichnet sich vor allem durch seine ausführlichen Bühnenanweisungen, den analytischen Handlungsaufbau und der Wahrung von Orts- und Zeiteinheiten aus und verwendet überdies Alltagssprache, Slang und Dialekt. Die damalige zeitgenössische Dramatik von Hauptmann, Ibsen und Schnitzler, die auch als Literatur des *Realismus* gilt sowie die russische Dramatik von Tschechow und Gorki setzt sich explizit, wie das naturalistische Drama u. U. auch, mit gesellschaftlichen und sozialen Verhältnissen auseinander. Es betont zudem die zwischenmenschliche Ebene; die zwischenmenschliche Auseinandersetzung, aber eben auch ohne naturalistische Pedanterie.

Auch in den Jahren zwischen 1906 und 1915 arbeitete Stanislawski mit den unterschiedlichsten Inszenierungsstilen. Leitete er die neue Spielsaison mit der russischen Komödie VERSTAND SCHAFFT LEIDEN EIN, so galt um das Jahr 1907 sein ausschließliches Interesse dem *Irrealen* und *Abstrakten* in der Kunst (St. 1951/539). In dieser gesamten Schaffensphase ließ er sich auch stark von den modernen expressionistischen Strömungen in der Musik, der Malerei und dem Tanz beeinflussen; über das Jahr 1908 unternahm er ebenfalls antinaturalistische Theaterversuche und arbeitete weiterhin mit Bühnenbildnern der expressionistischen Richtung zusammen. Sein erneutes Bekenntnis zum *Realismus* im Jahr 1908 hielt ihn auch nicht ab, mit den Formen der *Groteske* und der in Rußland wiederentdeckten *Commedia dell' arte* zu experimentieren und entsprechende Inszenierungen herauszubringen. Leider wurden gerade diese Inszenierungen weder in Europa noch den USA gezeigt. Lediglich DER BLAUE VOGEL wurde in Paris nach der Regiekonzeption Stanislawskis, aber in der Ausführung von Sulershitzki und dessen damaligen Assistenten Wachtangow gezeigt. (St. 1987/394) Seit 1908 standen auf dem Spielplan des *MCHAT* eine Reihe russischer und italienischer Komödien: Gogols REVISOR (1908), Turgenjews EIN MONAT AUF DEM LANDE (1909) und ebenfalls dessen Komödie WO ES DÜNN IST, DA REIßT'S (1912), Molières DER EINGEBILDETE KRANKE' (1913) und Goldonis MIRANDOLINA (1914). (St. 1975/892f) Von 1908 bis 1912 arbeitete er außerdem mit dem englischen Theaterreformer Edward G. Craig zusammen und setzte sich als Assistent mit dessen *Stilbühne* auseinander. Eine ausschließliche Schwerpunktsetzung auf naturalistische oder realistische Theaterkunst ist bei ihm nicht erkennbar, und war für ihn, wie noch zu sehen sein wird, auch nicht erstrebenswert.

Die These des Theaterwissenschaftlers Claus Just, Stanislawski hätte den naturalistischen und realistischen Ansatz zu einer umfassenden Kunstrevolution ausgenutzt, die zur Schaffung eines *inneren und äußeren Realismus* auf der Bühne führte (Just 1970/101), gibt meines Erachtens den Werdegang der konzeptionellen Entwicklungsgeschichte von Stanislawskis Inszenierungsarbeit, die Phase des *sozialistischen Realismus* ausgenommen, genau wieder. Jedenfalls dann, wenn man dem realistischen Genre stilistische Überhöhungen und Verfremdungseffekte zubilligt. Ergänzend ist dem jedoch hinzuzufügen, daß auch Stanislawskis Inszenierungen symbolistischer Stücke die Entwicklung seiner Inszenierungspraxis und seiner späteren Theorie wesentlich beeinflußten. Zu berücksichtigen ist außerdem, daß die für seine Theatertheorie so entscheidenden als naturalistisch deklarierten Werke Tschechows selbst auch symbolistische Züge tragen - „Tschechow steuert den Realismus nicht ins Symbol, sondern findet das Symbol in der Realität: Möwe, Wald, Regimentsmusik, Kirschgarten" (Hensel 1978/580) -, die auch Stanislawski hervorhob:

> „Tschechows Stärke sind die unterschiedlichsten, manchmal unterbewußten Mittel der Einwirkung: mal ist er Impressionist, mal Symbolist, wo notwendig Realist oder gar fast Naturalist." (St. 1987/271)

Stanislawski selbst gebrauchte in seiner Autobiographie für sein Theater ganz unterschiedliche Bezeichnungen: den Begriff des *Symbolismus* und *Impressionismus,* sowohl den des *Naturalismus* wie des *Realismus*, und das, der Vielfalt seiner Inszenierungen entsprechend, in unterschiedlichen Kombinationen. So sprach er vom *historischen Naturalismus*, vom *Realismus der Ausstattung*, vom *inneren und äußeren Realismus*, vom *geistigen Realismus* und auch vom *Hypernaturalistischen* u.a.. Zur Beschreibung seiner Theaterkunst benutzte er aber auch, wie zu sehen war, immer wieder andere Begriffe mit programmatischem Charakter wie *Intuition* und *Gefühl* oder einfach *Wahrheit* und *Echtheit*.

Schließlich kommt er in den Jahren nach 1906 mit der beginnenden Entwicklung seines *Systems* auch zu einer eigenen Theoriebildung mit eigenen Begriffen; erstens zu einer Theorie des Theaters, dem *seelischen Naturalismus* bzw. *psychologischen Realismus*; zweitens, und hier liegt sein Schwerpunkt, zu einer Theorie der Schauspielkunst, die er *Kunst des Erlebens* nannte. Diese Theorien sind nicht an eine naturalistische oder realistische Schauspielkunst gebunden, sondern beziehen auch antinaturalistische Stilrichtungen auf dem Theater ein.

Die Sicht der frühen sowjetischen Interpreten

In der Sicht der sowjetischen Interpreten der 50er und 60er Jahre stand Stanislawskis vorrevolutionäre Theaterarbeit nicht nur in der Nachfolge der progressiven russischen Theatertradition, sondern wurde auch mit Stanislawskis stetigem Kampf gegen den Zarismus gleichgesetzt, verwirklicht durch die Dramatik Anton Tschechows und Maxim Gorkis. Der Stanislawski-Interpret W. Prokofjew beispielsweise stellte deren Dramatik einseitig als deren Kampf gegen das zaristische Regime heraus:

„In den Inszenierungen der Stücke Tschechows und Gorkis zeigte sich aufs deutlichste der von neuem revolutionären Geiste getragene Charakter des Künstlertheaters, der mit seinen sozialen Bestrebungen eng verbunden war. Wenn im Tschechowschen Repertoire die große Schwermut und die Abscheulichkeit des Dahinvegetierens unter dem zaristischen Regime und der Traum des Autors von einer lichten Zukunft zum Ausdruck kamen, so riefen Gorkis Dramen zum Kampf gegen die Unterdrückung des Menschen, gegen Finsternis, Unwissenheit und Spießertum auf." (Prokofjew 1949/154)

Stanislawskis eigene Beschreibungen über die Arbeit an Tschechows Stücken ist dagegen mit ganz anderen Gedanken verbunden gewesen. Er entdeckte gerade in Tschechows Figuren die Bedeutung der individuellen Psychologie für das Theater und betonte darüber hinaus die Bedeutung der *schöpferischen Intuition* des Schauspielers. Auf die Unterdrückung durch das zaristische Regime nahm er mit seinen Inszenierungen der Stücke Tschechows, seinen Erinnerungen in seiner Autobiographie zufolge, nicht Bezug. Abalkin aber interpretierte Stanislawskis Inszenierungen der Dramen Tschechows und Gorkis als ein Zeichen für

„eine lebenswahre, sich aktiv ins Leben einschaltende Kunst, die von entlarvender Kraft strotzte." (Abalkin 1951/169)

Doch, wie er fortfuhr, half ihm erst die „Große Sozialistische Revolution",

„die gesellschaftliche Bestimmung der Kunst klarer und tiefer zu erkennen. Und was vormals nur ein unsicheres Tasten gewesen ist, ..., wurde jetzt zum theoretisch begründeten, zielstrebigen Wirken eines ideologisch gereiften großen Künstlers." (Ebd.)

Und schließlich, so Abalkin, war die Sowjetepoche „für Stanislawski die fruchtbarste Periode seines Schaffens". (Ebd.) Besonders seine Zusammenarbeit und enge Verbundenheit mit Gorki, mit dem er gemeinsam an die Spitze des *sozialistischen Realismus* gestellt wurde, wurde herausgestellt. Es ist richtig, Stanislawski selbst bezeichnete Gorki als den „wichtigsten Initiator und Schöpfer der gesellschaftlich-politischen Richtung", (St. 1987/305) nur lehnte er die politische Tendenz in Gorkis Stücken ab. Die Aussage wurde von den Interpreten aufgenommen und in ihren Aufsätzen für Stanislawskis ideologische Verbundenheit mit der sozialistischen Bewegung benutzt. Abalkin betonte dabei, daß es die Dramen Gorkis waren, die von der

> „ungemein engen Verbundenheit des Künstlertheaters mit dem Volk und dessen Kampf um die Befreiung vom Joch des Zarismus (zeugten). ...
> Mit der Aufführung der 'Kleinbürger' hielt der fortschrittliche Arbeiter seinen Einzug auf der Bühne des russischen Theaters und verkündete stolz:
> Herr und Gebieter ist der, der arbeitet." (Abalkin 1951/168)

Auch Prokofjew betonte, daß Gorki dem *MCHAT*

> „revolutionäres Pathos, die Romantik des Kampfes für eine neue Welt, für die sozialistische Umgestaltung der Gesellschaft" (Prokofjew 1949/154)

brachte und damit dort neue Impulse setzte. Stanislawski versuchte jedoch nach eigenen Aussagen, trotz seiner hohen Wertschätzung Gorkis, gerade das revolutionäre Pathos in dessen Werken zu vermeiden. Trotz einiger Bemerkungen in seiner Autobiographie über die zaristische Zensur und die revolutionären Unruhen am Beginn des Jahrhunderts, stellte er in seinen Erinnerungen zu den Inszenierungen der Gorkischen Werke seine schauspielmethodischen Überlegungen in den Vordergrund. So betonte er nach der Inszenierung von Gorkis NACHTASYL die zentrale Bedeutung von *Intuition und Gefühl* und sprach sich ausdrücklich gegen politisch tendenziöse, gegen ideologische Kunst aus. Aufgrund Gorkis politisch-agitatorischen Stils kam es sogar zum Zerwürfnis zwischen ihnen. Denn Stanislawski weigerte sich, wie bereits beschrieben wurde, Gorkis Stück SOMMERGÄSTE aufgrund der politischen Tendenz an seinem Theater zur Aufführung zu bringen.

Wurde der gesellschaftskritische Teil der Inszenierungsgeschichte Stanislawskis von den Kommentatoren hervorgehoben und mit dem *sozialistischen Realismus* in unmittelbare Verbindung gesetzt, so wurden auf der anderen Seite seine Inszenierungen und künstlerischen Experimente mit den damaligen avantgardistischen Formen von denselben Interpreten bagatellisiert. Die große Unkenntnis über Stanislawskis Inszenierungen mit avantgardistischen Künstlern, von symbolistischer Literatur, sogar von italienischen Komödien sowie die Einbeziehung fernöstlicher Theatermethoden und nichtrealistischer Spielformen waren die Folge. Dabei beschränkte sich seine Auseinandersetzung mit damaligen modernen Kunstströmungen nicht auf die Jahre um 1907. Bereits vorher standen Inszenierungen antinaturalistischen Genres auf dem Spielplan des *MCHAT*, und in den Jahren um 1914 experimentierte Stanislawski in den neu gegründeten Studios intensiv mit neuen Formen. In seiner Autobiographie bekräftigte er nicht nur den großen Einfluß von avantgardistischen Künstlern wie Isadora Duncan, E. G. Craig, Ilja Saz u.a., sondern auch seine Sympathie für die phantastische Literatur.

Die avantgardistischen Kunstrevolutionen der Jahrhundertwende, auch der *Proletkult* und der *Theateroktober*, galten bei den sowjetischen Kulturinterpreten unter Stalin aber als „dekadente modernistische Einflüsse." (Prokofjew 1949/155) Die avantgardistischen Kunstströmungen, die seit der Jahrhundertwende bis in die 20er Jahre hinein nicht nur in Rußland, sondern auch in den westeuropäischen Ländern aufblühten, wurden im Zuge der Etablierung des *sozialistischen Realismus* und der Diskriminierung der formalistischen Kunst in den dreißiger Jahren nicht nur als dekadent, sondern außerdem als staatsfeindlich erklärt; das stilisierte, artistische und biomechanische Theater von Meyerhold ebenso wie die Kunst der Konstruktivisten, Symbolisten und Futuristen. Mit dem *sozialistischen Realismus* wurde die Darstellung des positiven Helden gefordert, dessen „reiches Innenleben" sich nicht mit den anderen neuen Kunstformen vereinbaren ließ. Dieses, so Abalkin.

„läßt sich nicht durch bloße Zugespitztheit der Form wiedergeben, es läßt sich weder durch Akrobatik verkörpern noch durch Konstruktivismus, aufdringliche Pracht und Üppigkeit der Ausstattung oder durch Plakatmalerei, futuristische Keckheit, noch umgekehrt durch eine betonte Einfachheit, die bis zu einem völligen Verzicht auf Dekorationen geht, nicht durch angeklebte Nasen und mit Kringeln bemalte Gesichter und auch nicht durch immer neue äußerliche Tricks und übertriebenes Spiel ..." (Abalkin 1951/169)

Der Vertreter des *sozialistischen Realismus*, gleichzeitig die maßgebliche Autorität des Theaters in der stalinistischen Sowjetunion, durfte folglich nicht als Repräsentant der nun als formalistisch bezeichneten und als staatsfeindlich erklärten Kunstrichtungen gelten. Stanislawskis Inszenierungen symbolistischer Stücke und seine Arbeit mit stilisierten Bühenformen wurden als kurzfristige Irrungen abgetan, von denen er sich, gemäß der Interpreten, nachdrücklich distanzierte, um zur realistischen Kunst zurückzukehren:

„Obwohl das Künstlertheater in den schweren Zeiten der Zersetzung und des Verfalls in den Kreisen der bürgerlichen Intelligenz zeitweilig modernistischen Strömungen huldigte und eine Periode idealler Irrungen und Fehler durchmachte, pflegte es doch im wesentlichen die fortschrittlichen Tendenzen des russischen Theaters weiter und war ein Bollwerk des Realismus in der Kunst." (Prokofjew 1949/155)

Stanislawski selbst sagte sich schließlich im Jahr 1936 während der Formalismus-Debatte und im Jahr 1938 in seiner Rede zum vierzigsten Jahrestag des *MCHAT* von der formalistischen Kunst los. Unter welchen Zwängen er, wie auch andere Künstler des *MCHAT* vergleichbare Loyalitätsbekenntnisse abgeben mußten, ist heute, so Smelianski, noch ungeklärt. (Smelianski 1989/127) Die Ansicht, daß Stanislawski nicht nur ein Theatermacher des naturalistischen und realistischen Theaters gewesen ist, wird heute nach Perestroika auch in der Sowjetunion vertreten. Die sowjetische Regisseurin und Theaterwissenschaftlerin Natalia Zwerewa, die eine Schülerin der Stanislawski-Schülerin Marija Knebel ist, betonte dies:

„Stanislawski ist überhaupt nicht, und das muß man wissen, einfach nur Alltagstheater. Stanislawski, das heißt nicht nur Tschechow und Gorki, das heißt auch Maeterlinck und das heißt auch das moderne absurde Theater heute. (Interview der Verf. 13.9.1989)

4. Kapitel
Das Stanislawski-System

Was ist das *System*?

Stanislawski beschrieb sein *System* als die von ihm

> „herausgefundene Methode der schauspielerischen Arbeit, die es dem Darsteller ermöglicht, die Gestalt der Rolle zu schaffen, in ihr das Leben des menschlichen Geistes zu offenbaren und sie auf der Bühne ganz natürlich, in schöner künstlerischer Form zu verkörpern." (St. 1951/681)

Er teilte es in zwei Hauptteile:

> „die innere und die äußere Arbeit des Schauspielers an sich selbst und die innere und äußere Arbeit an der Rolle." (Ebd.)

Das Stanislawski-System ist als der in dieser Ausführlichkeit einzigartige Versuch zu begreifen, sämtliche Aspekte der Schauspielerausbildung, des Schauspieltrainings und der Methoden zur Rollen- und Stückerarbeitung in einer, gemessen an der zu berücksichtigenden Vielfalt der Aspekte, übersichtlichen Struktur zusammengefaßt zu haben. Mit Hilfe des von ihm erstellten *Systems* zur Schauspielerarbeit soll es dem Schauspieler ermöglicht werden, der von ihm konzipierten und proklamierten Theorie, die er die *Kunst des Erlebens* nannte, entsprechen zu können. Hier findet der Schauspieler die praktischen Leitlinien zur Umsetzung der Forderungen von Stanislawskis Kunst. Stanislawski faßte sie in, wie er sie nannte, *Bausteinen* und *Elementen*, *Antriebskräften* und *Grundpfeilern* zusammen. Konkret stehen hinter diesen Begriffen Gesetzmäßigkeiten, Übungen und Techniken der Schauspielarbeit.

Theorie und Praxis der Schauspielkunst

Die Theaterpraxis war der Ausgangspunkt von Stanislawskis Überlegungen ein Buch zur Schauspielkunst zu schreiben, wie sich in folgendem Brief von 1910, in dem Stanislawski den Literaturhistoriker A.J. Grusinski von seinem Vorhaben unterrichtete, zeigt. Unter dem Titel *Die Kunst des Erlebens* wollte er seine Schauspielmethoden, die er in seiner Theaterarbeit praktizierte, veröffentlichen:

> „Ich schreibe ein großes Buch, in dem ich alles ausführlich darlegen möchte, was mich die Erfahrung gelehrt hat. Dieses Buch soll den Titel erhalten: 'Die Kunst des Erlebens'. In dieses Buch nehme ich nur das auf, was ich selbst in meiner Praxis wiederholt erprobt habe." (Brief vom Dezember 1910, Moskau an A.J. Grusinski. St. 1975/338)

Terminologische Schwierigkeiten gab es für Stanislawski von Beginn an. So war zunächst nicht einmal klar, ob er den Begriff *Methode* oder *Spielweise* verwenden sollte. Auch andere Begriffe seines *Systems* sind bis heute in ihrer Bedeutung unklar und leicht mißverständlich. Ein Umstand, der das Stanislawski-System noch heute so schwer verständlich und anwendbar macht; ein

Umstand aber, den man Stanislawski schwerlich anlasten kann, da er sich mit seinem Versuch, eine systematische Methode und eine Theorie der Schauspielkunst zu verfassen, auf relativ unbearbeitetes Neuland begab.

Für eine wissenschaftliche Aufarbeitung seines Schauspielsystems sah er sich selbst aber auch noch im Jahr 1937 weder imstande noch zuständig. Seine Begriffe stammen aus der praktischen Theaterarbeit, er beabsichtigte lediglich eine Begriffsskala zu schaffen, mit der sich in der Theaterpraxis arbeiten ließe. Im Jahr 1937, also ein Jahr vor der Fertigstellung der russischen Erstauflage des ersten Teilbandes *Die Arbeit des Schauspielers an sich selbst*, erläuterte er die Zielsetzungen seines Buches, das mittlerweile aus drei schauspielmethodischen Bänden bestehen sollte. Es sollte explizit ein Werk für die Schauspielpraxis sein, ohne jeden Anspruch auf Wissenschaftlichkeit. Er verstand es als pädagogisches Werk, mit dem er sich an die Jugend, an Schüler und angehende Künstler wandte. Mit Hilfe seines *Systems* und dessen praxisorientierter Terminologie, die sich zu einem eigenen Schauspielerjargon entwickelte, sollte die schauspielerische Arbeit besser organisiert werden können:

„Die Terminologie des Buches ist keine Erfindung von mir. Sie stammt aus der Praxis und wird von Schülern und angehenden Schauspielern verwandt, die alles, was sie bei der Arbeit empfinden, mit Hilfe dieser Begriffe auszudrücken versuchen. Der Wert dieser Terminologie besteht darin, daß sie den Anfängern vertraut und verständlich ist. Wir haben unseren eigenen Schauspielerjargon ..." (Brief vom 11.2.1937, Barwicha an A. Angarow. Ebd. 805)

Begriffen oder Phänomenen aus der Psychologie oder Physiologie, wie z.B. das *Unbewußte* oder die *Intuition*, bediente Stanislawski sich ausdrücklich nicht in ihrer wissenschaftlichen, sondern vielmehr alltäglichen Bedeutung. So stellt Stanislawskis *System* ein schauspielpädagogisches bzw. -methodisches Werk dar, das auf einer Schauspieltheorie basiert. Seine Schriften über die *Drei Richtungen in der Kunst* werden auch von den Kommentatoren seines Werkes als seine theoretische Abhandlung über die Schauspielkunst angesehen. (In St. II 1988/337)

Wissenschaftliche Erläuterungen erwartete Stanislawski von Psychologen und Physiologen, weniger von Theatertheoretikern. Er erkannte, daß sein Schauspielsystem auf den Grundlagen der Psychologie und der Physiologie des menschlichen Verhaltens beruht. Das Stanislawski-System stellt daher auch unter anthropologischen Gesichtspunkten eine interessante Hinterlassenschaft dar. Der Begriff *System* wurde dabei, gerade vom heutigen wissenschaftlichen Standpunkt aus, sehr günstig gewählt. Nicht nur mit der Erklärung von Kreativität, sondern des menschlichen Verhaltens überhaupt, setzen sich heute verschiedene wissenschaftliche Disziplinen auseinander: von der Biologie, der Biotechnik, der Medizin und Anthropologie, der Ethnologie und Psychologie bis hin zu den gesamten Geisteswissenschaften. Die Komplexität menschlichen Verhaltens und Denkens wird in der modernen *soziologischen Systemtheorie* untersucht, die seit etwa 30 Jahren als die führende Theorie auf diesem Gebiet gilt. (Nach Jensen 1983/11) Unübersehbar sind in diesem Zusammenhang nicht nur die begriffliche Kongruenz zwischen dem *System* Stanislawskis und der *Systemtheorie* zu nennen, sondern auch die potentielle Anwendungsmöglichkeit dieser neuzeitlichen Theorie für den Systembegriff bei Stanislawski. Denn nach der modernen *Systemtheorie* besteht das grundlegende Prinzip der *Systembildung* darin,

> „Zusammenhänge zu konzipieren, Verbindungen zu vermuten, den Elementen darin Aufgaben (Wirkungen) zuzuweisen usw., kurz: einen organisierten Komplex interdependenter Teile vor sich zu sehen." (Ebd. 23)

Nicht nur die geistig konstruktive Leistung ist dabei entscheidend, sondern die Anwendbarkeit eines Systems, die dazugehörige Methode:

> „Der nächste Schritt besteht darin, sich über das Verfahren, das man dabei anwendet, genauere Gedanken zu machen: also die Methode auszuarbeiten und zu standardisieren, ... Systembildung ist ein Prozeß, den Menschen vornehmen, und sie zeichnen dabei Zusammenhänge nach, die in der Wirklichkeit entweder schon bestehen oder erst geschaffen werden sollen. Das Ergebnis dieser Prozesse sind Systeme." (Ebd.)

Stanislawskis *System* gehört zu jenen, die in der Wirklichkeit bestehen, weshalb er auch nicht als Erfinder, sondern eher als ein Entdecker seines *Systems* gilt. Seine Leistung ist nicht in der Konstruktion, sondern vielmehr in der Re-Konstruktion des menschlichen Verhaltens auf der Bühne und darüber hinaus zu sehen. Angesichts der Komplexität des Gegenstandes ist es verständlich, daß Stanislawski sich von jeglichen eigenen wissenschaftlichen Erklärungsversuchen, die die von ihm entwickelte *Psychotechnik* und sein *System* betreffen, distanzierte und sich statt dessen auf die praktische Anwendung seiner Erkenntnisse für die Theaterarbeit beschränkte. Im Rahmen der *soziologischen Systemtheorie* wird menschliches Verhalten in *Erleben* einerseits und *Handeln* andererseits kategorisiert. (Nach Niklas Luhmann in Gabor-Kiss 1986/12f) Psychophysiologische Interdependenzen im menschlichen Verhalten sind Gegenstand der *soziologischen Systemtheorie* wie des Stanislawski-Systems; hier wie dort unter der expliziten Einbeziehung der unbewußten Vorgänge im Leben des Menschen. Stanislawski setzte seinen Schwerpunkt auf die Anwendungsmöglichkeit seiner Erkenntnisse in der Schauspielpraxis. Mit seiner Theoriebildung beschränkte er sich auf die Manifestation von Forderungen zur Schauspielerarbeit und akzeptierte seine Grenzen ihrer wissenschaftlichen Argumentation.

Ausbildung und Training des Schauspielers

Mit seinem *System* wandte Stanislawski sich nicht nur an auszubildende Schauspielschüler, sondern auch an berufstätige Schauspieler. So verglich er sein schauspielpädagogisches Training mit den Stimmübungen des Sängers oder Exerzisen des Tänzers. Seiner Meinung nach brauchte der Schüler ebenso wie der ausgebildete Schauspieler:

> „Training und Drill' im Sinne des 'Systems'.... Es genügt nicht, das 'System' zu kennen. Man muß es verstehen und können. Dazu bedarf es täglichen, ständigen Trainings und Drills während der gesamten schauspielerischen Laufbahn." (*Erleben* 1981/331)

Auch für den berufstätigen Schauspieler unterschied er das *Training und Drill* vom *Toilettemachen des Schauspielers*. Das eine beinhaltet Übungen, die täglich und unabhängig von der jeweiligen Probe schauspielerische Fertigkeiten trainiert; das andere bildet Übungen zur seelischen und körperlichen Vorbereitung vor der Aufführung:

> „Ersteres ist ein tägliches Training, das die Elemente des Befindens des Schauspielers in unterschiedlicher Kombination und Reihenfolge kräftigen und entwickeln soll. Die zweite Form des Trainings wurde vor Beginn der Probe oder der Vorstellung durchgeführt, es sollte das schöpferische Instrument des Schauspielers erwärmen und 'geschmeidig machen' und den Schauspieler in das für den Beginn der Probe oder der Vorstellung erforderliche Befinden versetzen. Das Material für dieses 'Toilettemachen' wurde dem jeweiligen Stück entnommen." (*Verkörpern* 1981/452)

Die Arbeit des Schauspielers an sich selbst war für Stanislawski nicht mit dem Abschluß der Schauspielschule beendet. Nur muß sich der Schauspielschüler im Gegensatz zum Schauspieler, bevor er mit der Rollenerarbeitung beginnt, zunächst intensiv mit seiner eigenen Person und mit der Ausbildung und Fortbildung seiner persönlichen Charakter- und Körpermerkmale auseinandersetzen. Er muß, wie es in der Fachsprache heißt, sein 'Material', das er für die Theaterkunst mitbringt, kennen- und formenlernen. Um, der *Kunst des Erlebens* entsprechend, das Leben einer Rolle mit den eigenen Erinnerungen, den eigenen Emotionen und dem eigenen Handlungsspielraum füllen zu können, muß der Schauspieler sich zunächst selbst erfahren, seine persönlichen Möglichkeiten herausfinden, ausbilden und schließlich nach Stanislawski möglichst lebenslang weiterentwickeln. Die von ihm verlangte Vollendung der Beherrschung schauspielerischer Techniken war für ihn ein nie endender Prozeß gewesen und bestätigt sein diszipliniertes Verhältnis zur Schauspielkunst. Er formulierte damit jedoch einen Anspruch, der, wie er selbst wußte, in dem Berufsalltag eines Schauspielers oftmals nicht umsetzbar ist.

Konzept für kreative Theaterarbeit

Zu einem Abschluß seiner Arbeiten, zu einer abgeschlossenen Schauspielmethode ist Stanislawski nach eigenen Angaben eigentlich nie gelangt. Bis zum Schluß faßte er seine Methode als einen komplizierten und widerspruchsvollen Prozeß des Suchens und Tastens auf, vor dessen dogmatischer Nachahmung er ausdrücklich warnte: „Sie sprechen zu mir über das System wie über ein Strafgesetzbuch" unterbrach er einen Regisseur, der die Schauspieler beschuldigte, das *System* nicht zu kennen:

> „Dem einen Darsteller werfen Sie vor, daß er keine Beziehung zu seinem Partner hat, dem anderen, daß er nicht an die gegebenen Umstände glaubt, dem dritten, daß er nicht sieht, dem vierten, daß er nicht hört und so weiter. Wenn man Ihnen so zuhört, dann ist es nicht ein schöpferischer Prozeß, sondern irgendein 'obligatorischer Erlaß', nach dem zu leben und zu arbeiten allen Theatern vom Stadthauptmann Stanislawski befohlen

wurde. - ... Ich bitte Sie inständig, daß System nicht zu einem Fetisch zu machen." (In Strasberg 1979/173)

Tatsächlich wird heute an den deutschsprachigen Theaterschulen trotz Unterschieden weder in Ost noch West das Stanislawski-System in dogmatischer Weise angewendet. Die große Popularität, die Stanislawskis Lehren dort seit dem Beginn des Zweiten Weltkrieges und besonders wieder seit dem Beginn der 80er Jahre zukommt, bezieht sich weniger auf die strikte Anwendung seines Systems, sondern vielmehr auf den lockeren Gebrauch seiner Methoden und schauspielerischen Grundlagen. (Nach Lackner 1985/231) In der ehemaligen UdSSR wird seine Methode dagegen noch heute als geschlossenes System unterrichtet, nicht dogmatisch, aber originalgetreuer. Z.B. an der Hochschule für Theaterkunst *GITIS* in Moskau, die als die älteste und wichtigste Theaterhochschule der Sowjetunion gilt; Stanislawski und Nemirowitsch-Dantschenko persönlich arbeiteten und lehrten hier. Hier unterrichten auch heute noch Schüler von Schülern Stanislawskis, beispielsweise die bereits erwähnte Regisseurin, Pädagogin und Theaterwissenschaftlerin Natalia Zwerewa, die bei der Stanislawski-Schülerin Marija Knebel ausgebildet wurde. Aber nicht nur an den Schulen, sondern auch an der Theatern der Sowjetunion wird nach dem *System* von Stanislawski gearbeitet. (Interview der Verf. mit Natalia Zwerewa, 13.9.1989)

Die unterschiedlichen Adaptionen des Stanislawski-Systems durch die unterschiedlichen Nachfolger brachten und bringen unterschiedliche Schauspielsysteme zum Vorschein. Während die westliche Stanislawski-Anwendung häufig mit der *method* von Lee Strasberg in Verbindung gebracht wird, wird in der Sowjetunion mit Begriffen und Methoden gearbeitet, wie z.B. der *Handlungsanalyse*, die den westlichen Stanislawski-Anwendern nahezu oder gänzlich unbekannt sind, da sie in den uns bekannten Schriften gar nicht erwähnt werden. Der Duktus der Veränderbarkeit ist nach Stanislawski in dem Selbstverständnis seines *Systems* enthalten. Er betrachtete sein *System* als einen 'Leitfaden' für den Schauspieler. Sein Verständnis von einer individuell handzuhabenden Schauspielmethode verband er mit dem Ziel der *schöpferischen Schauspielerarbeit*, d.h. seine Theaterarbeit sollte sich mit Hilfe seines Schauspielsystems kreativ gestalten. Das bestätigte auch Natalia Zwerewa:

> „Stanislawski möchte also, daß der Schauspieler auf der Bühne kreativ tätig ist als ein Mitschaffer und Mitautor des Stückes, und nicht nur einfach eine Marionette." (Interview, ebd.)

Stanislawski hat Methoden geschaffen, die speziell den kreativen Arbeitsprozeß fördern sollen. Das *schöpferische Befinden* des Schauspielers stellt eine zentrale Forderung seiner Theaterkunst dar. Das von ihm geschaffene *System* steht für ein Konzept schauspielerischer Arbeit, die sich durch Kreativität auszeichnet. Zwar war er keineswegs der einzige Theatermacher seiner Zeit, der das kreative Moment in der Schauspielarbeit betonte, denn das taten auch alle andere Theaterneuerer wie Craig, Meyerhold, Wachtangow u.a. Und er selbst unterschied grundsätzlich wie sie nur zwei Arten von Theater:

„Das erste Theater - das Schauspieltheater dient dem Vergnügen am Sehen und Hören, und es hat darin sein Endziel. Im zweiten Theater ist die Wirkung auf das Gehör und das Auge nur ein Mittel, um dadurch in die Tiefe der Seele zu dringen." (GW 5/467 in Fiebach 1975/135)

Lehnte er das reine Unterhaltungstheater ab, so war er gemeinsam mit anderen Theatererneuerern für ein intellektuelles, aufklärendes und vor allem experimentelles und schöpferisches Theater. Allerdings unterschied Stanislawski sich mit seinem *Weg*, d.h. mit seinen Methoden zum kreativen Theater. Meyerhold bestätigt dieses mit den einfachen und zutreffenden Worten:

„Konstantin Sergejewitsch und ich suchen in der Kunst dasselbe; nur geht er vom Inneren zum Äußeren und ich gehe vom Äußeren zum Inneren." (In Brauneck 1986/809)

Stanislawski forderte konsequent das *Erleben* des Schauspielers für die Gestaltung einer Rolle. Eine schauspielerische Technik wie die *Biomechanik* von Meyerhold, durch die der Schauspieler, im Sinne des *Taylorismus*, durch Körpertraining maximale Produktivität erreichen können sollte, lag Stanislawski fern. Er kritisierte die Theatererneuerer, die ausschließlich die *äußere Technik* anwendeten, die im russischen Theater im Zuge des Konstruktivismus und des artistischen Theaters in Mode kam und die Prozesse der *echten Erlebens* in ihre Theaterarbeit nicht berücksichtigten. Äußere Technik durfte nach Stanislawskis Meinung nicht um der Technik wegen, äußere Form nicht um der Form wegen praktiziert werden. (St. 1951/660) Auch äußere Technik stand seiner Meinung nach unter der Zielsetzung, *inneres Erleben* zu schaffen. Und diese Form der äußeren Technik, die das Erleben des Schauspielers schaffen sollte, praktizierte er ebenfalls. Die vielfältigen Aspekte der kreativen schauspielerischen Arbeit, die auf den Grundlagen der Psychophysiologie menschlichen Verhaltens beruhen, legte er in seinem Schauspielsystem schriftlich dar.

Theoretische Grundlagen des *Systems*

Aus Stanislawskis Schriften wird ersichtlich, daß er sich im Laufe der Entwicklung seines *Systems* nicht an *einer* speziellen Theorie und deren Terminologie orientierte. Er setzte sich mit breit gestreuten Philosophien und Theorien aus unterschiedlichen Kulturen und unterschiedlichen fachlichen Disziplinen auseinander. Sie alle beeinflußten seine experimentierende Theaterarbeit und seine Theoriebildung zur Schauspielerarbeit, wenn auch in unterschiedlichem Maße. Erkennbar wird, daß nicht nur die traditionelle russische Dramatik, die internationale naturalistische und realistische Dramatik überhaupt, sowie die avantgardistischen Kunstströmungen seine Theaterarbeit und sein *System* bestimmten. Auch die damalige zeitgenössische Psychologie und Physiologie sowie die fernöstliche Mythologie trugen maßgeblich zur Ausarbeitung der Grundlagen seines *Systems* bei.

Psychologischer Realismus

Aus seinen in den Jahren zwischen 1898 und 1912 entstandenen Erfahrungen mit den unterschiedlichsten Stilrichtungen in der Literatur, in den anderen Künsten und auf dem Theater, ergab sich Stanislawskis neue Arbeitsphase, in der er explizit die psychologischen Vorgänge im Leben des Menschen zeigen wollte. Es ergab sich eine logische Fortführung seiner Ansichten zum Theater, die er bereits im Zusammenhang mit Tschechows dramatischem Werk geäußert hatte, während seiner Phase, die er die Richtung oder Linie der *Intuition und des Gefühls* nannte. Bereichert war sein Theaterkonzept nun aber durch seine intensive Auseinandersetzung mit der symbolistischen Literatur und antinaturalistischen Stilelementen. Seine Theaterkunst bezeichnete er nun als *seelischen Naturalismus* oder auch *psychologischen Realismus.* (Nach Fiebach 1975/149) In seinem Aufsatz *Über das Theater* von 1912-1914 forderte er die Darstellung des Lebens

> „...mit seinem fragmentarischen Charakter, seiner Unfaßbarkeit und der feinen Skala seiner Töne, mit seinen intimen tiefen und für die menschlichen Psyche wichtigsten Gefühlen." (St. 1953/1326)

Ich verbleibe im folgenden bei dem Begriff *psychologischer Realismus*, da er meines Erachtens besser veranschaulicht, daß Stanislawskis Arbeit von seiner Auseinandersetzung mit der Psychologie des Schauspielers bzw. des Menschen gekennzeichnet ist. Auch läßt dieser Begriff größeren Spielraum für die stilistische Breite einer Inszenierung, eines Theaterkonzeptes zu, das Stanislawskis Theater entspricht. Auch der Umstand, daß er häufig von der Bedeutung der *Natur* sprach, nicht im Zusammenhang mit seinem Theaterkonzept, sondern mit seinem *System,* würde den Begriff des *Naturalismus* für sein Theater nicht passender machen, da dieser Begriff eben sein Theater und nicht und seine Schauspiellehre betrifft, der nach Stanislawski die organische Natur des Menschen zu Grunde liegt.

Von der literarischen Seite her hatten nicht nur die Dramaturgie von Tschechows Werk, sondern auch die der antinaturalistischen Werke auf seine Konzeption des *psychologischen Realismus* einen prägenden Einfluß. Denn die Gestaltung der Werke von Maeterlinck, Hamsun und Andrejew forderte nach Stanislawski die Darstellung

> „starker Erlebnisse abstrakter Gedanken und Gefühle, eine große Energie der Temperamente, eine feine psychologische Analyse und äußeren Rhythmus..., äußeren Halt und Unbeweglichkeit ... und eine feierliche mystische Stimmung des ganzen Stückes,"

wozu es notwendig war,

„das feinste Netz unsichtbarer seelischer Empfindungen für sich zu knüpfen und sie mit großer Konzentration zu leben." (GW 5/141 in Fiebach 1975/149f)

Die Auseinandersetzung mit den vielfältigen seelischen Empfindungen spielten in seinem Theater eine zunehmend große Rolle. Mit dem *psychologischen Realismus* konzentrierte er sich nun nicht mehr auf abstrakte oder märchenhafte, sondern auf die realistische Darstellung der inneren Vorgänge des Menschen, auf psychologische und sogar tiefenpsychologische Vorgänge im Leben des Menschen. Dabei interessierte ihn nicht nur die Darstellung persönlicher Einzelschicksale, sondern die Darstellung des *menschlichen Geistes* überhaupt. (Nach Fiebach ebd.) Hinter den verschiedenen *Ismen* verbirgt sich bis zuletzt für ihn ein Theaterkonzept, das „das Leben des menschlichen Geistes auf der Bühne wiedergeben soll." (*Rolle* 1981/532) Seine Theaterkunst bezeichnete er um 1913 als eine *realistische Bühnenkunst* und grenzte den in den folgenden Jahren am *MCHAT* praktizierten Realismus von dem

„früheren Realismus des Alltagsleben und der äußeren Wahrheit ab" und versteht ihn als einen "Realismus der inneren Lebenswahrheit der menschlichen Seele, einen Realismus des natürlichen Erlebens." (St. 1953/1329)

Beispielsweise mit der Inszenierung von Turgenjews EIN MONAT AUF DEM LANDE (1909) wollte Stanislawski die psychologischen Ereignisse im Leben der Menschen für das Publikum sichtbar machen:

„Die feinste Spitze der Liebesbeziehungen, die Turgenjew so meisterhaft geklöppelt hatte, verlangte von den Schauspielern ein besonderes Herangehen, das dem Zuschauer ermöglichte, die pittoresken Ornamente der Psychologie liebender, leidender und vor Eifersucht vergehender Herzen zu bewundern. ...
Wie kann man die Seelen der Schauspieler auf der Bühne so weit offenlegen, daß die Zuschauer sie sehen und die Vorgänge darin nachvollziehen können?" (St. 1987/395)

Mit der Frage nach der Psychologie der Rollen war die schauspielerische Lösung dieser Technik verbunden

„Das ist eine schwierige Aufgabe, die sich weder mit der Gestik noch mit dem Spiel der Arme und Beine noch mit dem komödiantischen Gebaren der Schauspieler lösen läßt. Man braucht unsichtbare Strahlen künstlerischen Willens und Fühlens, man brauchte die Augen, die Mimik, eine kaum wahrnehmbare Intonation beim Sprechen und psychologisch überzeugende Pausen. Darüber hinaus ist alles zu beseitigen, was die tausendköpfige Menge hindert, das Wesen der von ihr erlebten Gefühle und Gedanken wahrzunehmen." (Ebd. 395f)

Eine ausgefeilte Dramaturgie, die auf die Psychologie des Menschen ausgerichtet war, führte Stanislawski kontinuierlich zu den für ihn typischen Untersuchungen an der Arbeit des Schauspielers. Stanislawski stieß damit unter Kollegen auch auf heftigen Widerstand, gerade in den Jahren um und nach 1910. Meyerhold sprach seinen derzeitigen Inszenierungen jeden Kunstcharakter ab. Zur Aufführung des HEIMCHEN AM HERD am Ersten Theaterstudio schrieb er unter dem Titel: *Das Heimchen am Herd oder Am Schlüsselloch:*

„Ja - was auf die Bühne mit dem einzigen Zweck gebracht wird, dem Saal 'einen Blick zu gestatten', kann auch nicht Kunst sein. Wir sind in den 'Kreis des Familiendramas' geraten - geradewegs vors Schlüsselloch. Eine Vorstellung dieser Art ist eine der Millionen Varianten, die hinter der Tür spielen, so zahllos, wie die Schlüssellöcher dieser Welt." (Meyerhold I 1979/254)

Meyerhold hatte sich zu dieser Zeit schon lange von der psychologisierenden Theaterarbeit Stanislawskis distanziert und statt dessen sein erklärt stilisiertes und körperbetontes Theater entwickelt. Stanislawskis Ziel war es statt dessen im Rahmen seiner Konzeption des *psychologischen Realismus*, dem Zuschauer Einblick in das alltägliche wirkliche Leben, das die Psyche der Menschen einbezieht, zu geben. Damit strebte er eine aufklärerische Wirksamkeit von Theater an. Durch den Einblick 'hinter das Schlüsselloch' beabsichtigte er, den naturalistischen und realistischen Dramen seiner Zeit entsprechend, dem Zuschauer Impulse für selbständige Überlegungen über ihre eigene Wirklichkeit, nicht nur über die gesellschaftliche, sondern auch über ihre zwischenmenschlichen Beziehungen zu geben. Stanislawskis Inszenierungstätigkeit bildete nicht nur eine der Voraussetzungen für seine Theorie, sondern auch für seine Schauspielmethodik.

Philosophische und wissenschaftliche Hintergründe

In einem Brief schrieb Stanislawski im Jahr 1931 an die Mitherausgeberin seiner methodischen Schriften, L.J. Gurewitsch, was er über Psychologie wußte:

„Es ist doch kurios, daß ich über einen höchst komplizierten psychologischen Vorgang, die Schaffung des Geistes, schreibe, und selbst noch nicht mal zwei Psychologie-Bücher gelesen habe. Das läßt mich lachen und staunen zugleich. Ich bin völlig unwissend, und darum brauche ich ihre Hilfe und die eines Spezialisten." (Brief vom 9.4.1931, Moskau. St. 1975/689)

In erster Linie war er ein Theaterkünstler, dem es darum ging, eine fundierte Lehre zur Schauspielkunst zu entwickeln. Im Vordergrund seines Interesses stand die Praxis, und nicht die Theorie. Und so sah er es vor allem als seine Aufgabe an, „zu jeder seiner Theorien ein Verfahren zu ihrer Verwirklichung zu finden." (Brief vom 16.11.1910, Kislowodsk an Nemirowitsch-Dantschenko. St. 1975/330)

Trotzdem studierte Stanislawski theatertheoretische und -historische Literatur[1], ebenso wie er sich mit den Ansichten der russischen Schriftsteller über die Kunst auseinandersetzte. Diesbezüglich sind besonders Puschkin und Gogol zu nennen: *Puschkins Aphorismus* zur *Echtheit der Leidenschaften* übernahm Stanislawski direkt in sein *System* (*Verkörpern* 1981/317 u. 453); von Gogol übernahm er die Ansicht, daß ein „Schauspieler nicht vorführen darf, ..., sondern das Wesen einer Tat empfinden muß, zu der die handelnde Person aufgerufen ist." (St. II 1988/338) So beeinflußte ihn nicht nur das dramatische

---
[1] Er studierte u.a. Schriften über das antike Theater (In *Neue Welt* 1953) und Schriften Lessings (St. II 1988/338)

Werk selbst der russischen Autoren bei dem Entwurf seiner Theorie, sondern auch maßgeblich ihre Kunstphilosophie. Denn Puschkins Aphorismus und Gogols Differenzierung zwischen dem *Vorführen* und dem *Empfinden* des Schauspielers können als die zentralen Forderungen von Stanislawskis *System* angesehen werden.

Gerade in den Jahren um 1909 sprach Stanislawski vielfach von „unsichtbaren Ausstrahlungen des menschlichen Willens" (GW 4/183 in Fiebach 1975/137) und ähnlichen Phänomenen. Was hat es damit auf sich? Bei diesen und anderen irrational anmutenden Begriffen orientierte Stanislawski sich an Termini der damaligen psychologischen Wissenschaft. Er drang mit seinen Experimenten in Bereiche vor, die in der heutigen modernen Psychologie ihren Stellenwert gefunden haben, die zu seiner Zeit aber auch schon Sigmund Freud und andere Psychologen der damaligen experimentellen Psychologie untersuchten.[1] Stanislawski interessierte sich zunehmend für die Bedeutung des *Unbewußten* in der schauspielerischen Arbeit. Er integrierte das *Unbewußte* des Schauspielers in die Methodik und die Pädagogik der schauspielerischen Arbeit. Wie stellt sich die Einbeziehung des *Unbewußten* in die schauspielerische Arbeit dar? Auf welchen theoretischen Hintergrund stützte Stanislawski seine immer wiederkehrenden Verweise auf das *Unbewußte* im Schaffensprozeß des Schauspielers?

Das menschliche Verhalten, insbesondere die unbewußten Tätigkeiten des Menschen, wurden und werden in verschiedenen wissenschaftlichen Disziplinen analysiert und interpretiert. Die Physiologen ebenso wie die Psychologen der Jahrhundertwende machten auf diesem Gebiet einschneidende Entdeckungen. Stanislawski machte nicht nur bei Schriftstellern und Theatertheoretikern, sondern eben auch bei den Psychologen und Physiologen seiner Zeit sowie bei den indischen Philosophen inhaltliche und sogar terminologische Anleihen. In der im Stanislawski-Museum in Moskau erhaltenen Bibliothek seines Arbeitszimmers sind beispielsweise folgende Bücher zu finden:
vom französischen Gelehrten Theodule Ribot (1839-1916):

Die Psychologie der Aufmerksamkeit,
Der Wille im normalen und im krankhaften Zustand,
Das Gedächtnis im normalen und im krankhaften Zustand,
Die Evolution allgemeiner Ideen,
Die Logik der Gefühle und
Das affektive Gedächtnis, (Erleben 1981/389)

---

[1] Inwiefern Stanislawski die Werke von Sigmund Freud bekannt waren, ist in der deutsch- und französischsprachigen Stanislawski-Literatur unbekannt. Der Name Freuds findet im Namensregister der ersten Ausgabe der russischsprachigen *Gesammelten Werke*, nach freundlicher Auskunft von Joachim Fiebach aber keine Erwähnung. Die Nichterwähnung Freuds könnte auf ideologische Gründe zurückgeführt werden. Allerdings gibt es auch in der amerikanischen Studie *Freud und Stanislawski* von Donald Freed keine Erkenntnisse darüber, daß Stanislawski seinen bedeutenden Zeitgenossen persönlich oder sonstwie kannte. Das ist erstaunlich, da sie nicht nur fast genau zur selben Zeit lebten, sondern auch weil Stanislawski von Freuds Studien über das Unbewußte sicher hätte profitieren können. Umgekehrt ist auch denkbar, daß Freud an den praktischen Schauspielstudien Stanislawskis hätte Interesse finden können.

vom englischen Psychologen und Psychiater Henry Modsley (1835-1918):
Physiologie des Verstandes,
Pathologie der Seele, (St. I 1988/581)

vom Yogi Ramatscharaka:
Lehre der Yogis über die psychische Welt des Menschen,
Yoga-Philosophie vom physischen Wohlbefinden des Menschen. (Ebd. 581)

So entnahm Stanislawski den Begriff Strahlenaussendung Ribots Buch *Die Psychologie der Aufmerksamkeit.* (*Erleben* 1981/392) Den Begriff *Aufmerksamkeit* selbst ordnete er als Element in sein *System* ein. Und auch der bei Stanislawski zentrale Begriff *affektives Gedächtnis* stammte aus dessen Buch mit demselben Titel. Den Begriff *Gewohnheit*, auch ein Element seines *Systems*, orientierte er an den Ausführungen des Yogi Ramatscharaka aus dessen Buch *Radsha-Yoga* (1914). (St. I 1988/582) Die indische Philosophie und insbesondere das Yoga beeinflußten Stanislawskis Schauspielsystem aber auch in anderer Hinsicht maßgeblich.

Exkurs: Fernöstliche Mythologie

Ebenso wie verschiedene Methoden des orientalischen Theaters waren auch orientalische Lebensweisheiten zu jener Zeit unter Moskauer Intellektuellen in Mode. Beides trug zur Entwicklung damaliger Inszenierungsformen, aber auch neuer theaterpädagogischer Konzepte bei. Stanislawski begeisterte sich für die japanische Artistik und das indische Yoga. In seinem Schauspielunterricht führte er nach dem Vorbild der Yogi Konzentrations- und Autosuggestionsübungen durch und führte Beispiele dazu mehrfach in seinem Teilband *Die Arbeit des Schauspielers ... Erleben*, aber auch in seinen Manuskripten, die zu der *Arbeit an der Rolle* gehören an. Es ergeben sich verschiedene Parallelen zwischen der Lehre und den meditativen Übungen des Yoga, die die Körperbewegung in die Meditation einbeziehen, mit Stanislawskis Lehren zur Arbeit des Schauspielers. Die Yogi versuchen mit ihren Übungen, ebenso wie Stanislawski, Einfluß auf das körperlich-seelische Befinden des Menschen zu nehmen, und zwar indem sie über das Bewußtsein auf das Unbewußte wirken. *Das Unbewußte durch das Bewußte*, das bei Stanislawski gleichzusetzen ist mit der *Psychotechnik*, ist eine der zentralen Grundlagen seines *Systems*. In seinen Materialien zum Buch an der Rolle machte Stanislawski deutlich, daß diese Technik von den Yogis zu lernen ist:

„Die indischen Yogi, die im Bereich des Unter- und Überwußtseins wahre Wunder vollbringen, geben uns dazu (zur schöpferischen Arbeit, d. Verf.) viele praktische Ratschläge. Auch sie gelangen durch bewußte Vorbereitungen zum Unterbewußtsein, gehen vom Körperlichen zum Seelischen. ..." (Ebd. 581)

Und nicht nur diese elementare Technik der Yogis übernahm Stanislawski in sein *System*. Auch sein Verständnis von dem organischen Prozeß bei der Arbeit an sich selbst bzw. bei der Arbeit an der Rolle entspricht der fernöstlichen Lebensphilosophie. Die auch von Stanislawski beobachtete Wechselbeziehung zwischen körperlichen, geistigen und seelischen Prozessen bei der schöpferischen Arbeit findet sich im Yoga wieder, dem das Prinzip der Wechselbeziehung zwischen „Körper, Geist und Seele" (Gottmann 1979/9) zugrundeliegt. Die Psychophysiologie des menschlichen Befindens unter Einbeziehung der unbewußten Tätigkeit spielt folglich sowohl in der Yoga-Lehre wie bei Stanislawski eine ausgesprochen wichtige Rolle.

Unter diesem deutlichen Einfluß der fernöstlichen Philosophie und ihrer praktischen Anwendung in Meditationstechniken wie dem Yoga klärt sich manche mystisch klingende Äußerung von Stanislawski. In allen seinen Ausführungen betonte er beispielsweise immer wieder die Verbindung der von ihm geforderten Kunst mit der Natur:

> „Nur die Zauberin Natur ist fähig, diese Form zu schaffen. Sie beherrscht und regiert die wichtigsten Zentren unseres schöpferischen Instrumentes, von denen unser Bewußtsein nichts weiß, in denen unsere Empfindungen sich nicht auskennen, ohne deren Mithilfe jedoch jede echte schöpferische Arbeit unmöglich ist." (*Verkörpern* 1981/276)

Sein gesamtes *System* ordnete Stanislawski den Gesetzen der Natur unter:

> „Es gibt kein 'System'. Es gibt einzig und allein die Natur. Ich habe mich mein ganzes Leben darum bemüht, so nahe wie möglich an das heranzukommen, was wir als 'System' bezeichnen.
> Das ist nichts anderes als das Wesen der schöpferischen Arbeit. Die Gesetze der Kunst sind nichts anderes als Naturgesetze." (Ebd. 269)

Naturgesetze sind schon damals nicht nur ein Bestandteil der westlichen Naturwissenschaften gewesen. Sie sind ebenso fest in der fernöstlichen Mythologie verwurzelt. Hier sind die Naturgesetze und die organische Weltsicht anerkannt. (Nach Capra 1989/20f) Trotz unterschiedlicher Religionen im Fernen Osten betonen sie alle die grundsätzliche Einheit des Universums, die Einheit und Wechselbeziehungen aller Phänomene, welche den Kardinalpunkt ihrer Lehren darstellt:

> „Das höchste Ziel ihrer Jünger - ob Hindu, Buddhist oder Taoist - ist, der Einheit und gegenseitigen Beziehung aller Dinge gewahr zu werden, den Begriff des individuellen Ich zu überwinden und sich mit der 'letzten Realität' zu identifizieren. Dieses Gewahrwerden ... ist nicht nur ein intellektueller Vorgang, sondern eine Erfahrung, die den ganzen Menschen erfaßt ..." (Ebd. 21)

Aus den Lehren dieser Philosophie ergibt sich eine religiöse und ganzheitliche Weltsicht und eine ganzheitliche Sicht auf den Menschen. Weder erklärte noch differenzierte Stanislawski in seiner Theorie, was er unter den Naturgesetzen verstand, aber er berief sich immer wieder auf die Gesetze der Natur. Daß er sich mit der Entwicklung seines *Systems* auch mit der fernöstlichen Mythologie auseinandersetzte, geht nicht nur aus seiner Anwendung des Yoga hervor. Er übernahm auch die ganzheitliche Sicht auf den Menschen: er untersuchte kognitive sowie psychophysiologische Fähigkeiten des Menschen in ihrer

Wechselbeziehung einschließlich unbewußter Vorgänge für seine Methoden zur Arbeit des Schauspielers. Sein *System* impliziert folglich in Theorie und Praxis ein ganzheitliches Weltbild.

Exkurs: Russische Physiologie

Mit der unbewußten Tätigkeit des Menschen setzten sich nicht nur die westlichen Psychologen und Yogi, sondern auch andere Zeitgenossen Stanislawskis auseinander, und zwar die russischen Physiologen: I.M. Setschenow (1829-1905), der als 'Vater der russischen Physiologie' (Zeier 1977/12) gilt, der russische Physiologe, seit 1904 Nobelpreisträger, I.P. Pawlow (1849-1936) und der Physiologe, Psychologe und Psychiater W.M. Bechterew (1857-1927). (Ebd. 11 u. 15) Setschenows Abhandlung *Die Reflexe des Gehirns* und Pawlows Abhandlungen zum *Bedingten Reflex* zählten ebenfalls zu Stanislawskis Literatur. (In *Erleben* 1981/369)

Setschenow verwandte den Reflexbegriff u.a. für die Erklärung psychischer Tätigkeit beim Menschen. Er war der Ansicht, daß psychische Erscheinungen untrennbar mit der materiellen Gehirntätigkeit verbunden seien. Die entscheidende Bedingung für das Entstehen psychischer Prozesse sah er dabei in der Reizeinwirkung aus der Umwelt. (Nach Thielen in Grubitzsch/ Rexilius 1987/889) Pawlow knüpfte an die Erkenntnisse Setschenows an, er entdeckte im Jahr 1901 (nach Zeier 1977/14) den *Bedingten Reflex*[1], mit dessen Hilfe er die Grundprozesse des Gehirns analysierte. Bechterew betrachtete psychische Phänomene lediglich als Begleiterscheinungen physiologischer Prozesse und als Ausdruck der Energiebewegung auf den Nervenbahnen. Pawlow dagegen sah den *Bedingten Reflex* nicht nur als physiologischen Mechanismus, sondern auch als psychologischen Prozeß. Gemeinsam ist allen drei Wissenschaftlern das grundsätzlich naturwissenschaftliche Herangehen an die Untersuchung psychischer Prozesse, weshalb sie als die Begründer der *objektiven Psychologie* gelten. (Nach Thielen ebd. 890)

Die Erkenntnis der Yogi, unbewußte Tätigkeit durch bewußte Handlungen hervorzurufen, erklärte Pawlow auf mechanistische Weise.[2] Der Einfluß von

---

[1] Die Entdeckung des *Bedingten Reflexes* ergab sich aus seinen berühmten wissenschaftlichen Experimenten mit Hunden: „Pawlow und seine Mitarbeiter ... beobachteten, daß die Speichelsekretion des Versuchshundes bereits bei dem bloßen Anblick des Futters einsetzte, dem Hund lief im wahrsten Sinn des Wortes das Wasser im Munde zusammen. Im Laboratorium versuchte Pawlow diese 'psychische Erscheinung' zu reproduzieren, indem er einen neutralen Reiz, einen Glockenton, mit der kurz darauf folgenden Nahrung in Verbindung brachte. Nach mehrmaliger Wiederholung der Verbindung Glockenton-Futter löste allein der Glockenton den Speichelfluß, .., aus, er war damit zum Signal für die Auslösung des Reflexes geworden." Thielen. Ebd. 445f
[2] In seiner Theorie der Höheren Nerventätigkeit gibt Pawlow eine neurophysiologisch begründete Erklärung für das unbewußte Handeln. Sie beruht auf der Analyse der Gehirnprozesse: „Wenn man durch das Schädeldach hindurchblicken könnte und die Stelle der Großhirnhemisphären mit optimaler Erregbarkeit aufleuchten würde', schrieb Pawlow, 'so würden wir bei dem denkenden bewußten Menschen sehen, wie sich über seine Großhirnhemisphären ein dauernd nach Form und Größe wechselnder heller Fleck von merkwürdig

Pawlow und den anderen sowjetischen Physiologen auf Stanislawskis *System* wird vor allem von den sowjetischen Kommentatoren hervorgehoben. Kristi schrieb, daß Stanislawski u.a. durch den unmittelbaren Einfluß der sowjetischen Physiologen in seinen letzten Lebensjahren zur Entwicklung *der Methode der physischen Handlung* kam (in *Erleben* 1981/371), und daß in seinen Notizblöcken aus der Mitte der 30er Jahre ausgedehnte Zitate aus Setschenows Buch *Die Reflexe des Gehirns* und zu Pawlows *Bedingten Reflexen* zu finden seien. (Ebd. 369) Diese Formulierungen bedürfen einiger historischer Erläuterungen.

Im Jahr 1921 unterzeichnete Lenin das „Pawlow-Dekret", demzufolge Pawlow von der bolschewistischen Regierung jegliche Unterstützung für seine Forschungen gewährt wurde; bis Ende der 20er Jahre fanden deshalb seine Publikationen große Verbreitung und Anerkennung; zu Beginn der 30er Jahre wurde seine Theorie kritisiert, seit Ende der 40er Jahre setzte eine Ausrichtung der sowjetischen Psychologie auf den Grundlagen der Pawlowschen Lehre ein, die 1952 ihren Höhepunkt fand. (Nach Thielen in Grubitzsch/ Rexilius 1987/ 450f) Die maßgebliche Autorität, die Stanislawski für das sowjetische Theater war, wurde Pawlow für die sowjetische Physiologie. Eine forcierte Verbindung in der Stanislawski-Rezeption der 50er Jahre zwischen diesen beiden Autoritäten der Sowjetunion liegt nahe. Stanislawski selbst bezog sich allerdings, trotz der thematischen Überschneidungen zwischen seinen und Pawlows Forschungen, in seinen schriftlichen Niederlegungen nicht ausdrücklich auf Pawlow.[1]

Die Behauptung Kristis, daß Stanislawski durch den „unmittelbaren Einfluß der sowjetischen Physiologen zur Entwicklung der *Methode der physischen Handlung* kam", und zwar erst in seinen letzten Lebensjahren (in *Erleben* 1981/371), ist anzuzweifeln: Denn die Bücher und die Forschungsergebnisse, die Stanislawski vorlagen, wurden bereits zu Beginn des Jahrhunderts veröffentlicht, Setschenows Buch sogar schon im Jahr 1863, dem Geburtsjahr Stanislawskis. Zu nationaler Anerkennung und internationalem Weltruf gelang Pawlow, ebenso wie Stanislawski, lange vor der Oktoberrevolution.

---

unregelmäßigen Umrissen verschiebt, der auf der übrigen Fläche der Hemisphären von einem mehr oder weniger beträchtlichen Schatten umgeben ist."(I.P. Pawlow *Sämtliche Werke* Bd. III/1 1963/178)

Die im 'Schatten' befindliche Fläche sind die gehemmten Abschnitte der Hemisphären. Aber auch die im jeweiligen Augenblick gehemmten Abschnitte der Großhirnhemisphären bleiben durchaus nicht untätig. Sie vollziehen ‚früher ausgearbeitete Reflexe, die beim Vorhandensein der entsprechenden Reize stereotyp entstehen. Die Tätigkeit dieser Abschnitte ist das, was wir subjektiv unbewußte, automatische Tätigkeit nennen." Nach Kristi in St. I 1988/568

[1] Aber Pawlow interessierte sich für die Arbeit Stanislawskis und fragte vor der Veröffentlichung dessen ersten Buches nach Aufzeichnungen von ihm. (Brief vom 27.10. 1934, Moskau an Pawlow. Ebd. 785) Die Mitarbeit von Physiologen bei der Heraugabe seiner Werke hat sich, nach dem Impressum der GW zu urteilen, aber nicht ergeben.

Die schauspieltheoretischen Schriften

Ursprünglich, d.h. in den Jahren 1911 und 1912, plante Stanislawski sein Buch über das *System* mit seiner Aufsatzfolge zu seiner Theorie (*Über das Theater*) einzuleiten. Nach der Revolution sollte diese Aufsatzfolge als einführender theoretischer Teil zu seinem dritten Buch, *Die Arbeit des Schauspielers an der Rolle*, vorangestellt werden. In seinem Plan von 1930 beabsichtigte er schließlich, die unterschiedlichen Richtungen im Theater in einem eigenen Band, dem fünften seiner *Gesammelten Werke*, zusammenzustellen. (In St. II 1988/337) Aber auch dieser Plan wurde nicht realisiert. Seine theoretischen Schriften wurden weder russisch- noch deutschsprachig in einem eigenen Buch publiziert, sondern lediglich fragmentarisch herausgegeben. (Ebd. 338ff)[1] Die bislang einzigen deutschsprachigen seit 1953 veröffentlichten Texte zu seiner Theorie (*Über das Theater*) wurden nun ergänzt. Weitere Manuskriptfassungen sind in dem Band „Stanislawski - Ausgewählte Schriften II" (1988) herausgegeben worden. Wie bereits erwähnt, geht aus den Anmerkungen des Bandes hervor, daß Stanislawski seine Schauspieltheorie bereits in der vorrevolutionären Zeit fast vollständig schriftlich niedergelegt hatte. So stammt der im folgenden zitierte Aufsatz über das von ihm als *Handwerk* bezeichnete Schauspiel von 1921 - er entspricht nahezu wörtlich einer frühen Fassung, die das Datum 1912/14 trägt. Die Ausführungen über die *Kunst des Vorführens* stammen ungefähr vom Anfang der 20er Jahre. Manuskripte zu diesem Thema liegen aber bereits auch schon aus dem Jahr 1889 vor. Für den Aufsatz über die *Kunst des Erlebens*, aus dem hier ebenfalls Passagen zitiert werden, wurde von den Herausgebern ein Manuskript von 1918 ausgewählt, wobei die ersten Entwürfe auf das Jahr 1909 zurückgehen. (St. I 1988/7f)

Unterschiedliche Schauspielweisen nach Stanislawski

In seiner Theorie unterschied Stanislawski drei von ihm selbst definierte Richtungen in der Kunst: das *Handwerkeln* oder auch *Handwerk*, die *Kunst des Vorführens* und die *Kunst des Erlebens*. Ihre jeweiligen wesentlichen Merkmale legte Stanislawski in folgendem Zitat kurz und aufschlußreich dar:

> „Worin besteht das Handwerkeln und wo sind seine Grenzen?
> Während man bei der Kunst des 'Erlebens' bestrebt ist, die Gefühle der Rolle jedesmal und bei jedem Schaffensakt zu empfinden, bemüht man sich bei der Kunst des 'Vorführens' die Rolle zu Hause zu erleben, und zwar nur ein einziges Mal, zunächst um jene Form zu erfassen und dann zu handhaben, die das geistige Wesen jeder Rolle ausdrückt.
> Schauspieler vom Handwerklertypus vergessen das Erleben und trachten danach, immer verwendbare Formen des Gefühlsausdrucks und der szenischen Interpretation für alle Rollen und Richtungen in der Kunst hervorzubringen.

---

[1] Die hier genannte Realisierung von Stanislawskis *Gesammelten Werken* bezieht sich auf die Ausgabe, die 1961 abgeschlossen wurde, und nicht auf die derzeitig erneuerte, noch in Überarbeitung befindliche.

Anders gesagt, in der Kunst des 'Erlebens' wie des 'Vorführens' ist der Prozeß des Erlebens unumgänglich, beim Handwerkeln aber ist er unnötig und kommt nur zufällig vor." (St. II 1988/9)

Diese drei verschiedenen Spielweisen stellten aber auch für Stanislawski in erster Linie theoretische Kategorien dar, die sich in der Praxis, so Stanislawski weiter, oft nicht voneinander unterscheiden ließen:

> „Alle drei erwähnten Richtungen unserer Kunst (Erleben, Vorführen, Handwerkeln) existieren in ihrer reinen Form nur in der Theorie. Die Wirklichkeit hält sich an keine Klassifikationen und vermischt schauspielerische Stilisierung mit lebendig echtem Gefühl, Wahrheit mit Lüge, Kunst mit Handwerkelei usw. Eben deshalb dringen in die Kunst des Erlebens jederzeit Momente des Vorführens und des Handwerkelns ein sowie in das Handwerkeln Momente wirklichen Erlebens oder Vorführens." (Ebd. 49)

Das Spiel eines Schauspieler sei seiner Meinung nach für gewöhnlich von allen drei Richtungen geprägt. Trotz Passagen echten Erlebens verfehle, so Stanislawski, „der Schauspieler plötzlich den richtigen Weg, verfällt in das bloße Vorführen und beginnt auf gewohnte Handwerklerart zu grimassieren usw." (Ebd.) Seiner Theorie zufolge gibt es zwei Richtungen, die den Prozeß des *Erlebens* des Schauspielers implizieren und nur eine, die technisches, lediglich auf die äußere Wirkung gerichtetes Schauspiel darstellt. Die von ihm als *Kunst des Vorführens* bezeichnete Richtung fand wenig Erwähnung in seinen pädagogischen und methodischen Ausführungen. Der konträre Pol zu der von ihm angestrebten *Kunst des Erlebens* stellt vielmehr das *Handwerk* dar, bei dem der Prozeß des *Erlebens*, wie er ihn verstand, ganz wegfällt. Im folgenden werden daher nur diese beiden konträren Richtungen aufgezeigt.

Handwerk

Eng verknüpft sind Stanislawskis theoretische Zusammenfassungen mit dem Begriff *Wahrheit*, der bereits in seiner Bedeutung für ihn aufgezeigt wurde. Ist die *Kunst des Erlebens* mit diesem Begriff verbunden, so ist das *Handwerk* bei ihm mit dem Gegenteil, den Begriffen *Konvention* und *Lüge* verknüpft. Diese Verbindung mag verwundern, da der Begriff Handwerk an und für sich für die Schauspielarbeit, jedenfalls heutzutage, nicht negativ besetzt ist. Unter schauspielerisches Handwerk werden durchaus auch schauspielerische Techniken verstanden. Noch mehr verwundern mag allerdings, daß Stanislawski diesen für ihn negativ besetzten Terminus mit dem Schauspiel des antiken Theaters in Verbindung brachte, oder genauer gesagt, mit der seiner Meinung nach betriebenen Unart, die dort gepflegten Spielweisen auf das moderne Theater anzuwenden. Unter *Konvention* in der Schauspielkunst verstand er betontes Mienen- und Gestenspiel, laute Artikulation und „große Gefühle" bis hin zu „heroischen Ausbrüchen". Der Ursprung dieser Spielweise lag seiner Meinung nach im Theater der Antike, das, im Gegensatz zu dem zeitgenössischen Theater, in den frühen Amphitheatern auf große Bewegungen und auf Lautstärke angewiesen war:

„Als das Theater nicht mehr unter freiem Himmel spielte, sondern unter das Dach intimer Räumlichkeiten umzog, brachten die Schauspieler auch dorthin die ihnen liebgewordenen Konventionen mit. So wurden die antiken Masken durch verstärkte Mimik des Schauspielers, der Kothurn durch ein feierliches Schreiten des Schauspielers abgelöst, die Schalltrichter wurden abgeschafft, aber die laute übermäßig ausdrucksvolle Sprache und das Gestikulieren der Schauspieler blieben." (St. 1953/1316)

Nach Stanislawskis Auffassung waren diese Schauspielweisen für den geschlossenen Saal viel zu stark. Dieser, nach dem Vorbild des antiken Theaters, sich gestenreich und laut artikulierende Schauspieler brachte seiner Meinung nach auf den Bühnen des 19. und 20. Jahrhunderts lediglich übertriebenes *Erleben* zum Ausdruck und erdrückte dabei die Wiedergabe der psychologischen Rollengestaltung, auf die Stanislawski mit seinem Theater des *psychologischen Realismus* besonderen Wert legte:

„Auf der Bühne bürgerte sich der 'volle Ton' ein, wie er im Schauspielerjargon heißt, das bedeutet das übertrieben laute, übertrieben anschauliche und im Tempo forcierte Erleben der Rolle oder, richtiger gesagt, seine konventionelle Wiedergabe. Der 'volle Ton' erdrückte die für die menschliche Psyche so wichtigen Halbtöne des Gefühls und verdrängte sie von der Bühne; er nahm der seelischen Palette des Schauspielers ihre Vielfalt und farbenreiche Ausdrucksfähigkeit.
Wenn man eine solche Vergewaltigung mit der Musik vornehmen wollte, das heißt, wenn man alle Halbtöne des Klanges beseitigen und an ihrer Stelle ein lautes, präzises Dur einführen wollte, wäre die Kunst nicht über Regimentsmärsche hinausgekommen ..." (Ebd. 1326)

Im Zusammenhang mit der von ihm stark kritisierten gängigen schauspielerischen Spielweise am höfischen Theater, dessen „Geziertheit und glatte Schönheit" er ablehnte (Ebd. 1317), gebrauchte er den Begriff der *Lüge*:

„Die Theaterlüge und -konvention ihrerseits, die 'uns erhebende Täuschung', schön gefärbte Gefühle und effektvolle Bühnenhandlungen haben eine besondere Pseudoschönheit des Theaters geschaffen, die der gesunden, natürlichen, nicht gefärbten Schönheit ganz und gar nicht ähnlich ist." (Ebd. 1327)

Stanislawski lehnte in diesem Artikel sowohl den damals wieder bei anderen Theatererneuerern wie beispielsweise Meyerhold wiederentdeckten Stil des Antiken Theaters wie auch das Spiel des Hoftheaters ab. Beide Arten des Schauspiels, die er mit dem Begriff *Konvention* verband, behinderten nach seiner Auffassung den Schauspieler in seiner Kreativität, da „die natürliche Verbindung und der Einklang von Gefühl und Körper" dadurch zerrissen, und der Schauspieler dadurch unweigerlich zum *Handwerk* gebracht würde:

„In der Tat: wenn man nach der Beschaffenheit der menschlichen Natur die Erregungen der Rolle schweigend und unbeweglich durchleben möchte, der Autor aber einen zwingt, in diesem Moment laut und in singenden Tonfall Verse zu deklamieren, vom Publikum malerische Bewegungen fordert - dann kommt die menschliche Natur aus dem Konzept und hört auf, ein für den Menschen normales Leben zu leben. Das echte Gefühl erstirbt, und an seine Stelle tritt das konventionelle mechanische Agieren des Schauspielers oder das handwerksmäßige Spiel." (Ebd.)

So kennzeichnete sich das *Handwerk* für Stanislawski nicht nur durch die auffällig körperbetonte Spielweise, sondern vor allem durch den ihm zugrundeliegenden unnatürlichen Schaffungsakt aus, den er in der Spaltung des Schauspielers zwischen dem Erleben und dem Verkörpern der Rolle sah, ein Zustand, der eine kreative Schauspielarbeit nach seiner Ansicht verhindert. Und in diesem Punkt vertrat er eine ganz andere Meinung als andere Theaterleute, die sich, wie auch Meyerhold, ebenfalls gegen das höfische Theater und die Theaterkonvention wandten, aber dabei keineswegs das antike Schauspiel als schöpferische Spielweise ausschlossen, sondern es im Gegenteil für ihr neues Theater erschlossen.

Kunst des Erlebens/ Definition Puschkin

Mit der *Kunst des Erlebens* grenzte Stanislawski sich von jeglicher konventioneller Schauspielkunst, wie er sie verstand, ab. Ihr stellte er seine radikale Forderung nach der *Wahrhaftigkeit des Erlebens* gegenüber:

> „ ... die raffinierte Konvention der modernen Kunst, die Routine des Schauspielers, ja schließlich das ganze moderne Theater, das auf Lügen und Vorurteilen aufgebaut ist, das alles versinkt vor der Perspektive der unermeßlichen Weite, die sich einer neuen Kunst erschließt, welche auf der natürlichen Wahrhaftigkeit des Erlebens auf der Bühne und auf der unverfälschten Schönheit des Wesens des darstellenden Menschen beruht." (Ebd. 1311)

Als Ziel der *Kunst des Erlebens* erklärte er,

> „... auf der Bühne das lebendige geistige Leben des Menschen zu schaffen und dies Leben in künstlerisch-bühnengemäßer Form wiederzugeben ...." (St. II 1988/36)

Verbunden war diese Zielsetzung mit der von ihm geforderten Schauspieltechnik, die das „geistige Leben des Menschen auf der Bühne" nur durch „wahres, inniges Gefühl und durch echte Leidenschaft des Künstlers" realisiert sah. Die Forderung nach der *Wahrheit der Leidenschaften*, die bereits der russische Dramatiker Puschkin gestellt hatte, die auch in der schriftlichen Niederlegung von Stanislawskis *System* als *Definition Puschkin* enthalten ist, stellte er in den Mittelpunkt seiner Schauspieltheorie. Der Terminus *Definition Puschkin* oder auch *Puschkins Aphorismus* erfolgte aufgrund eines Ausspruches des Schriftstellers Puschkin zur dramatischen Kunst, den Stanislawski für die Theaterarbeit adaptierte. In einem Aufsatz schrieb Puschkin:

> „Die Echtheit der Leidenschaften, die Wahrscheinlichkeit der Empfindungen unter den vorausgesetzten Situationen - das ist es, was unser Verstand vom Dramatiker verlangt." (Erleben 1981/453)

Forderte Puschkin vom Dramatiker die Beschreibung echter Leidenschaften und echter Empfindungen, die die Menschen in bestimmten realen Situationen widerfahren, so forderte Stanislawski vom Schauspieler die Echtheit dessen Verhaltens für die jeweilige Rollenfigur in ihren Situationen. Diese Forderung des *Systems* erweist sich als tautologische Formulierung innerhalb von Stanislawskis schriftlichem Nachlaß, denn sie stellt die Grundforderung seiner Theorie der *Kunst des Erlebens* dar. Insofern erscheint es auch logisch, daß Stanislawski ursprünglich sein Buch zur Schauspielkunst mit seinen Ausführungen zur *Kunst des Erlebens* einleiten wollte. Sie gehört formal und als Terminus zwar nicht in sein *System*, ist dort auch in keinem Schemata berücksichtigt, sie gilt aber substantiell als theoretische Grundlage des Stanislawski-Systems. Statt dessen integrierte Stanislawski die *Definition Puschkin* in die formale Struktur seines *Systems*. Die ausführlichen Darlegungen über die von ihm geforderte Schauspielkunst aber erfolgte unter der Überschrift *Kunst des Erlebens*.

In enger Verbindung mit seiner Forderung nach dem *wahrhaftigen Erleben* stellte er die nach dem schöpferischen bzw. kreativen Schauspieler. Nur durch das *Erleben* oder die „Erinnerung an Erlebtes", so Stanislawski, könne der Schauspieler auf der Bühne schöpferisch tätig werden. An das erlebende Spiel des Schauspielers knüpfte er den Akt des unbewußten Schaffens. In seinen frühen wie in seinen späteren Entwürfen schrieb er ausführliche Passagen über die Arbeit des Schauspielers mit dem *Unbewußten*, so daß auch seine Schauspieltheorie maßgeblich auf seiner Entdeckung des *Unbewußten* für die kreative Schauspielarbeit basiert. Die großen schauspielerischen Talente führten, so Stanislawski, in seiner Kunst

„das Prinzip des natürlichen und unbewußten Erlebens in seiner reinen Form ein. Ungewöhnliche Talente wie Motschalow siegten unbewußt über alle schweren Bedingungen des Bühnenschaffens durch die urwüchsige dynamische Kraft ihres Gefühls, das die Bühne mit einem Strom echter, alles besiegender, natürlicher menschlicher Leidenschaften überflutete und in seinem schöpferischen Drang alle die jahrhundertealten Konventionen des Theater durchbrach." (St. 1953/1322)

Den Ausdruck natürlichen menschlichen Erlebens auf der Bühne zu erreichen, das sollte das Ziel jedes Schauspielers in seinem Theater sein. An diese Forderung knüpfte er mit seinem *System* an. Dabei sind seine Theorie und die von ihm entwickelten Techniken konzeptionell mit der Arbeit mit dem *Unbewußten* des Schauspielers verbunden:

„Allein, es ist nicht leicht, mit dem Bereich (des Unbewußten) zu tun zu haben, der dem Bewußtsein unzugänglich ist. Solche Aufgabe ist nichts für einfache schauspielerische Technik, so vollkommen sie sein mag." (St. II 1988/36)

In diesem Zusammenhang führte er auch die Gesetze der Natur in seine Theorie ein:

„Solche Aufgabe ist nur etwas für die Natur selbst, die allein ein lebendiges Werk unbewußt schaffen kann. Das ist ihr Fach! Und deshalb legt die Kunst des Erlebens ihrer Lehre das Prinzip natürlichen Schaffens nach den normalen Gesetzen zugrunde, die die Natur selbst aufgestellt hat. Die Kunst, ihr Werk ist kein 'Spiel', keine 'Künstelei'. keine 'Virtuosität der Technik', sondern ein schöpferischer Prozeß geistiger und physischer Natur." (Ebd. 36)

Mit dieser Feststellung beschloß Stanislawski diesen Aspekt in seiner schauspieltheoretischen Abhandlung und wies weiterführende Untersuchungen zum schöpferischen Prozeß von sich, um sie den anderen Wissenschaften, der Psychologie und der Physiologie, zu überantworten.
Bezeichnend, in Hinsicht auf Stanislawskis vielseitige Theaterarbeit, sind auch seine Ausführungen in dem bereits zitierten Manuskript von 1918 zu stilisierten Mitteln auf dem Theater, die er innerhalb seiner Kunst des Erlebens direkt als notwendige Gestaltungsmittel berücksichtigte:

„"...es ist unwichtig, ob die Dekoration und ganze Ausstattung formal überhöht, ob sie stilisiert oder real sind; alle Formen äußerlicher Inszenierung auf der Bühne muß man begrüßen, wenn sie gekonnt und am richtigen Platz angewendet werden." (Ebd. 44)

Stanislawski begründete die notwendige Vielfalt in Inszenierungen mit der Kompliziertheit und Vielgestaltigkeit des Lebens. Sowohl *Naturalismus* wie die später verbotenen avantgardistischen Stilrichtungen nannte er ausdrücklich beim Namen. Sie alle waren für ihn, wie er hier bestätigte, in der Kunst notwendig, wobei sie allerdings zwei Zielen untergeordnet sein sollten, nämlich der *schöpferischen Arbeit* des Schauspielers und der Schaffung des *geistigen Lebens des Menschen*:

„Sowohl Realismus wie Impressionismus, Stilkunst wie Futurismus braucht die Kunst auf den ihnen von der Natur zugewiesenen Gebieten. Hauptsache, daß Dekoration und Bühnenausstattung und die eigentliche Inszenierung des Stückes überzeugend sind, ...; wichtig ist, daß sie den Glauben an die Wahrheit der Gefühle festigen und beitragen zum Hauptziel der schöpferischen Arbeit - zum Schaffen geistigen Lebens des Menschen." (Ebd.)

Nicht nur Akzeptanz und Sympathie, sondern auch die Forderung nach avantgardistischen Formen in der Kunst sind, sofern sie den Zielen eines schöpferischen Theaters entsprechen, folglich Teil von Stanislawskis Theorie. Ausschlaggebend als Kriterium seiner Kunst war nicht die Kategorisierung von Stilen, sondern die Bühnenatmosphäre, die eine Atmosphäre der „schönen Wahrheit und nicht der Unwahrheit" sein sollte, die die schöpferische Tätigkeit des Schauspielers· stimulieren und damit inspirierend auf den Zuschauer einwirken sollte. (Ebd.)
In seinen theoretischen Schriften zur *Kunst des Erlebens* beschrieb Stanislawski hauptsächlich seine Ansichten zur Arbeit des Schauspielers, aber er unterstrich auch die besondere Wirkung dieses Theaters auf das Publikum. Über seine Zielsetzungen des *psychologischen Realismus* hinaus beabsichtigte er nicht nur die intellektuelle, sondern gleichermaßen die emotionale Rezeption des Zuschauers. Schauspieler wie Zuschauer sollten im Wechselspiel die Stimmung, die der Autor in seinem Werk vorgab, im Raum schaffen. Es sollte eine Atmosphäre und eine schöpferische Gemeinschaftstätigkeit geschaffen werden, in der auch der Zuschauer das Spiel der Schauspieler beeinflußte. Der Zuschauer sollte dabei ebenso wie die Schauspieler die Emotionen der handelnden Figuren in einem Prozeß des Erlebens erfahren können. (Ebd. 46f)

Das Schema des *Systems*

Stanislawski entwarf mehrere schematische Skizzen bzw. in sich geschlossene Zeichnungen zu seinem *System*. Ein Schema, das in der Sekundärliteratur bislang wenig Beachtung fand, stammt aus dem Jahr 1930 (Abb. 1 u. 2) Dieses Schema entstand in Verbindung mit seinen Vorbereitungen zur Herausgabe seiner geplanten Bände zur Arbeit des Schauspielers, die er zu dieser Zeit inhaltlich festgelegt hatte. Das *Schöpferische* und das *Unbewußte* standen hier im Mittelpunkt seiner Lehre. Für die Darstellung seines *Systems* wurde hier dieses Schema gewählt, weil Stanislawski sich erstens zu diesem Zeitpunkt bereits auf seine jahrzehntelangen Untersuchungen stützen konnte; zweitens gibt es kein Schema von Stanislawski, das vollständig ist, in dem er alle Methoden, wie z. B. die *Handlungsanalyse* oder die *Methode der physischen Handlung* berücksichtigt hatte; ausschlaggebend für die Wahl dieses Schemas ist aber drittens dessen Entstehungsdatum: Stanislawski entwarf es in einem Jahr, als er seine oppositionelle Haltung gegenüber dem Stalinismus noch zum Ausdruck bringen konnte und daher ohne besondere Berücksichtigung der sozialistischen Doktrin. Auf die diesbezüglich notwendigen Korrekturen in seinem geplanten Werk wies ihn, wie bereits gezeigt wurde, L.J. Gurewitsch hin. Ihre Zurechtweisung erfolgte anhand dieses Schemas.

Bevor im folgenden Kapitel die Grundlagen und zentralen Methoden des *Systems* in ihrer substantiellen Bedeutung dargelegt werden, einige kurze Erläuterungen vorab zu diesem Schema und seinen zentralen Termini. Sie können eine Groborientierung über den Aufbau und die Struktur des Stanislawski-Systems geben.

Grundlegend ist die Trennung von der

Arbeit des Schauspielers an sich selbst und der
Arbeit an der Rolle.

Stanislawski traf diese Haupteinteilung seines *Systems* schon um 1909 (St. 1951/554). Dem *System* liegen drei *Bausteine* zugrunde:

1. Aktivität/ Handlung,
2. Puschkins Aphorismus,
3. Das Unbewußte durch das Bewußte.

Erleben und Verkörpern

stellen die beiden *Plattformen* (*Verkörpern* 1981/317) des *Systems* dar. Auf den Prozessen des *Erlebens* und denen des *Verkörperns*, also der Psychophysiologie menschlichen Verhaltens, basiert die schauspielerische Arbeit.

Verstand, Wille und Gefühl

bezeichnete Stanislawski als das *Triumvirat der Antriebskräfte des psychischen Lebens*. Es besagt, daß die inneren und äußeren Elemente von diesem Triumvirat gelenkt werden. (In St. 1975/680) Als *Elemente des Erlebens* nannte er:

Muskelentspannung
Phantasie,
Abschnitte und Aufgaben,
affektives Gedächtnis,
Aufmerksamkeit,
Wechselbeziehung u.a.;

als *Elemente des Verkörperns*:

Gesang,
Fechten,
plastischer Ausdruck,
Gesetze des Sprechens u.a. (In St. 1975/680)

Sie werden hier nicht in ihrer Vollständigkeit aufgezählt, da sie im einzelnen in den hier dargestellten Zusammenhängen nicht alle relevant sind. Stanislawski maß dem

Befinden des Schauspielers

bei der Arbeit große Bedeutung zu. Es differenzierte unterschiedliche Zustände des *Befindens*. Der

Arbeit der Rolle

liegen dieselben *Antriebskräfte* und *Elemente* zugrunde wie der *Arbeit an sich selbst*. Sie zielen dabei auf das

schöpferische Befinden

des Schauspielers, das von Stanislawski grundsätzlich angestrebt wird. Das

Unbewußte

bezeichnete Stanislawski als das „Resümee des Systems" (ebd. 681), es steht daher an der Spitze seines Schemas. Da er die Arbeit mit dem *Unbewußten* des Schauspielers in zahlreichen Methoden integriert hat, wird es nicht in einem eigenen Kapitel, sondern anhand der Schilderungen der verschiedenen Grundlagen und Methoden des *Systems* im folgenden Kapitel erläutert.

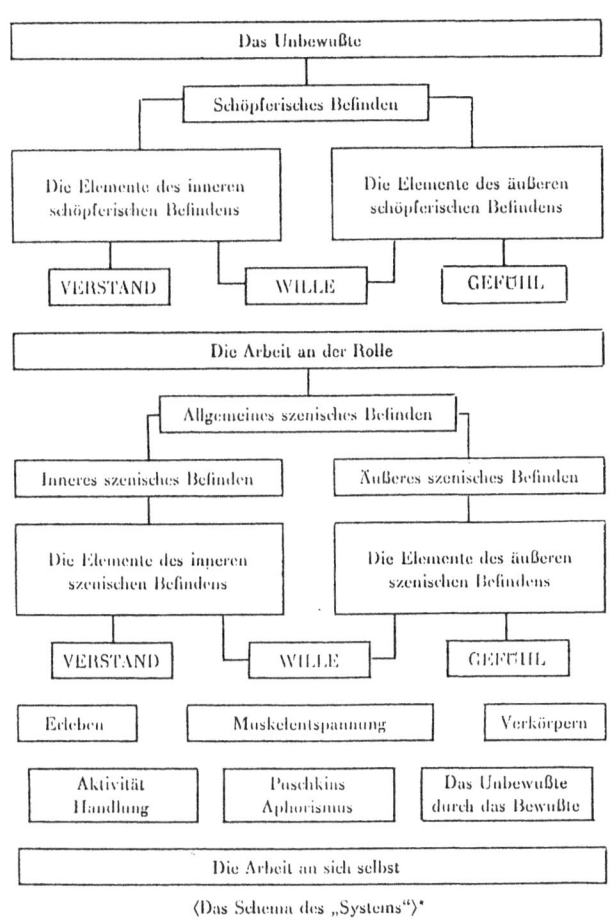

Abbildung 1

Schema des Systems nach Stanislawski von 1930 (dt. Fassung)
(St. 1975/679)

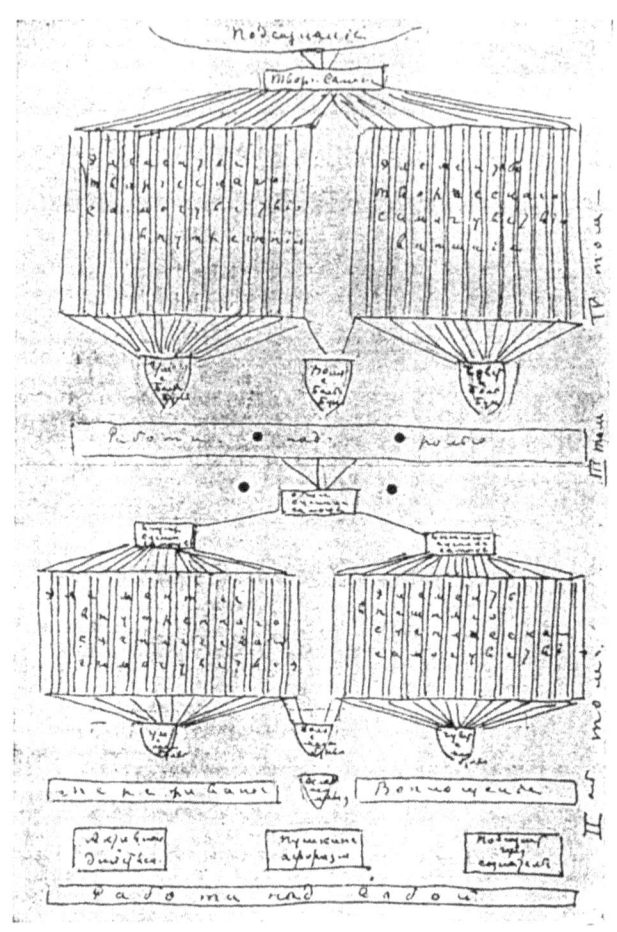

Abbildung 2

Schema des Systems nach Stanislawski von 1930 (russ. Original)
(St. GW 8 1961)

5. Kapitel

Zentrale Grundlagen und Methoden des Systems

Kein Schauspiel ohne Kreativität

Wie anhand des gezeigten Schemas deutlich wird, bilden drei Grundlagen das Fundament des Stanislawski-Systems: 1. die *Aktivität* bzw. *Handlung,* 2. der *Aphorismus Puschkin* und 3. das *Unbewußte durch das Bewußte.* In frühen wie in späten Ausführungen stößt man bei Stanislawski immer wieder auf diese drei Grundlagen, sie gelten für alle Übungen, für jede Probenarbeit. Stanislawski sah in ihnen

> „die drei entscheidenden unverbrüchlichen Grundpfeiler unserer Kunst, von denen Sie in jedem Falle ausgehen müssen." (*Verkörpern* 1981/317)

Der *Aphorismus Puschkin,* auch als die *Definition Puschkin* bezeichnet, wurde bereits im vorangegangen Kapitel erläutert. Er stellt die theoretische Grundlage des Stanislawski-Systems dar. Stanislawski machte seine Ausführungen hierüber unter dem Begriff seiner Schauspielkunsttheorie, der *Kunst des Erlebens.* Die anderen beiden Termini beziehen sich noch unmittelbarer auf die Schauspielpraxis. Sie werden in diesem Kapitel vor allem anhand von Beispielen aus Stanislawskis Unterricht und seiner Probenarbeit sowie unter Hinzuziehung von Querverweisen aus der modernen Psychologie dargelegt. Ausgangspunkt für diese Schauspielpraxis ist aber Stanislawskis erklärtes Ziel in der *Kunst des Erlebens*: das Erleben des Schauspielers, das sich aus dem schöpferischen Arbeitsprozeß ergibt. Das *schöpferische Befinden* des Schauspielers, von seiner Zielsetzung her aufs Engste und direkt mit der *Psychotechnik* verbunden, als Voraussetzung für *kreative Schauspielarbeit* wird daher an den Anfang der folgenden Ausführungen gestellt.

Dieser Einstieg in die Erläuterung wesentlicher Termini in der Methodologie Stanislawskis ist auch deshalb sinnvoll, da Stanislawski mit seinen ersten systematischen Untersuchungen um das Jahr 1906 mit Beobachtungen an dem *schöpferischen Befinden* begann. Diese seine Beobachtungen werden hier auch auszugsweise dargelegt. Die folgenden Ausführungen zeigen auch, wie wenig Stanislawskis *Grundlagen* seines *Systems* mit irgendwelchen ideologischen Sichtweisen verbunden ist. Der komplizierte Vorgang der schöpferischen Tätigkeit, der Kreativität des Schauspielers oder des Menschen überhaupt läßt sich mit Ideologie allein weder erklären noch praktizieren. Stanislawski fand Methoden heraus, die Kreativität des Schauspielers mehr oder weniger 'auf Abruf hervorzulocken', was ein diffiziler Vorgang ist, denn für gewöhnlich läßt sich Kreativität nicht auf 'Knopfdruck' herstellen. Erklären währenddessen konnte er seine als erfolgreich zu bewertenden Ergebnisse in Form der Schaffung seiner Methodologie nicht. Das war aber auch nicht sein Ziel, er war und verstand sich selbst in erster Linie immer als Theaterpraktiker, nicht als Theoretiker. Nichtsdestotrotz kann man Stanislawski auch als Kreativitätsforscher bezeichnen, zumindest für bestimmte Phasen seines Lebens nach 1906: Er untersuchte die Strukturmerkmale des kreativen Schauspielers, um den kreativen Prozeß auf der Bühne wiederholbar zu machen. Er bezeichnete sein Ziel, seiner zeitgenössischen Begriffsbildung entsprechend, als das des *schöpferischen Befindens*. Da sich Kreativität schlechthin weitgehend der wissenschaftlichen Kontrolle entzieht, weil sie sich durch Charakteristika wie Spontanität, Unerwartetes, Anarchisches auszeichnet, untersuchen auch heutige Kreativitätsforscher, orientiert an der *Definition des kreativen Produkts*, lediglich die Bedingungen für Kreativität, u.a. die Strukturmerkmale der kreativen Persönlichkeit, (nach Flossdorf in Grubitzsch/Rexilius 1987/572ff), vergleichsweise also so, wie Stanislawski es tat.

Das *schöpferische Befinden* des Schauspielers

Das Befinden des Schauspielers

Für seine Arbeit mit dem Schauspieler entdeckte und arbeitete Stanislawski mit dem Begriff des *Befindens*.[1] Wie im deutschen Sprachgebrauch gilt auch im russischsprachigen der entsprechende Begriff für *Befinden* dem „Gefühl, das der Mensch nach dem Zustand seiner körperlichen und seelischen Kräfte in einem bestimmten Augenblick hat". (Nach Hoffmeier in *Rolle* 1988/169f) Hier wie dort gebraucht man in der Umgangssprache diesen Begriff, um sich nach dem Gesundheitszustand eines Menschen zu erkundigen. Der Begriff fragt also nach dem Wohlbefinden eines Menschen. Stanislawski fragte den Schauspieler auf der Bühne:

„Wie fühlen Sie sich (bei der Arbeit, auf der Bühne)?" (Ebd.)

Stanislawski erweiterte diesen Begriff um den des *szenischen Befindens* und den des *schöpferischen Befindens* und machte das persönliche Befinden so speziell für die Bühne handhabbar. (Ebd.) Unter dem sogenannten szenischen oder auch *Arbeitsbefinden* verstand er das Vorstadium des *schöpferischen Befindens*:

„Mit dem szenischen Befinden muß an die Rollenarbeit herangegangen werden. Wenn man mit diesem Befinden durch das ganze Stück und die Rolle hindurchgeht (...), werden alle Elemente des Befindens von dem Inhalt der Rolle selbst durchdrungen." (Brief an L.J. Gurewitsch, Moskau, 23./24.12. 1930. St. 1975/681)

So versteht man unter dem *szenischen Befinden* die konzentrierte Arbeitshaltung des Schauspielers, die er mit Hilfe der Anwendung der Methoden des *Systems* erreicht. Mit ihnen wirkte Stanislawski auf die körperliche und die seelische Verfassung des Schauspielers ein; mit ihnen beabsichtigte er die Beeinflussung des psychischen und physischen Befindens des Schauspielers, unter der Zielsetzung seiner ästhetischen wie seiner ethischen Ansichten.

---

[1] In den Übersetzungen vor 1951 wurde das russische Wort für *Befinden* meistens mit *Selbstgefühl* übersetzt.

Das schauspielerische Befinden

Seiner Theorie über das *Handwerk* einerseits und der *Kunst des Erlebens* andererseits entsprechend, fand er einen weiteren Begriff für das Befinden. Bei seinen ersten Beobachtungen stellte er fest, daß manche Schauspieler im Zwiespalt zwischen ihrem eigenen inneren Erleben und der Verkörperung ihrer Rolle standen. Diesen Zustand bezeichnete er als *schauspielerisches Befinden* (bzw. Selbstgefühl):

> „So ist das übliche, gewöhnliche Schauspielerselbstgefühl gerade der Zustand des Menschen auf der Bühne, bei dem er verpflichtet ist, äußerlich zu zeigen, was er im Inneren nicht spürt." (St. 1951/504)

Das *schauspielerische Befinden* hielt er analog zu seinen Ansichten über das *Handwerk* für „schädlich und verlogen". Sein Ziel war, und zwar im alltäglichen Sinne des Wortes Befinden, einen körperlich und seelischen wohltuenden Zustand zu erreichen, der dem angestrebten schöpferischen Prozeß förderlich sein sollte. Diesen Zustand bezeichnete er als *schöpferisches Befinden*. (St. 1987/361) Diesem Befinden schrieb er die organische Übereinstimmung zwischen der *Verkörperung* und dem *Erleben* des Schauspielers zu:

> „... (es) entsteht eine vortrefflich organisierte, schöpferische Leistung, bei der der Schauspieler frei und gelöst mit seinem Körper das ausdrücken kann, was die Seele fühlt." (St. 1951/507)

Den Schauspieler wollte er dazu befähigen, auf der Bühne das darzustellen und äußerlich zu verkörpern, was er im Inneren fühlte. Hier manifestiert sich Stanislawskis Forderung nach der weitgehenden Übereinstimmung bzw. Verschmelzung des Schauspielers mit der fiktiven Rolle des Stückes.

Merkmale des schöpferischen Befindens

Stanislawski ging bei seiner Suche nach Methoden zur Schaffung des *schöpferischen Befindens* von dem Bühnenverhalten der Genies[1] aus. Er beobachtete die großen Talente der Schauspielkunst bei ihrer Arbeit. Bei ihnen konnte er die Einheit von *Erleben* und *Verkörpern*, d.h. *schöpferisches Befinden* im schauspielerischen Prozeß, fast immer beobachten:

> „Ich habe damals begriffen, daß sich bei Genies fast immer wie von selbst das schöpferische Befinden einstellt, und zwar in höchstem Maße ..." (St. 1987/361)

Doch das, was er bei den talentierten Schauspielern sah, ihr *Gefühl für Intuition*, sollte jedem Schauspieler möglich sein, wie Stanislawski meinte:

---

[1] Der Kreativitätsbegriff ist gewissermaßen eine Säkularisierung des alten Geniebegriffs."
Flossdorf nach Brög in Grubitzsch/ Rexilius 1987/575

> „Dennoch sind alle Künstler, ob Genies oder einfache Talente, in dem oder jenen Maße befähigt, auf mysteriösen Pfaden der Intuition das schöpferische Befinden zu erlangen. Doch ist es ihnen nicht gegeben, willkürlich darüber zu verfügen." (Ebd.)

Er fragte sich, wie sich der Schauspieler in diesen Zustand bewußt versetzen könnte,

> „... ob es nicht vielleicht technische Wege gibt, das schöpferische Befinden zu erzeugen." (Ebd.)

Den schöpferischen Zustand des Schauspielers wollte er nicht länger dem Zufall überlassen, und so suchte er nach den Eigenschaften des schöpferischen Schauspielers und nach den Voraussetzungen zur Schaffung von Kreativität:

> „Nicht die Eingebung, sondern einen fruchtbaren Boden für sie würde ich schon willentlich herstellen wollen, jene Atmosphäre, in der die Eingebung sich oft und gern dazu herbeiläßt, unsere Seele aufzusuchen." (Ebd.)

Aufgrund seiner Beobachtungen an sich selbst und an anderen konstatierte er die schöpferische Schauspielerarbeit als

> „totale Konzentration der körperlichen und geistigen Natur des Menschen. Sie erfaßt nicht nur das Sehen und Hören, sondern sämtliche fünf Sinne und außerdem den Körper, das Denken, den Willen, das Gefühl, das Gedächtnis und die Phantasie.
> Das Geistige und Körperliche müssen im kreativen Akt voll und ganz auf die Vorgänge in der Seele der darzustellenden Person gerichtet sein." (Ebd. S. 364)

An seinem schöpferischen Ausdruck war der Schauspieler demnach nach Stanislawskis ersten Erkenntnissen mit seinen sämtlichen physiologischen und psychologischen Attributen unter hoher Konzentration beteiligt. Die ersten Voraussetzungen, die er in seinem *System* als Elemente bezeichnete und die auch in der späten Fassung gültig blieben, fand Stanislawski mit seinen Beobachtungen um das Jahr 1906 heraus. Ihre kurzgefaßte Darlegung vermittelt einen Eindruck von den von Stanislawskis als notwendig erachteten Voraussetzungen zur Schaffung des *schöpferischen Befindens*, das sich für ihn als ein komplizierter Vorgang erwies. Zunächst betrachtete Stanislawski das *körperliche Befinden* des schöpferisch tätigen Schauspielers:

> „Ich spürte bei allen großen Künstlern: ...etwas Verwandtes und ihnen allen Eigenes. Was war das für eine Eigenschaft? ... die Frage schien mir überaus kompliziert zu sein. Zunächst bemerkte ich bei mir und anderen lediglich, daß beim schöpferischen Befinden die körperliche Lockerheit eine große Rolle spielte, völlige Entkrampfung der Muskeln und die Unterordnung des gesamten motorischen Apparates unter den Willen des Schauspielers." (Ebd./363)

Jede Verkrampfung des Schauspielers behindert dessen schöpferische Arbeit. Mit einem entspannten, lockerem Körper dagegen kann der Schauspieler ungehemmt das ausdrücken, was die Seele fühlt und kann die Einheit zwischen *Erleben* und *Verkörpern* herstellen. Aus dieser Erkenntnis heraus leitete Stanislawski das sogenannte Element der *Muskelentspannung* des Schauspielers ab, für die er Übungen entwickelte. Mit Hilfe solcher Übungen kann der Schauspieler sein *körperliches*, aber auch *seelisches Befinden* beeinflussen.

Nachdem er seine Beobachtungen auf das *körperliche Befinden* gerichtet hatte, stellte er fest, daß seine Konzentration auf sein *körperliches Befinden* einen weiteren wohltuenden Effekt hatte. Er fühlte sich auf der Bühne nicht nur aufgrund seines entspannten Körpers wohl, sondern auch aufgrund der durch die Übungen herbeigeführten Konzentration auf sich und das Bühnengeschehen, daß ihn das „furchtbare schwarze Loch des Bühnenportals" vergessen ließ. Den Nutzen dieser Konzentration für das Spiel erkannte er bei sich, aber auch bei anderen Schauspielern. Er beobachtete die Körper- und die Konzentrationshaltung eines berühmten Schauspielers während seines Spiels:

„Ich ...witterte sogleich jenes mir bekannte Befinden: die Lockerung der Muskeln infolge der hohen geistigen Konzentration. Zusammen mit ihm spürte ich, daß seine ganze Aufmerksamkeit diesseits der Rampe war, er war mit den Vorgängen auf der Bühne, nicht aber mit denen im Zuschauerraum beschäftigt." (Ebd. 363f)

Stanislawski hielt die Bedeutung der *Aufmerksamkeit* des Schauspielers fest, die er in differenzierter Weise als ein *Element* in seinem *System* darlegte. Dabei ging es ihm nicht nur um das wohltuende Befinden des Schauspielers, sondern außerdem um den Effekt einer auf den Punkt konzentrierten Aufmerksamkeit, die seiner Meinung nach eine anziehende, spannungsvolle Wirkung auf den Zuschauer ausübt.

Für die *Muskelentspannung* wie für die *Konzentration* führte Stanislawski in seinem Unterricht Beispiele der indischen Mythologie an. Um die von ihm erstrebte Konzentrationsfähigkeit zu erklären, schilderte er beispielsweise ein indisches Märchen, in dem ein Maharadscha einen Minister suchte. Es sollte derjenige Bewerber sein, der "mit einem bis an den Rand mit Milch gefüllten Gefäß auf der Mauer um die Stadt herumgehen konnte, ohne einen Tropfen zu vergießen." (*Erleben* 198/103) Es schaffte nur einer, der trotz aller Ablenkungen durch Rufe, verschiedener Listen wie abgefeuerten Schüssen diese Aufgabe bewältigte. Er konzentrierte sich auf nichts anderes als das Milchglas. Eine solche konzentrierte Aufmerksamkeit auf einen Punkt forderte Stanislawski von seinen Schauspielern. Er bezeichnete sie als den *kleinen Kreis der Aufmerksamkeit*. (Ebd.) Auch für seine bekannte Übung zur *Muskelentspannung* diente indisches Gedankengut als Vorbild:

„Die Inder lehren uns, ..., daß man so liegen muß wie kleine Kinder und Tiere... Wenn man ein Kind oder eine Katze in den Sand legt, ihnen Zeit läßt ganz zur Ruhe zu kommen oder gar einzuschlafen, und sie dann vorsichtig hochhebt, hat man im Sande den Abdruck des ganzen Körpers." (Ebd. 122)

Bei einem erwachsenen Menschen dagegen bleiben im Sand nur der Abdruck vom Kreuz und von den Schulterblättern zurück, da die übrigen Körperteile den Sand infolge der ständigen, chronischen, gewohnheitsmäßigen Muskelverspannung kaum berühren. Die Befreiung des Körpers von den Muskelverspannungen hielt er aber für notwendig, damit sich der Organismus des Menschen wirklich erholen kann, und damit die Voraussetzungen für die schöpferische Arbeit gegeben sind. Um sich ihrer Muskelverspannungen bewußt zu werden, sollten sich die Schauspieler auf den Boden legen und feststellen, welche Muskelgruppen verspannt seien und sie durch aktive Entspannung nacheinander lockern. (Ebd.)

Das dritte *Element*, das Stanislawski zu dieser Zeit um 1906 entdeckte, und dem ebenfalls bis heute eine zentrale Bedeutung in seinem *System* zukommt, ist die *Phantasie*, eng verbunden mit der Frage nach dem *Wenn* oder *Was-wäre-wenn:*

> „Ich begriff, daß das Schöpferische dort einsetzt, wo in der Seele und der Phantasie des Schauspielers jenes magische Was-wäre-wenn auftaucht." (St. 1987/367)

Der Schauspieler muß *Vorstellungskraft* und *Phantasie* entwickeln, um sich in die Situationen der fiktiven Rolle einleben zu können, um mit der Vorstellungswelt der Rolle verschmelzen zu können. Ein Vorgang, der jedem Kind aus seinen Spielen bekannt ist, wie Stanislawski bemerkte:

> „ ... dann erscheint jenes schöpferische Was-wäre-wenn, das heißt eine eingebildete Wahrheit, der ein Schauspieler genauso, wenn nicht sogar mit größerer Bereitschaft, zu glauben versteht wie der realen Wirklichkeit, ebenso wie ein Kind an die Existenz seiner Puppe mit allem, was um sie herum geschieht, glaubt. Seit diesem Augenblick verläßt der Schauspieler die Ebene des Realen und begibt sich auf die Ebene eines anderen, zu erschaffenden, imaginären Lebens. Wenn er es glaubt, kann er schöpferisch tätig werden." (Ebd.)

Im Zusammenhang mit der *Phantasie* und *Vorstellungskraft* definierte Stanislawski auch die Wirksamkeit und Bedeutung des *Gefühls für Wahrheit und Glaube* des Schauspielers auf der Bühne:

> „Die Bühne ist jene Wahrheit, an die der Schauspieler aufrichtig glaubt. Selbst die dickste Lüge muß auf dem Theater Wahrheit werden, um Kunst zu sein. Dazu braucht der Schauspieler stark entwickelte Phantasie, kindliche Naivität und Zutraulichkeit sowie den Sinn fürs Wahre und Glaubwürdige in Leib und Seele. Diese Eigenschaften helfen ihm, die grobe Lüge der Bühne in die lauterste Wahrhaftigkeit seiner Beziehung zum imaginären Leben umzuwandeln. Bezeichnen wir diese Eigenschaften und Fähigkeiten des Schauspielers als Sinn für Wahrhaftigkeit. ..." (Ebd. 367f)

Unwichtig ist in diesem Zusammenhang, ob ein Bühnenwerk realistischen oder phantastischen Inhalts ist. An Realität, alltägliche, gesellschaftliche oder historische, ist sein Begriff von *Wahrheit* hier nicht gebunden. Im Gegenteil, jede auch noch so irreale Fiktion soll auf der Bühne wahr gemacht werden. Stanislawski war davon überzeugt, daß diese Elemente wie *Phantasie, Aufmerksamkeit,* die *Muskelentspannung* oder der *Sinn für Wahrhaftigkeit* erlernbar und trainierbar seien, wenn man hierfür spezielle Übungen entwickelte:

> „Es zeigt sich, daß der Sinn für Wahrhaftigkeit sich ebenso wie die Konzentration und Lockerheit der Muskeln durch Übungen entwickeln läßt." (Ebd. 368)

Die *Elemente des Systems* beschreiben Fähigkeiten oder Eigenschaften, die der Schauspieler aufweisen muß und die durch Übungen erlernt und verbessert werden können. Stanislawski bezeichnete seine *Elemente* auch als *psychotechnische Methoden*. (*Verkörpern* 1981/317) Ein *Element des Systems* ergibt sich aus oder erschließt sich in dem anderen. Bei Übungen mit der *Phantasie* spielt die *Muskelentspannung* ebenso hinein wie die *Aufmerksamkeit* des Schauspielers oder auch die hier, wie viele andere Elemente, nicht beschriebene *Wechselbeziehung zu den Spielpartnern*. Stanislawski bildete ein Konglomerat von Elementen, die wechselwirkend miteinander in Bezug stehen, kaum trennbar voneinander sind, aber doch alle in sich eigenständige Methoden bilden, mit denen gezielt die einzelnen Fähigkeiten des Schauspielers sensibilisiert und ausgebildet werden können. Das einfache *Arbeitsbefinden* und schließlich das *schöpferische Befinden* können und sollen mit diesen psychotechnischen Methoden und Übungen erreicht werden. Den hier genannten Elementen kommt vor allem bei der *Arbeit des Schauspielers an sich selbst* eine wichtige Bedeutung zu, und damit auch bei der Schaffung schauspielerischer Grundlagen in der Ausbildung des Schauspielers. Sie sind aber bei der *Arbeit des Schauspielers an der Rolle* ebenso unverzichtbar. Sie bilden gewissermaßen die Grundlage für die Arbeit mit anderen Methoden des *Systems*, die die Arbeit an der Rolle bestimmen bzw. stehen mit diesen Methoden in einer ständigen Wechselbeziehung. Dies anhand weiterer Praxisbeispiele verdeutlicht werden.

Die Psychotechnik

Eine Technik für das unbewußte Schaffen

„Die unbewußte schöpferische Arbeit der Natur wird durch die bewußte Psychotechnik des Schauspielers angeregt." (*Verkörpern* 1981/317)

Es besteht in Stanislawskis *System* eine enge Verbundenheit der Begriffe *Natur*, *Unbewußtes* und *Schöpfertum*. Diese Begriffe bleiben bei Stanislawski in ihrer Definition jedoch eher undeutlich, da er eigene wissenschaftliche Erklärungsversuche ablehnte, er außer den späteren marxistisch-leninistischen Interpretationsversuchen jedoch keine anderen angeboten bekam. Trotzdem versuchte Stanislawski gezielt, die unbewußten Vorgänge im Leben des Menschen für seine Kunst produktiv zu gebrauchen. Mit der *Psychotechnik* bezog er explizit das unbewußte Potential des Schauspielers in seine Arbeit ein. Er wandte sie ebenso auf die Methoden zur *Arbeit des Schauspielers an sich selbst* wie zur *Arbeit an der Rolle* an.

Der Begriff *Psychotechnik* ist in verschiedener Hinsicht etwas irreführend. Zum Einen stellt er keine einzelne Technik, sondern vielmehr ein Grundprinzip der Schauspielerarbeit nach Stanislawski dar. Dieses Prinzip besteht darin, daß der Schauspieler mit Hilfe bewußt durchgeführter Übungen das natürliche, unbewußte kreative Befinden zu erreichen versucht. Stanislawski stellte notwendige Voraussetzungen und damit Methoden, auch als *Elemente des Systems* bezeichnet, zusammen, mit denen der Schauspieler auf bewußtem Wege schöpferisch tätig werden konnte: beispielsweise das *Wohlbefinden* des Einzelnen, *Konzentration, Entspannung, analytische Arbeit* sowie eine gute *Arbeitsatmosphäre* im Ensemble überhaupt. Die *Psychotechnik*, so Stanislawski, soll das unbewußte Material des Schauspielers organisieren helfen. (Ebd. 276) Die Einbeziehung des unbewußten Potentials des Schauspielers sollte sich konkret und sichtbar in seinem Schauspiel niederschlagen. Im Leben unbewußt gesteuerte Reaktionen wie beispielsweise Tränen, sollten eben nicht 'künstlich', d.h. mit Hilfe von Zwiebelsaft o.ä. herbeigeführt werden, sondern in der Folge natürlich, lebensecht erlebter Emotionen des Schauspielers entstehen. Auch andere Gefühlsregungen sollten nicht 'künstlich', sondern in einem *Prozeß echten Erlebens* erzeugt werden. Der Schauspieler soll sich in dieser Konsequenz selbst als *Kunstobjekt* mit Hilfe der vielfältigen Methoden des *Systems* mit seinen subjektiven, ganz persönlichen psychophysischen Eigenschaften optimal für die Bühne einsetzen können bzw. vom Regisseur eingesetzt werden.

Es ist, was den Begriff angeht, also zudem zu beachten, daß diese Technik nicht auf psychologische Vorgänge und Methoden beschränkt bleibt, sondern, nach dem Vorbild der fernöstlichen Philosophie die Psyche, den Geist und den Körper des Menschen gemeinsam betrachtend, auch physiologische Aspekte einbezieht. So zielt sie mit den meisten Methoden, was für das Theater ja auch entscheidend ist, auf physiologische Ergebnisse, auf physiologische Reaktionen eines Schauspielers ab. Nicht nur insofern, daß der Körper des Schauspielers locker und entspannt sein soll, sondern auch auf erkennbare Gefühlsreaktionen eines Menschen, wie z. B. Tränen oder andere körperliche Ausdrücke psychischer Regungen, auf organisch ausgedrückte Gesten hinzielend. Das Wechselspiel zwischen psychischen und physischen Reaktionen ist wesentlicher Bestandteil der *Psychotechnik*, ihre wesentlichen Wirkungen basieren geradezu auf diesem Wechselspiel, wie in den folgend dargelegten praktischen Beispielen auch zu sehen sein wird. So ist die *Psychotechnik* genaugenommen eine *Psychophysiotechnik*. Sie versucht das unbewußte Verhalten des Schauspielers mit bewußt eingesetzten psychophysiologischen Methoden zu beeinflussen, man kann fast sagen, 'auszutricksen', um schöpferisches erlebtes Schauspiel zu erreichen. Der Schauspieler stellt seine Rolle dann nicht dar, sondern er ist mit seiner Rolle verschmolzen, er *ist* die Rolle. In der Entdeckung dieser Technik für das Theater ist Stanislawskis außerordentlich großer Beitrag für die Schauspielkunst, bis heute aktuell, zu sehen.

Der bedeutende Einfluß der fernöstlichen Mythologie auf die *Psychotechnik* wurde bereits erwähnt. Die Yogi beherrschen Methoden der bewußt herbeigeführten Beeinflussung des menschlichen *Unbewußten*. Die von Stanislawski verwandte *Psychotechnik* ist insofern vergleichbar, in manchen Methoden sogar identisch mit der Technik der Yogi.

Der Begriff *Psychotechnik* währenddessen geht nicht auf Stanislawski zurück. Er wurde schon in den modernen Wissenschaften nach der Jahrhundertwende in den westlichen Ländern gebraucht. So definierte im Jahre 1903 schon William Stern die Begriffe *Psychognostik*, als den für die Menschenkenntnis, und *Psychotechnik*, als den für die Menschenbehandlung, als die zwei Zweige der angewandten Psychologie. Von H. Münsterberg wurde die *Psychotechnik* 1914 als „Wissenschaft von der praktischen Anwendung der Psychologie im Dienste der Kulturaufgaben" definiert. In diesem weiteren Sinne konnte sich dieser Begriff allerdings nicht durchsetzen. Im deutschsprachigen Bereich steht er heute für die industrielle Psychologie der 20er Jahre. Im englischen Sprachgebrauch dagegen wird unter *psychotechnics* noch heute, im Sinne der angewandten Psychologie, die Umsetzung psychologischer Erkenntnisse in Techniken zur praktischen Beeinflussung des menschlichen Verhaltens verstanden. (Nach Geuter in Grubitzsch/Rexilius 1987/869) In diesem Sinne kann auch Stanislawskis *Psychotechnik* verstanden werden, allerdings nur in Hinblick auf die Zielsetzungen seiner *Kunst des Erlebens*, derzufolge sich der Schauspieler gewissermaßen selbst manipulieren soll, um das Leben der darzustellenden Rolle mit bewußt herbeigeführten, letztendlich aber unbewußten Handlungen kreativ gestalten können.

Die Psychotechnik bei der Rollenarbeit

Psychotechnische Methoden werden nicht nur für die Einflußnahme auf das *Befinden* des Schauspielers angewandt, wie z. B. bei Übungen für die *Muskelentspannung*. Auch für die *Erarbeitung von Rollen* ist sie außerordentlich wichtig. Stanislawski beschrieb in seinem ersten Teilband zur *Arbeit an sich selbst* wie der Schauspieler Torzow mit den Schauspielschülern die Erarbeitung einer Rolle probt:

„Die Dymkowa spielte die Etüde1 mit dem 'Findling':
... Während des Spielens strömten ihr die Tränen aus den Augen, und ihre mütterliche Zärtlichkeit machte das Holzscheit, das das Kind ersetzte, zu einem lebendigen Wesen für uns Zuschauer. Wir konnten es uns in dem Tischtuch vorstellen, das die Windeln ersetzte. Als das 'Kind' dem Tod nah war, mußte die Etüde abgebrochen werden, damit es kein Unglück gab - so heftig wurde die Dymkowa durch das Erleben angegriffen." (*Erleben* 1981/322f)

Nach Stanislawskis weiteren Beschreibungen bzw. Torzows Erläuterungen kam bei dieser Etüde ein ganz natürliches *Erleben* der Schauspielerin zum Ausdruck. Sie hatte ihre Gefühle, die so echt und stark waren, nicht bewußt oder künstlich herbeigeführt. Was sie hier zeigte, war zufolge Stanislawski das „wirkliche Leben selbst", folglich ihre eigene Natur, die solche heftigen Gefühle in einem Moment der Inspiration unbewußt schaffte. Bei der Wiederholung dieser Etüde konnte die Schauspielerin ihre zuvor stark empfundene Trauer weder wieder so überzeugend darstellen noch selbst empfinden, und sie brach ihr Spiel ab.

„Was nun?' fragte Torzow. 'In Zukunft wird von Ihnen erwartet werden, daß sie nicht nur bei der ersten, sondern auch bei den folgenden Vorstellungen gut spielen. Sonst

---

[1] Eine Etüde ist ein zu erarbeitender Rollenabschnitt. Sie wird im Unterricht angewandt, aber auch in der Probe, dabei wird improvisiert. Hier spielt die Schauspielerin eine Szene mit einem imaginären Findelkind.

wird das Stück, daß bei der Premiere Erfolg hatte, in den weiteren Vorstellungen durchfallen ..." (Ebd. 323)

Da die Schauspielerin ihre zuvor so stark erlebten Gefühle nicht mehr herbeiführen konnte, wurde ihr vorgeschlagen, es mit Hilfe der *Psychotechnik* zu versuchen. Dabei sollte sie mit einem stabilen „Mittel für die Beeinflussung und Festigung des Gefühls" arbeiten. Als das „leichteste und zugänglichste" bezeichnete Stanislawski „die physische Handlung, die kleine Wahrhaftigkeit, kurze Augenblicke des An-sie-Glaubens." (Ebd. 323f) Nach dieser Methode wurde nun versucht, das beim ersten Vorspiel spontan erlebte Gefühl wieder hervorzurufen. Die Schauspielerin konzentrierte sich nun darauf, die zuvor gespielten *physischen Handlungen* genau zu wiederholen und gleichzeitig an deren Echtheit zu glauben. Schließlich spielte sie überzeugender, jedoch wieder nicht mit der gleichen Intensität wie beim ersten Mal. Sie bekam weitere Arbeitsanweisungen, alle detaillierten *physischen Handlungen*, beispielsweise das Liebkosen des Kindes, nicht zu vergessen und ebensowenig die ganze Fürsorge für das Kind, ihre Handlungen sollten von ihrem Gefühl erfüllt sein:

„Ihre physischen Handlungen waren diesem Objekt angepaßt: mit geschickten sicheren Griffen umwickelten Sie das Stück Holz. Doch die Pflege eines lebendigen Kindes verlangt viele Einzelheiten, die Sie diesmal weggelassen haben. Das erstemal haben Sie zum Beispiel, bevor Sie das vorgestellte Kind zu wickeln begannen, Beinchen und Ärmchen fürsorglich in die richtige Stellung gebracht. Sie haben sie befühlt, liebevoll geküßt, haben zärtlich etwas vor sich hin gemurmelt, mit Tränen in den Augen gelächelt. Das war bewegend. Jetzt aber fehlten diese Details ..." (Ebd. 324)

Die Ungenauigkeiten in ihrem physischen Spiel wurden nochmals korrigiert und bei der Arbeit an diesen letzten Details setzte der Effekt der *Psychotechnik* ein: Die Schauspielerin erinnerte sich schließlich

„bewußt an das, was sie bei der ersten Darstellung unbewußt gemacht hatte. Sie fühlte das Kind, und die Tränen fingen von selbst an zu fließen." (Ebd.)

Der Prozeß des unbewußten schöpferischen Erlebens konnte mit Hilfe bewußt durchgeführter Übungen, den *physischen Handlungen* und dem konzentrierten *Glauben an die Echtheit* dieser Handlungen bei der Arbeit an der Rolle erreicht werden. Die Schauspielerin konnte, mit Hilfe des methodischen Vorgehens ihre anfangs spontan erlebten Gefühle wiederholbar machen. Sie hatte, wie es anfangs nur spontan geschehen war, nun wieder die Verschmelzung ihrer eigenen Persönlichkeit mit der der Rolle erreichen können. Sie wird unter Anwendung dieser, oder ähnlicher psychotechnischer Methoden diese Verschmelzung auch immer wieder erreichen können.

Bereits hier wird deutlich, daß die *Psychotechnik* im deutlichen Zusammenhang mit anderen Elementen oder auch Methoden des *Systems* steht. So wird auch in den folgenden dargestellten Elementen und Methoden des *Systems*, die Stanislawski der *Handlung* zurechnete, immer wieder das psychotechnische Prinzip mitspielen.

Die Handlung

Keine Kreativität ohne Handlung

„Auf der Bühne muß man handeln. Handlung, Aktivität - das ist es, worauf die dramatische Kunst, die Kunst des Schauspielers basiert. Das Wort 'Drama' bedeutet im Altgriechischen 'sich vollziehende Handlung'. Im Lateinischen entspricht ihm ein Wort, dessen Wurzel in unsere Worte 'Aktivität', 'Akt', 'Akteur' übergegangen ist." (Erleben 1981/45f)

Die *Handlung* auf der Bühne stellt wie die *Psychotechnik* ein zentrales Programm in Stanislawskis Schauspielkunst dar. Vielmehr als die *Psychotechnik* ist die *Handlung* aber direkt mit der *Arbeit an der Rolle* und der *Arbeit an der Inszenierung* eines Sackes verbunden. Sie soll in der Regel bei Stanislawski durch die Literatur vorgegeben werden. In jedem Falle soll die *Handlung des Schauspielers* auf der Bühne zielgerichtet, konkret und begründet sein. Nicht auf die Vorführung einer schauspielerischen Technik, auch nicht die der *Kunst des Erlebens* zielt Stanislawskis Theater hin, sondern auf die *Darstellung des Lebens des menschlichen Geistes*. Die von ihm angestrebte hohe Schauspielkunst steht im Dienste der Dramatik, der Literatur. So stehen letztlich auch alle die von ihm entworfenen Übungen und Methoden im Dienste der dramatischen Literatur, man kann auch sagen, daß sie diese erst überhaupt zur vollen Entfaltung bringt.

Vergleichsweise wie bei der *Psychotechnik* stehen auch hinter der *Handlung* eine Vielzahl von Schauspielmethoden, die zwar partiell zu differenzieren sind, aber im Endergebnis alle das kreative Schaffen des Schauspielers bei der Probe fordern und fördern, und zwar unter Einbeziehung der dramatischen Vorlage. Die wichtigsten von ihnen werden im weiteren vorgestellt.

Es wird zu sehen sein, daß die Arbeit mit und an der *Handlung* des Schauspielers die Methoden der *Psychotechnik* involviert. Sie sind beispielsweise Teil der *durchgehenden Handlung*, wenn Stanislawski die Schauspielerin Olga Gsowskaja auffordert, sich mit Hilfe ihrer *Phantasie* verschiedene Situationen der zu erarbeitenden Rolle auszudenken, oder auch, wenn sie ihr persönliches *körperliches Befinden* kontrollieren und gegebenenfalls korrigieren soll. Die psychotechnischen Methoden sind nicht nur mit der Arbeit an der *inneren Handlung* verbunden, sondern auch mit der an der *physischen Handlung*: Hier wie dort arbeitet der Schauspieler mit seiner *Phantasie*, seiner *Vorstellungskraft*, mit seinen *körperlichen Ausdrucksmöglichkeiten*, hier auf die Mimik beschränkt, dort mit gezieltem körperlichen Einsatz. Die Einbeziehung des unbewußten Schaffens, des gestischen Verhaltens, das sich wie von selbst ergibt, kann in der unterschiedlichsten Kombination der Methoden erreicht werden. Auch die *Analyse der Rolle* kann sowohl mit der Arbeit an der *inneren Handlung* als auch mit der an der *äußeren Handlung* verbunden werden, wie an den Beispielen der *Handlungsanalyse*, aber auch der *physischen Handlung* zu sehen sein wird.

Daraus ergibt sich, daß unter *Handlung* bei Stanislawski nicht nur *physisches Handeln* zu verstehen ist, sondern auch *psychisches*. Das betonte er und erweiterte seinen Grundsatz zur Handlung folgendermaßen:

„Auf der Bühne muß man handeln - innerlich und äußerlich." (Ebd. 46)

Er schuf sowohl Methoden, die die *inneren Handlungen* des Schauspielers in den Vordergrund stellen sowie solche, die die *physischen Handlungen* akzentuieren. Entsprechend den Zielsetzungen des *psychologischen Realismus* kam es Stanislawski vor allem auf die Darstellung des Seelenlebens der Menschen an. Die *innere Handlung* postulierte er als Element in seinem *System* und hielt fest, daß trotz äußerlicher Bewegungslosigkeit innere Aktivität stattfinden kann, und daß diese für die Kunst besonders interessant sei:

> „Die Regungslosigkeit eines auf der Bühne sitzenden ist noch kein Maßstab für seine Passivität...
> Man kann regungslos sein und trotzdem wirklich handeln, freilich nicht äußerlich, nicht physisch, sondern innerlich - psychisch... Oft genug resultiert physische Regungslosigkeit aus gesteigerter innerer Aktivität, die in der Kunst so besonders wesentlich und interessant ist." (Ebd.)

Stanislawskis Inszenierungen unter Betonung der *inneren Handlung* waren, als er noch am Anfang seiner Methodenentwicklung stand, mit der weitgehend körperlichen Bewegungslosigkeit der Schauspieler verbunden. Doch bereits 1906 stellte er fest, daß nicht die Bewegungslosigkeit selbst, sondern das Fehlen einer psychologisch begründeten Handlung zum Scheitern einer Aufführung führen können. So formulierte er die Notwendigkeit von Handlungen, die nicht willkürlich, sondern zweckgerichtet und folgerichtig sein sollen:

> „Auf der Bühne darf man nicht 'allgemein' handeln, um des Handelns willen, sondern das Handeln muß begründet, zweckmäßig und produktiv sein." (Ebd. 48)

Die *Handlung* ist also zuvorderst nicht an die physische, sondern vielmehr an die psychische Aktivität von Schauspieler und Regisseur gebunden. Die Bedeutung, die Stanislawski der *Motivation in der Handlung* zumaß, betonte auch die Stanislawski-Schülerin Marija Knebel:

> „Stanislawski sprach dutzende Male darüber, daß es keine Handlung gibt ohne Beweggründe, ...die den Helden einen bestimmten Schritt tun lassen. Das Wesen des Menschen zeigt sich in seinen Beweggründen, und die Reichhaltigkeit der Motive verursacht eine lebendige, reiche Gestaltung der Rolle. Wenn der Darsteller sich die Frage stellt: "Was tue ich hier?", so muß er sich auch die Frage stellen: "Warum tue ich das so?" Nur dann wird es ihm gelingen, in das komplizierte Innenleben des Helden einzudringen und den Gesamtkomplex des "Lebens des menschlichen Geistes" der Rolle zu erfassen."
> (In *Kunst und Literatur* Heft 3 1955/463)

Anhand der folgenden zwei Inszenierungsbeispiele können zwei verschiedene Methoden der Arbeit mit der *inneren Handlung* konturiert werden.

Die Arbeit mit der inneren Handlung

Stanislawski arbeitete im Jahr 1909 an der Inszenierung von Turgenjews Stück EIN MONAT AUF DEM LANDE. Es ging ihm darum, das willkürliche körperliche Handeln auf der Bühne zu vermeiden. So verzichtete er hier anfangs ganz auf äußere Gestaltungsversuche, so daß eine gezielte Auseinandersetzung mit der *inneren Handlung* der Rollen praktiziert werden konnte: die von Turgenjew in ihrer Psychologie sorgfältig gezeichneten Personen und das ganze Stück wurden von den Schauspielern analysiert, Stanislawski stellte eine sogenannte *innere Partitur* der Rollen zusammen. Die *Analyse der Rolle* wurde hier zum Bestandteil, oder Element seiner Lehre. Fragen und Aufgaben zur Klärung der Motivation der Rollen und des Sinngehaltes des Stückes wurden in die Arbeit mit dem Schauspieler methodisch einbezogen.

Bei dieser Inszenierung machte Stanislawski folgendes Experiment und stieß auf eine besondere Arbeitsmethode: Nach seinen Anweisungen blieben die Schauspieler auf der Bühne nahezu bewegungslos:

„Die Schauspieler sollten unbeweglich sitzen, fühlen, sprechen und mit ihren Empfindungen die Zuschauer anstecken. Eine Gartenbank oder ein Sofa, auf dem alle Personen des Stücks saßen, mußte genügen, um vor aller Augen das Innenleben und das psychologisch komplizierte Gewebe Turgenjewscher Spitze bloßzulegen." (St. 1987/396)

Die äußeren Gesten der Schauspieler beschränkten sich auf das Spiel von Augen und Mimik und natürlich auf die Sprache und das Wort. Es ging vorwiegend darum, daß sich die Schauspieler die *innere Handlung der darzustellenden Rollen* vorstellen und *innerlich erleben* sollten, ohne durch unnötige körperliche Bewegungen von diesem Prozeß abgelenkt zu werden. Zur Darstellung der psychischen Prozesse sollten sich die Schauspieler zunächst auf ihr Augenspiel konzentrieren:

„Nicht ohne Grund sagt man, daß die Augen der Spiegel der Seele sind ... 'Die Sprache der Augen' ist die ausdrucksvollste, feinste unmittelbarste, gleichzeitig aber auch die unkonkreteste ... Mit den Augen kann man mehr und stärker sprechen als mit den Worten ..." (GW 4/183f in Fiebach 1975/157f)

Der Körper sollte aber dann zum Einsatz kommen, wenn

„... man ihn nicht mehr zügeln kann und wenn nach den Augen, der Mimik der Körper das tiefere innere Wesen des zu erlebenden Gefühls und der inneren Aufgabe, die von diesem hervorgerufen wird, fühlt." (Ebd.)

So wurde die körperliche Handlung hier grundsätzlich unterdrückt, sondern sollte nur so lange zurückgehalten werden, bis sie wirklich vom Schauspieler zu seiner kreativen Arbeit an der Rolle gebraucht wurde:

„Er möge zu handeln beginnen, wenn in ihm selbst unwillkürlich das instinktive natürliche Bedürfnis entsteht, den Wunsch und das Bestreben seines schöpferischen Willens in einer physischen Handlung und Aufgabe zu erfüllen. Der Körper beginnt sich zu bewegen, zu handeln." (Ebd.)

Stanislawskis Begriff *Handlung* impliziert immer die vom Schauspieler *erlebte Handlung*, nie dagegen ist die rein physische Handlung auf der Bühne gemeint. Jede physische Handlung auf der Bühne ist bei ihm, seiner Theorie entsprechend, gerechtfertigt, sofern sie vom Schauspieler erlebt wird. Bei dem hier gezeigten Beispiel verlief der *Prozeß des Erlebens* beim Schauspieler ausgehend von seiner Auseinandersetzung mit der Psychologie der Rolle zunächst ohne jede äußerliche Darstellung oder Handlung. Sobald dem Schauspieler jedoch aus seinem *inneren Erleben* heraus die *äußerliche Handlung* zum Bedürfnis wurde, durfte und sollte er diesem Impuls nachgehen. So stellte sich hier die *physische Handlung* des Schauspielers als eine Folge seiner Arbeit mit dem vorangegangenen *Prozeß der Analyse* und *des Erlebens* heraus. Ein Beispiel für Stanislawskis Methode, die Rolle *von innen nach außen*, von ihrer Psychologie ausgehend zu ihrer Verkörperung kommend, zu erarbeiten.

Das emotionale (affektive) Gedächtnis

Das folgende Arbeitsbeispiel stammt aus der Inszenierung von Puschkins Stück MOZART UND SALIERI von 1915, in dem Stanislawski den Salieri spielte. Hier arbeitete Stanislawski mit der *Methode des emotionalen Gedächtnisses*, einer Methode, in der der Schauspieler vor allem seine *Vorstellungskraft*, ein *Element seines Systems*, einsetzen muß.

Stanislawski war der Ansicht, daß der Schauspieler nicht nur jenen Lebensabschnitt der zu spielenden Rollenfigur kennen mußte, den der Autor vorgibt. Allein in dieser Beziehung war eine eingehende analytische Auseinandersetzung mit der Psychologie seiner Rolle notwendig. Darüber hinaus sollte sich der Schauspieler aber auch das vorherige Leben dieser Person, einschließlich dessen Kindheit und zwar in allen Einzelheiten erschließen. Der Schauspieler muß wissen, so erläuterte er am Beispiel der Rolle von Salieri,

> „wie und wo Salieris Kindheit verlaufen ist, was er für Eltern, Brüder, Schwestern und Freunde hatte; vor seinem geistigen Auge muß der Schauspieler auch jene Kirche sehen, in der der kleine Salieri zum ersten Male Musik hörte und Tränen der Rührung und Begeisterung vergoß." (St. I 1988/202)

Aber auch alle anderen wichtigen Ereignisse, in diesem Beispiel im Leben Salieris, soll der Schauspieler kennen. Vor allem diejenigen, die als Voraussetzungen für sein späteres Handeln gegen Mozart interpretiert werden können:

> „Der Schauspieler muß wissen und sich daran erinnern können, wie Salieri schon früh müßigen Vergnügungen entsagte, weil er Handfertigkeit zum Sockel seines Könnens erhob, Musik sezierte wie einen Leichnam, die Harmonie an Algebra überprüfte ... usw." (Ebd. 202)

Nicht nur die unmittelbaren Motive einer Rolle interessierten Stanislawski, sondern die viel komplizierteren, nämlich die lange zurückliegenden, unbewußten Motive einer Rolle, die vom Schauspieler ebenfalls analysiert und interpretiert werden sollen. Dabei erschöpfen sich die Aufgaben des Schauspielers nicht mit der noch so sorgfältigen *Analyse einer Rolle*. Die Rolle soll vom Schauspieler nicht nur rational, sondern schöpferisch mit seinen Gefühlen, seiner Vorstellungskraft und seinem Körper geschaffen werden:

> „Gefühl und Körper erahnen die innere und äußere Gestalt der Rolle, während die Vorstellungskraft das gesamte Leben der handelnden Person zeichnet, ..." (Ebd.)

Der Schauspieler sollte dazu nicht nur die *Erinnerungen Salieris* in sich festigen, die er dem Stück entnehmen konnte, sondern auch dessen entsprechende *Gefühle*. Um Gefühle in sich aufkommen zulassen, sollte er aber auch eigene *Erinnerungen aus seiner eigenen Lebensgeschichte* wachrufen; beispielsweise Leute, die er mal gesehen hat, und die seiner Vorstellung von den Eltern Salieris gleichen. Auf diese Weise sollte der Schauspieler seine eigenen Erinnerungen, auch eigenen *erinnerten Gefühle* für die Darstellung seiner Rolle mobilisieren. Der Künstler erlebt und verkörpert in der Rollenfigur seine eigenen persönlichen Erfahrungen, Erinnerungen und Gefühle. Das ist die Quintessenz bei der Arbeit mit dem *emotionalen oder auch affektiven Gedächtnis*.

Wichtig ist bei dieser Methode, daß der Schauspieler improvisiert, d.h. daß er sich bei seinen Übungen und Aufgaben nicht strikt an den Text des Autors hält, sondern sich vor allem auf seine Erinnerungen konzentriert. Stanislawski faßte drei Arbeitsschritte für diese Methode zusammen:

> „1. Das Material muß der Schauspieler seinem Leben und seinem affektiven Gedächtnis entnehmen;
> 2. aus diesem Material muß er analoges Leben aufbauen (den Tag, die Atmosphäre, die Beziehungen);
> 3. hat er das Leben der zu schaffenden Rolle kennengelernt und den Text zurückgehalten, muß er auf ihn zurückkommen." (Ebd. 204)

Erst nach diesen Schritten beginnt der Schauspieler die Rollentexte einzustudieren. Und selbst bei der Aufführung soll, nach Stanislawski, der improvisierende Charakterzug beibehalten werden. Denn das Wichtigste sei,

> „daß der Schauspieler beim Spielen seiner Rolle sich das Wesen oder den Inhalt der Rolle, die bewußten Aufgaben jedes Mal ins Gedächtnis" (ebd.)

ruft und sie verspürt. Das Gefühl und die Gestaltung der Rolle sollen sich dabei unbewußt einstellen. Bei dieser ausgeprochen wirkungsvollen Methode liegt dem schöpferischen Prozeß des Schauspielers ein diffiziler, aber natürlicher psychophysiologischer Vorgang zugrunde, bei dem durch die Arbeit des Schauspielers mit seinem Erinnerungsvermögen unbewußtes seelisches und körperliches Verhalten ausgelöst wird. Auch diese Methode ist demnach als eine psychotechnische Methode zu verstehen, eines ihrer wesentlichen Merkmale ist die Improvisation.

Die Methode der physischen Handlung

Nach Dieter Hoffmeier stellt diese Methode, wie eingangs beschrieben, den *Qualitätssprung* in der Entwicklung von Stanislawskis *System* dar. Trotzdem findet sie in dem Schema von 1930 keine ausdrückliche Erwähnung, das gleiche gilt auch für das späteres Schema von 1935. (Vgl. 6. Kap.) Ebensowenig wird sie in Stanislawskis Schriften zur *Arbeit an sich selbst*, in denen alle Begriffe des *Systems*, gleich ob sie zur Arbeit an sich selbst oder, wie die *durchgehende Handlung*, zur Arbeit an der Rolle zählen, dort in einem eigenen Kapitel dargestellt. In Stanislawskis Schriften zur *Arbeit an der Rolle* wird sie in den ergänzenden Materialien zu dem Stück DER REVISOR unter der Überschrift *Zur Bedeutung der physischen Handlung* aufgezeigt. Diese Überschrift stammt aber nicht von Stanislawski selbst, sondern wurde von den sowjetischen Herausgebern nachträglich gewählt. (St. I 1988/489) Es gibt folglich gar keinen Aufsatz von Stanislawski oder ein Kapitel in seinen Schriften, in denen er ausdrücklich diese Methode beschrieben hatte, wenngleich zweifelsohne sie zu seinen wichtigsten Methoden zählt. Dieser Umstand wird auch daran deutlich, daß Beispiele dieser Methode dagegen in den meisten methodischen Schriften von Stanislawski zu finden sind: In den beiden Bänden zur *Arbeit an sich selbst* vor allem in den Kapiteln *Abschnitte und Aufgaben* und *Gefühl für Wahrhaftigkeit und Glaube* (nach Kristi in *Erleben* 1981/371) oder auch im Kapitel *Das Unbewußte im Befinden des Schauspielers auf der Bühne*, aus dem das Probenbeispiel der Schauspielerin mit dem Findelkind entnommen wurde, darüberhinaus in den Bänden zur *Arbeit an der Rolle* in den Materialien zu DER REVISOR, aber auch zu VERSTAND SCHAFFT LEIDEN und zu OTHELLO. So beschreibt Stanislawski diese Methode zwar nicht in einem eigenen Kapitel, aber integrierte sie nahezu in sein gesamtes methodisches Werk.

Wodurch aber zeichnet sich diese Methode aus, was ist die Quintessenz dieser Methode, die in der Rezeption so große Bedeutung erfahren hat?

Dazu ein kurzer Rückblick auf Stanislawskis Schauspielkunst: Gemäß seiner theoretischen Konzeption steht der *Prozeß des Erlebens* bei der Erarbeitung und der Darstellung einer Rolle im Mittelpunkt seiner Schauspielkunst. Wichtig war ihm, daß durch den *Prozeß des Erlebens* dem Zuschauer die Psychologie einer Rolle deutlich werden würde. Stanislawskis fragte sich, mit welchen Methoden man diesen *Prozeß des Erlebens* beim Schauspieler erreichen könnte und entdeckte die *Psychotechnik* als die Schlüsseltechnik für seine Kunst. Für die Rollenerarbeitung wandte Stanislawski, wie bereits in dem Arbeitsbeispiel, der Etüde mit dem Findelkind, gezeigt wurde, in Verbindung mit der *Psychotechnik* auch die Anwendung *physischer Handlungen* an: Als die Schauspielerin Dymkowa die Emotionen ihrer Rolle nicht mehr intuitiv erleben konnte, schlug Stanislawski ihr als eine Methode unter anderen die der *physischen Handlung* vor. Dabei bezeichnete er diese als die „leichteste und zugänglichste". In dieser Situation bedeutete diese Methode nicht mehr und nicht weniger, als daß die Schauspielerin die körperlichen Bewegungen u.a.

Handlungen ausführte, z.B. das Kind wickeln, es liebkosen, etwas zu ihm sagen. Durch die Ausführung dieser *physischen Handlungen* stellte sich dann bei der Schauspielerin der *Prozeß des Erlebens* bis hin zu ihrer Trauer, die mit unbewußten physischen Reaktionen, ihren Tränen, sichtbar wurde, wie von selbst ein. Der Prozeß des unbewußten Erlebens wurde durch die Ausführung der *physischen Handlungen* stimuliert.

Den *Prozeß des unbewußten Erlebens* mit Hilfe bewußt durchgeführter *physischer Handlungen* auszulösen, ist folglich die Quintessenz dieser Methode. Bereits hier sei darauf hingewiesen, daß es auch andere Definitionen dieser Methode gibt. Sie werden im sechsten Kapitel dargelegt. Aufgrund der dort gemachten Vergleiche scheint mir die hier gegebene Definition dieser Methode als die folgerichtige und für die Theaterpraxis am besten verständliche wie geeignete. Wichtig ist bei der *Methode der physischen Handlung*, wie schon für die *Handlung* überhaupt bemerkt wurde, daß die *physischen Handlungen* nicht willkürlich, sondern, der dramatischen Handlung entsprechend, zweckgerichtet und logisch sein müssen. Hierfür sollte eine logische *Linie von physischen Handlungen* aufgebaut werden. Nicht eine *innere Partitur*, sondern eine *äußere Partitur der Rolle* wurde entwickelt. Stanislawski hielt das Wesen dieser Methode in vielen Beschreibungen verschiedener Probenprozesse fest:

> „Da diese Linie (gemeint ist die Partitur der physischen Handlungen) untrennbar mit einer anderen, der inneren Linie des Gefühls verbunden ist, gelingt es uns mittels der Handlungen, die Emotion zu erregen." (St. II 1988/301)

oder an anderer Stelle:

> „Die richtige Ausführung der physischen Aufgabe wird es Ihnen möglich machen, die entsprechende psychologische Situation zu schaffen. Sie wird die physische Aufgabe in eine psychologische umwandeln." (*Erleben* 1981/143)

Bei der genauen Betrachtung wird hier, in umgekehrter Weise wie der Begriff *Psychotechnik*, der Terminus *physische Handlung* seinem Sinngehalt nicht gerecht. Die sogenannte *physische Handlung* bezieht in ihrer Zielsetzung psychische Elemente konzeptionell wie praktisch ein; physische und psychische Elemente stehen zueinander in unabdingbarer Wechselbeziehung. Die Interdependenz von psychischen und physischen Aspekten in dieser Methode formulierte Stanislawski mehrmals in seinen methodischen Schriften, z.B. in seinen Ausführungen zur *Arbeit an der Rolle* am Beispiel der Inszenierung DER REVISOR:

> „Wahrscheinlich haben Sie jetzt am eigenen Empfinden die Verbindung erkannt, die zwischen der physischen Handlung und der sie auslösenden inneren Ursache, ... besteht." (St. II 1988/301)

Die *physischen Handlungen* sollte der Schauspieler immer wieder wiederholen, nicht nur um diese *Handlungen* selbst zu stärken, sondern auch, um die inneren Antriebe dafür zu festigen. Daß es keine *physische Handlung* ohne

Wollen und Streben und deren innerer Rechtfertigung durch das Gefühl gibt, äußerte er auch in seiner letzten Inszenierungsarbeit, Molières TARTÜFF:

> „... auch soll es auf der Bühne keine physische Handlung ohne Glauben an ihre Echtheit geben ... All dies zeugt von der engen Verbindung der physischen Handlung mit allen inneren Elementen des Selbstgefühls des Schauspielers." (*Rolle* 1981/288)

Daß jede physische Aufgabe eine psychische enthalte und umgekehrt schrieb er auch schon in seinem ersten Teilband zur *Arbeit des Schauspielers an sich selbst* in dem Kapitel *Abschnitte und Aufgaben*, wo er diese Interdependenz auch beispielhaft an Handlungen der Rolle des Salieri aus Puschkins Stück MOZART UND SALIERI erläuterte:

> „Nehmen wir einmal an, Sie müßten den Salieri in Puschkins Einakter 'Mozart und Salieri' spielen. Die Psychologie Salieris, der entschlossen ist, Mozart zu töten, ist sehr kompliziert. Es ist schwer, den Griff nach dem Becher zu tun, Wein einzuschenken, das Gift hineinzuschütten und diesen Becher dem Freund zu reichen, ... Das sind lauter physische Handlungen, und doch, wieviel Psychologie enthalten sie! Oder genauer: Das sind komplizierte psychologische Handlungen, aber wieviel Physisches enthalten sie!" (*Erleben* 1981/143)

Trotz der Interdependenz von psychologischen und physiologischen Prozessen bei der *Methode der physischen Handlung* ist ihre Bezeichnung dennoch zu Schematisierungszwecken sinnvoll. Denn sie impliziert, daß der *schöpferische Prozeß* unter Anwendung dieser Methode *vom Äußeren zum Inneren* (St. II 1988/301), d.h. von der *physischen Handlung* ausgehend zum *Erleben der Gefühle*, erreicht wird, und nicht umgekehrt. Erfolgt der Prozeß umgekehrt. *vom Inneren zum Äußeren*, und bewirkt das *Erleben der Gefühle* des Schauspielers die kreative Verkörperung, können wir von der *Methode des emotionalen Gedächtnisses* sprechen.

Die Handlungsanalyse

Der Begriff *Handlungsanalyse* taucht in der deutschsprachigen Rezeption als Terminus des Stanislawski-Systems nicht auf. Weder ist er in einem der Schemata enthalten noch ist ihm ein eigenes Kapitel gewidmet, oder findet er sonstwie ausdrückliche Erwähnung. Anders in der sowjetischen Literatur und der sowjetischen Theaterpraxis nach Stanislawski: Der Begriff wird in der russisch-finnischen Lexik zum Stanislawski-System erläutert[1]; an der Theaterhochschule *GITIS* in Moskau wird die *Methode der Handlungsanalyse* im Unterricht gelehrt, z.B. bei der bereits erwähnten Regisseurin und Pädagogin Natalia Zwerewa. Aufgrund ihrer substantiellen Bedeutung in der russischsprachigen Literatur und in der russischen Theaterpraxis ist es wichtig, diese Methode hier vorzustellen. Sie hat eine klar umrissene Definition. Überdies kann die Erläuterung dieser Methode maßgeblich zur Klärung der bisherigen

---

[1] Martin Kurten (Hg.): Russ.-finn. Theaterlexik 1987

widersprüchlichen Kommentierung zur *Methode der physischen Handlung* beitragen.

Vor allem die Stanislawski-Schülerin Marija Knebel, die sich speziell um die Verbindung der Arbeiten von Stanislawski und Nemirowitsch-Dantschenko bemühte[1], baute die *Handlungsanalyse* zu einer für sich stehenden Methode aus. In ihrem zweiteiligen Artikel *Die Handlungsanalyse des Stückes und der Rolle*, deutschsprachig veröffentlicht im Jahr 1955, bezog sie sich aber hauptsächlich auf Stanislawskis konzeptionelle Vorstellungen dieser Methode. Marija Knebel bezeichnete diese Methode dort als eine „neue Methode der Probengestaltung", nach der Stanislawski seine Inszenierungsvorbereitungen anders organisierte als in der alten „von ihm selbst eingeführten Ordnung". Nach der alten Probenordnung begann er mit der sogenannten *Arbeit am Tisch*. Diese *Arbeit am Tisch* besteht nach Knebels Beschreibung in der gemeinsamen Lesung der Szenen und Rollen sowie ihrer Analyse:

„Während der Arbeit am Tisch untersuchte der Darsteller nur die psychologische Beschaffenheit der Gestalt, sammelte das 'innere Rüstzeug', ... Erst unter den Bedingungen des Darstellens begann er damit, das physische Leben der Gestalt zu suchen und es auf die Gedanken und Gefühlswelt des Helden abzustimmen." (In *Kunst und Literatur* Heft 3, 1955/456f)

Nach der neuen Methode fällt die *Arbeit am Tisch* in dieser Form weg, bzw. wurde durch die Einbeziehung von Etüden, d.h. von Improvisationen einzelner Szenen, ergänzt. Knebel gibt eine kurze Zusammenfassung dieser Methode:

„Das Wesen dieser Methode besteht kurz gesagt darin, daß das zur Aufführung ausgewählte Stück in der Anfangsperiode der Vorbereitungsarbeit nicht, wie es üblich ist, am Tisch anhand des Textes geprobt, sondern nach einer vorbereitenden Besprechung in der Handlung, durch Etüden mit improvisiertem Text, analysiert wird." (Ebd. 452)

Nach der *Methode der Handlungsanalyse* muß Stanislawski eine kürzere Vorbesprechung genügt haben, um zu den ersten Darstellungsproben auf der Bühne überzugehen. Eine Vorbesprechung oder eine sogenannte *Erkundung durch den Verstand* einschließlich der Lesung des Stückes ging aber auch dieser Methode der Inszenierungsvorbereitung nach Knebels Beschreibung voraus:

„Gewiß, der Darsteller hat bereits nach der ersten Lesung des Stückes eine bestimmte, wenn auch noch nicht klare Vorstellung von der ideellen Struktur des Bühnenwerkes, von der Perspektive der Rolle, er ahnt sie gewissermaßen. Und gerade dieses Vorgefühl muß entwickelt und verfeinert werden - zuerst in der Periode der 'Erkundung durch den Verstand' und dann während der Handlungsanalyse der Rolle." (Ebd. 460)

Die *Handlungsanalyse* zielt, ebenso wie die sogenannte alte *Arbeit an dem Tisch* auf die *Analyse von Stück und Rolle*. Die Analyse erfolgt hier aber, und das ist nach Knebel das besondere Wesensmerkmal dieser Methode, nicht nur durch den Verstand, sondern auch und gerade durch die *Handlung*. Es findet

---

[1] Nach Notizen d. Verf. bei der Werkstatt von Natalia Zwerewa bei ihrer Werkstatt: Die *Methode der Handlungsanalyse* im September 1989

kein *Probenprozeß am Tisch* statt, in der Weise, daß die Rollen und das Stück dort geprobt würden, daß der Text zunächst auswendig gelernt würde. Statt dessen wird in einem frühen Probestadium die Analyse und Gestaltung von Rollen und Stück gleichzeitig in Etüden, in Improvisationen erarbeitet. Formal gesprochen erfolgt der Prozeß der psychischen, physischen und auch geistigen Auseinandersetzung mit Rolle und Stück simultan, und somit ganzheitlich. Stanislawski sah den Zweck dieser Methode nach Knebel darin,

> „... gleich zu Beginn der Arbeit nicht nur das Hirn, sondern den ganzen Organismus, das ganze Wesen des Darstellers einzuschalten und ihm zu helfen, 'sich in der Rolle und die Rolle in sich' schneller zu erfühlen.
> Den improvisierten Text, den der Darsteller in seiner Etüde schafft, verglich Stanislawski mit den unzähligen Entwürfen des Schriftstellers bei der Arbeit an seinem Werk. Der Darsteller verfolgt gleichsam den Schriftsteller auf seinem Wege und sucht das Wesen des von dem Schriftsteller Geschriebenen zu begreifen." (Ebd. 458)

Knebel schrieb, daß diese Methode sich vor allem dadurch auszeichnet,

> "daß sie die trennende Mauer zwischen der Analyse und der Verkörperung, die bei der alten Probenordnung künstlich errichtet wurde, niederreißt," (Ebd. 458)

Allerdings bleiben auch hier zwei unterschiedliche Probenschritte erhalten: Erstens findet ein vorbereitender Prozeß der intellektuell durchgeführten Analyse statt, und erst im nächsten Schritt der *Prozeß der Handlungsanalyse*, bei dem der Darsteller alle Elemente sammelt, die er zur Verkörperung und Gestaltung der Rolle braucht. Im zweiten Schritt liegt die besondere Bedeutung dieser Methode, denn hier steht die körperliche und emotionale Persönlichkeit des Schauspielers mit dem psychophysischen Wesen der Rolle in einem psychophysischen Erarbeitungsprozeß in enger Wechselbeziehung. Die von Stanislawski grundsätzlich geforderte Verschmelzung des Schauspielers mit seiner Rolle kann hier bereits in einem frühen Probestadium eingeleitet und dann nach und nach gefestigt werden. Hier liegt nach Stanislawski die besondere Effizienz dieser Methode:

> „Die Wirksamkeit dieses pädagogischen Verfahrens liegt darin, daß durch die Etüden das Stück tiefer erfaßt wird, als es die rein verstandesmäßige Analyse in der ersten Arbeitsperiode möglich ... macht. Der Darsteller dringt mit Hilfe der Etüde in die besondere Welt des Stückes ein, kann sich beinahe sofort in die Lebensumstände der Gestalt versetzen, sucht praktisch den Weg, mit ihr zu verschmelzen." (Ebd. 459)

So wird der *Prozeß der Analyse* des Stückes und seiner Rollen zwar zunächst auch hier am Tisch begonnen. Der Analyseprozeß wird aber im Verlauf der Etüdenarbeit weiterverfolgt und während der aus der Improvisation entstehenden Rollenerarbeitung vertieft. Diese Verfahrensweise, die Rollen und Stücke vor allem mit Etüden zu erarbeiten, nahm Knebel zum Anlaß, diese Methode auch als die *Methode der Etüden* zu bezeichnen. (Ebd. 457) Außer den Zielsetzungen mit Hilfe der Etüden erstens Stück und Rolle zu analysieren, zweitens den *Prozeß des Verschmelzens von Rolle und Schauspieler* zu erreichen, geht es zufolge Knebel drittens darum, den Schauspieler zu einer kreativen Erarbeitung des Textes zu verhelfen:

> „Diese Etüden dienen gleichsam als Stufen, um den Darsteller zur schöpferischen Aneignung des Textes hinzuführen, ..." (Ebd. 452)

Durch den Probenprozeß, der die Wechselbeziehung von körperlichen und analytischen Elementen verbindet, kann sich, nach Knebel „die schöpferische Natur des Darstellers frei entfalten." Die Methode, die Rolle mit Hilfe von Etüden zu erarbeiten, zwingt den Schauspieler geradezu kreativ zu werden, denn die Etüde ist seine Kreation und nicht die des Regisseurs. Dessen Aufgabe besteht weniger darin, die Rolle zu kreieren als darin, die Probenarbeit vorzubereiten und den Darsteller im Prozeß der Rollenerarbeitung zu begleiten. Nach Knebel verläuft diese Methode im Probenprozeß nicht formal oder mechanisch, sondern organisch und ist daher mit der *Psychotechnik* verbunden:

> „Die Etüdenmethode löst praktisch viele äußerst schwierige Aufgaben der darstellerischen Psychotechnik." (Ebd. 473)

Löst man sich von der durch Stanislawski und Knebel vorgegebenen Terminologie, so kann man schlicht und einfach sagen, daß Stanislawski bei dieser Methode bereits in der Anfangsphase einer Probe mit der Methode der Improvisation arbeitete. Hier, ebenso wie bei der *Methode des emotionalen Gedächtnisses*, basiert die Improvisation aber auf festen Grundregeln.

Die erste besteht darin, daß die Improvisation des Schauspielers mit dem Text keineswegs auf textliche Veränderungen im Inszenierungsergebnis zielt, sondern ganz im Gegenteil auf das „Wort des Dichters als dem Hauptmittel der szenischen Bildhaftigkeit." (Ebd. 452) Eine weitere erkennbare Grundregel besteht darin, daß sich die Schauspieler zwar zu Beginn nicht an die Worte des Autors halten müssen, aber unbedingt an den Sinngehalt seines Stückes. Die Improvisation unterliegt damit ganz und gar den inhaltlichen Vorgaben des Schriftstellers, auch hier sollen keine Veränderungen vom Schauspieler oder Regisseur für das Inszenierungsergebnis geleistet werden:

> „Bei der Handlungsanalyse arbeitet der Darsteller so, daß er 'die Worte' des Autors vorläufig durch seinen eigenen Text ersetzt, die Entwicklung der 'Gedanken' des Autors dabei aber strikt einhält. Das ist unerläßlich, wenn die Etüde von Nutzen sein soll." (Ebd. 459)

Vor diesem Hintergrund ist es nur sinnvoll, daß dem *Prozeß der Handlungsanalyse* ein eingehender analytischer Prozeß, d.h. die eingehende Auseinandersetzung mit dem Stück vorangehen muß. Nur unter dieser Voraussetzung kann der Schauspieler an die kreative Erarbeitung seiner Rolle unter Einbehaltung des Plots herangehen. Kreativität und damit die individuelle Mitgestaltung wird in dieser Probenmethode vom Schauspieler gewünscht und verlangt, allerdings in dem vorgegebenen Handlungsrahmen, der durch den Autor in seinem Stück festgesetzt wurde. Diese Methode der Improvisation zielt darauf ab, den Schauspieler auf die im Stück enthaltenen Gedanken und vor allem die physischen Handlungen hinzuführen. Dabei soll die Rolle durch die Improvisation gemäß Stanislawskis Schauspieltheorie der *Kunst des Erlebens* handelnd erfühlt, schließlich erlebt und intuitiv lebensecht gestaltet werden.

Die durchgehende Handlung

Wie folgende Ausführungen zeigen, verbirgt sich hinter diesem Begriff konkret die Formulierung eines Leitmotivs und die Interpretation von Stück und einzelnen Rollen. So ist diese Methode vor allem mit der Arbeit des Schauspielers an der Rolle verknüpft. Die *durchgehende Handlung* ist dabei der Terminus, der in der Vielfalt der Elemente und Grundlagen des Stanislawski-Systems kohäsiv wirkt:

> „Fehlte die durchgehende Handlung, würden alle Abschnitte und Aufgaben des Stückes, alle vorgeschlagenen Situationen, Wechselbeziehungen, Anpassungen, die Momente der Wahrhaftigkeit und des Glaubens und so weiter voneinander getrennt dahin vegetieren, ...
> Aber wie eine Schnur die Perlen der Kette, vereint die durchgehende Handlung alle Elemente und lenkt sie zur gemeinsamen Überaufgabe hin." (Erleben 1981/298)

Die durchgehende Handlung umfaßt auch die Einbeziehung des unbewußten Potential des Schauspielers, um die maßgebliche Zielsetzung von Stanislawskis Kunst, das *Leben des menschlichen Geistes* darzustellen, erfüllen zu können:

> „Wenn Sie ohne durchgehende Handlung spielen, .. dann beziehen Sie Ihre eigentliche Natur, Ihr Unbewußtes nicht mit in das Schaffen ein, dann gestalten Sie in der Rolle nicht das 'Leben des menschlichen Geistes'. Das ist aber die Grundidee, die Quintessenz unserer Kunstrichtung. Fehlt es, wird auch das 'System' hinfällig." (Ebd. 299)

Die *durchgehende Handlung* ist, wie man Stanislawskis Ausführungen entnehmen kann, gemeinsam mit der *Überaufgabe* die entscheidende Methode, die sein Schauspielsystem komplettiert. Denn ohne die Anwendung dieser Methode würde sein *System* bei der Rollenerarbeitung seinen Sinn verfehlen:

> „Sie gestalten also nicht Ihre Figur auf der Bühne, sondern exerzieren einfach einzelne durch nichts miteinander verbundene Übungen nach den Buchstaben des Systems' durch. ... Sie vergessen, daß alle Übungen, alles, was im 'System' vorkommt, in erster Linie für die durchgehende Handlung und für die Überaufgabe da ist." (Ebd.)

So wird anhand dieser Methode einmal mehr deutlich, daß Stanislawski sein *System* nicht nur als pädagogisches Instrumentarium, sondern auch als eines für die Regiearbeit konzipierte, aus der heraus er es auch entwickelte.

Ein Probenbeispiel

Ein frühes und ausführliches Beispiel zu seiner Arbeit mit der *durchgehenden Handlung* auf der Probe ist in einem Brief von Stanislawski aus dem Jahr 1913 an die Schauspielerin Olga Gsowskaja zu finden. Hier wird die Komplexität des Probenprozesses deutlich, und es wird erkennbar, wie Stanislawski mit Hilfe der von ihm definierten Elemente, d.h. mit Hilfe verschiedener Methoden, den Probenprozeß organisierte und damit nachvollziehbar und systematisch wiederholbar machte. Aufgrund der Signifikanz dieser Methode und seiner Anschaulichkeit in dieser Beschreibung, gebe ich dieses Beispiel sehr ausführlich wieder. Stanislawski probte Molières DER EINGEBILDETE KRANKE. Er hatte mit der Schauspielerin bereits an dem Stück gearbeitet und gab ihr aus Jessentuki schreibend weitere Anweisungen für die individuelle Arbeit an ihrer Rolle. Sie sollte die Toinette spielen.

Zur Erarbeitung ihrer Rolle nannte Stanislawski der Schauspielerin zunächst drei Aspekte, die er bei ihr grundsätzlich berücksichtigen wollte:

„Soweit ich dazu Fähigkeit und Geduld aufbringe, möchte ich mit Ihnen künftig so vorgehen:
a) ich muß mich vor allem um eines kümmern - daß bei der Arbeit Ihr *Befinden* stimmt, d.h. daß sie sich in der Rolle fühlen (*im Morgenkleid*), Ihre Natur, so wie sie ist, und nicht so, wie das Leben und die Schauspielerei sie zugerichtet haben.
b) Ich muß darauf achten, daß die von Ihnen gewählten Aufgaben der Grundidee des Autors und des Regisseurs entsprechen.
c) ... ich muß dasitzen und Ihnen sagen: ich kann's glauben oder nicht."[1]

Die von Stanislawski genannten Schwerpunkte implizieren die bereits dargelegten *Grundlagen seines Systems*: das *körperliche und seelische Befinden der Schauspielerin in ihrer Rolle* soll sich natürlich und unbewußt entwickeln, was sie mit Hilfe psychotechnischer Methoden erreichen kann; die Forderung nach der Verwirklichung der *Grundidee des Stückes* ist Teil der Voraussetzung, auf der Bühne zu handeln, und zwar folgerichtig und zweckgebunden; Die drittens genannte *Wahrhaftigkeit des Spiels*, (er kann's glauben oder nicht) forderte er in der *Definition Puschkin* bzw. in seiner *Kunst des Erlebens*.

Der kreativen Entfaltung der Schauspielerin sollte so weit wie möglich Raum gegeben werden. Sie sollte bei ihrer Rollenerarbeitung keine bloße Empfängerin von Regieanweisungen sein, statt dessen ging es Stanislawski darum, gemeinsam mit ihr die Rollengestaltung in einem kreativen Prozeß zu erarbeiten. Stanislawski als Regisseur hatte auch hier eher die Funktion eines, wie er es formulierte, Geburtshelfers einer Rolle. Der *schöpferische Prozeß* der Schauspielerin stand bei der Rollengestaltung im Vordergrund:

„Im übrigen haben sie volle Freiheit und Selbständigkeit... Helfen Sie mir dabei; denn ich bin sehr ungeduldig und möchte sofort erreichen, was erst in einer Woche wachsen kann. Machen Sie mich darauf aufmerksam, wenn ich anfange, Ihnen mit meinen Forderungen übermäßig zuzusetzen und der schöpferischen Natur Gewalt anzutun."

---
[1] Dieses und die folgenden Zitate stammen aus einem Brief vom 22.6.1913, aus Jessentuki, an O. Gsowskaja. St. 1975/399ff

Nun erst wurde an die konkrete Erarbeitung der Rolle herangegangen[1]:

> „Wie können Sie an die Rolle herangehen? ... Durchgehende Handlung der Rolle: "die Medizin verspotten und in den Augen Argans diskreditieren", natürlich um Angelique zu retten."

Wie bei den anderen beschriebenen Methoden sollte die Schauspielerin auch hier die *Analyse* nicht nur intellektuell, sondern auch emotional und mit eigenem persönlichem *Erleben* durchführen. Stanislawski erläuterte den Unterschied zwischen intellektuellem und erlebensmäßigem Erfassen der durchgehenden Handlung:

> „...versuchen Sie nicht prinzipiell, sondern in der Tat an dieses Ziel zu glauben. Was heißt prinzipiell und in der Tat?
> Prinzipiell heißt: mit dem Verstand, kalt, ohne Begeisterung, um sagen zu können: ja, so ist das, und sich dann zu beruhigen.
> In der Tat heißt: sich in dieser Lage fühlen und daran glauben. Sich sagen: das da ist wirklich passiert."

Um die Rolle erleben zu können, wurde die *Methode des emotionalen Gedächtnisses* hinzugezogen: Die Schauspielerin sollte sich eigene persönliche Erlebnisse in ihrer Phantasie vergegenwärtigen:

> „Was würde ich da nun tun, jetzt in dieser Situation, ...?
> Benutzen Sie jede Gelegenheit, die Ereignisse, die Ihnen in Ihrem jetzigen Leben begegnen im Sinne der durchgehenden Handlung zu erklären - mit Hilfe der Naivität und Phantasie.... So ein Spiel wird Sie daran gewöhnen, an die durchgehende Handlung zu glauben und den Ereignissen und Fakten ihrer Umgebung mit dieser Einstellung entgegenzutreten."

Der mit eigenen persönlichen Erlebnissen verbundene Glauben an die *durchgehende Handlung* des Stückes spiegelte die persönlichen Emotionen der Schauspielerin in ihrer Rolle wieder. Und sobald sie anfing, an die Umstände emotional zu glauben, stellte sich das *Gefühl für Wahrhaftigkeit- und Glauben* gegenüber der Rolle ein, würde sie mit ihrer Imagination auch die weitere Rollengestaltung im Sinne der *durchgehenden Handlung* emotional erfassen. Sinn und Zweck der Festsetzung des Leitmotivs eines Stückes ist also nicht nur die Einsicht des Schauspielers in die geistige Haltung und die Motive seiner Rolle, sondern genauso auch das emotionale Nachvollziehen und wiederum das ganzheitliche Erfassen des Verhaltens der Rollenfigur.

Nachdem die Schauspielerin die *durchgehende Handlung* auch emotional erlebt hat, sollte sie im nächsten Arbeitsschritt ihr ganz persönliches *Körperbefinden* im Spiel beobachten. Hier operierte Stanislawski mit Begriffen wie *Energieanspannung* und *Ruhe*. An solchen Verweisen wird klar, warum Sta-

---

[1] Zur dramatischen Handlung des Stückes: Toinette ist ein Dienstmädchen in dem Hause von Argan, der sich einbildet, krank zu sein, aber nur eben an dieser Einbildung krankhaft leidet. Deswegen soll seine Tochter Angelique einen Mediziner heiraten, obwohl sie einen anderen heiraten möchte. Toinette ist Angelique unter weiteren anderen Verwicklungen im Stück bei der Umstimmung ihres Vater behilflich.

nislawski in seinem Schema von 1930 die *Muskelentspannung* als *Element* besonders kennzeichnete. Denn in seiner Probentätigkeit berücksichtigte er als Teil seines methodischen Vorgehens das persönliche *körperliche Befinden* des Schauspielers. Die Schauspielerin sollte mit viel Ruhe und ohne körperliche Überanspannung an ihrer Rolle arbeiten:

> „... Danach sollten Sie ständig prüfen, ob sie das alles ausführen können, und zwar nicht in jenem leicht gehobenen Zustand (Befinden) einer erhitzten Wallung und Energieanspannung, ..., sondern mit jener Ruhe und Einfachheit, die Sie zu Hause bei den Ihren an den Tag legen, ... In einem solchen Zustand erfüllt man seine Aufgabe weit besser und energischer, aber eben ohne Ausschmückung und Zutat, ohne Druck, ohne Unterstreichung, sondern einfach so, wie es notwendig ist, um die Aufgabe zu erfüllen."

Erst nachdem die Schauspielerin ihren eigenen körperlichen Zustand, ihr *Befinden* kontrolliert und sich bewußt gemacht hat, geht es an einen weiteren Schritt der Rollenerarbeitung, nämlich um die *Charaktereigenschaften* der Rolle:

> „... dann denken Sie daran, daß die hauptsächliche Charaktereigenschaft Toinettes darin besteht, daß sie jedes Ding in fröhlicher Ausgelassenheit anpackt. Alles bereitet Ihr Vergnügen."

Die *Charaktereigenschaften der Rolle* sollte sich die Schauspielerin ebenfalls mit Hilfe ihrer *Phantasie* und dem *Was-wäre-wenn* erarbeiten: Wie würde sie selbst in dieser Situation mit dieser *Charaktereigenschaft* des Vergnüglichen die vorgegebenen Situationen meistern? Stanislawski schlug ihr vor, das zunächst in ihrer Vorstellungskraft durchzuspielen:

> „Jetzt sagen Sie sich: auch ich befinde mich in einem solchem Zustand. Und was wäre, wenn ich mich in diesem Zustand befände und um mich herum geschähe dasselbe, was jetzt um mich an diesem Lago Maggiore geschieht? Wie würde ich mich verhalten?"

Schließlich forderte er die Schauspielerin auf, diese hervorstechenden *Charaktereigenschaften* der Toinette mit der *durchgehenden Handlung* in Verbindung zu setzen:

> „Wenn Sie sich daran gewöhnt haben, dann üben Sie, um diesen Zustand übermütiger Fröhlichkeit bei Toinette (der den Kern der Rolle bildet) mit der durchgehenden Handlung zu verbinden, die bedeutet, Argans medizinischer Manie einen Riegel vorzuschieben."

Deutlich wird an diesem Arbeitsbeispiel, wie einzelne *Elemente des Systems* bei der Erarbeitung der Rolle mit Hilfe der *durchgehenden Handlung* automatisch miteinander verbunden werden bzw. sind: Das *Gefühl für Wahrhaftigkeit und Glaube* ebenso wie die *Muskelentspannung*, das *körperliche Befinden* der Schauspielerin überhaupt, die *Phantasie*, das *emotionale Gedächtnis* und die *Analyse* des Stückes und der *Charaktereigenschaften* werden mit den Motiven der Rolle verbunden. Aus dieser Vernetzung folgt schließlich die Darstellung der Rolle auf der Bühne.

Trotzdem ist dieses Beispiel nicht als repräsentativ für jegliche Arbeit mit der *durchgehenden Handlung* zu verstehen. Denn die einzelnen methodischen Arbeitsschritte werden auf die individuelle Veranlagung, die Schwächen und Stärken der einzelnen Schauspieler abgestimmt. Eingesetzt werden nach Ermessen des Regisseurs die für ihn ganz persönlich und genau in dieser Situation individuell notwendigen Übungen. Erfaßt ein Schauspieler spontan beispielsweise das richtige *Körperbefinden*, so kann er direkt zum nächsten Arbeitsschritt übergehen. Gelingt es ihm nicht, die notwendige *Vorstellungskraft* zu entwickeln, so wird der Regisseur hierfür andere Übungen vorschlagen. Er kann aus dem reichen Fundus des Stanislawski-Systems auswählen.

6. Kapitel

Das Stanislawski-System in der historischen Entwicklung

Die Tücken der ideologischen Nachbearbeitung des *Systems*

Stanislawskis *System*, wie es sich im Jahr 1930 in seinem Schema noch darstellte, konnte spätestens mit der Etablierung des *sozialistischen Realismus* aus ideologischen Gründen so nicht mehr akzeptiert werden. Daß unterschiedliche ideologische Auffassungen in seinem schriftlichen Werk zusammengebracht werden sollten, brachte, wie eingangs beschrieben, einen kaum lösbaren Widerspruch mit sich. Für Stanislawski, aber auch für die Herausgeber seines Werkes. Die Redakteure seiner *Gesammelten Werke* lösten ihn, indem sie mehr oder weniger entschieden zur Propagierung des sozialistischen Realismus beitrugen. Welche Veränderungen waren aber hinsichtlich Stanislawskis schauspielmethodischen Werkes notwendig, um auch hier die Errungenschaften des sozialistischen Staates zu unterstreichen?

Es war erstens notwendig zu zeigen, daß das Stanislawski-System im Sinne des Marxismus-Leninismus revolutionäres Bewußtsein beim Schauspieler sowie beim Zuschauer bewirken konnte; zweitens war darauf hinzuweisen, daß Stanislawski die entscheidenden Erkenntnisse seiner Schauspielmethodik erst unter dem Einfluß der sozialistischen Ideologie, nämlich mit Hilfe der damaligen modernen Erkenntnisse der sowjetischen Physiologie, und nicht mit denen der westlichen Psychologie oder gar der fernöstlichen Mythologie gefunden hatte.

Bevor diese beiden Gesichtspunkte ausführlich betrachtet werden, soll ein Blick auf das Schema des Stanislawski-Systems geworfen werden, das dem Jahr 1935 zuordenbar ist, und zwar im Vergleich zu dem bereits aufgezeigten Schema von 1930. Denn tatsächlich zeigt das spätere Schema seines Systems entscheidende Veränderungen gegenüber dem aus dem Jahre 1930 auf.

Das Schema des Systems von 1935

Die aus dem Jahr 1935 stammende Darstellung des Systems (Abb. 3) ähnelt weniger einem Schema als einem lebendigen organischen Gebilde und paßt von ihrer Form her gut zu Stanislawskis Auffassung von der schauspielerischen Arbeit als einem organischen Prozeß. Dieses Schema wurde in Stanislawskis Band zur *Arbeit des Schauspielers an sich selbst, Verkörpern* unter dem Titel *Das Schema des Systems* aufgenommen. Der ursprüngliche Titel für dieses Kapitel hieß laut Herausgeber *Die Grundlagen des Systems*. Dieser Titel wurde aber nicht beibehalten, da auch hier das vollständige System nicht dargelegt werden konnte. (*Verkörpern* 1981/451) So ist auch hier weder die Methode der physischen Handlung noch die Handlungsanalyse ausdrücklich berücksichtigt. Das viele Methoden des Systems kennzeichnende Verfahren der Improvisation taucht ebenfalls nicht auf.

Für sich betrachtet erscheint der Aufbau dieses Schemas von 1935 auf den ersten Blick in sich geschlossen. Eine eingehende Untersuchung von Schema und Begleittext allerdings zeigt, daß die Ausführungen unvollständig sind, wie noch zu sehen sein wird. Abgesehen von der anders gewählten graphischen Form, unterscheidet es sich gegenüber dem Schema von 1930 vor allem in den Aspekten zur *Arbeit an der Rolle*. Während das *schöpferische Befinden* hier überhaupt nicht mehr erwähnt wird, - obwohl, das sei betont, verschiedene sowjetischen Interpreten das *schöpferische Befinden* als einen nach wie vor gewichtigen Aspekt des *Systems* ansahen - bestimmen die Begriffe *Perspektive der Rolle, durchgehende Handlung* und *Überaufgabe* die Arbeit des Schauspielers. In seinen Erläuterungen zum Schema geht Stanislawski zwar auf den schöpferischen Prozeß ein, er wird allerdings nicht mehr in der Graphik hervorgehoben wie in dem Schema von 1930. Außerdem sind hier die Begriffe das *Unbewußte* und die *Muskelentspannung* weggefallen. Es fand also eine deutliche Veränderung statt, die das *System* seiner mythologischen Philosophie, aber auch westlicher Terminologie entledigte.

Zwar wurden auch die hier verwandten, neuen Begriffe von Stanislawski selbst entwickelt: So hatte er die *Methode der durchgehenden Handlung* bereits um 1913 praktiziert. Auch den Begriff *Überaufgabe* entwickelte er vor 1917, die *Perspektive der Rolle* um 1926. (Nach Hoffmeier in St. II 1988/410 u. 406) Im Gegensatz zu Begriffen wie *Schöpfertum, Unbewußtes* und *Muskelentspannung* konnten die im Jahr 1935 in den Mittelpunkt des Schemas gerückten Termini aber direkt unter Einbeziehung sozialistischer Ideale interpretiert werden. Beispielsweise die *Überaufgabe*: Bei Stanislawski stellte sie das „Zentrum", das „Herz des Stückes", die „Grundidee" eines Werkes dar, um

> „derentwillen der Dichter das Werk geschaffen und der Schauspieler eine Rolle daraus geschaffen hat." (*Erleben* 1981/292)

Zufolge Gortschakow verlangte Stanislawski gegen Ende seines Lebens,

> „daß auch der Standpunkt der sozialistischen Gesellschaft und des Nutzens für sie in der Überaufgabe oder der Idee der Aufführung miterfaßt sein müsse." (Gortschakow 1959 in St. II 1988/411)

Mit dem relativ späten Begriff der *Perspektive der Rolle* sollte der Schauspieler, ebenfalls nach Gortschakow, nicht nur den Widerspruch in sich selbst als Kunstsubjekt und gleichzeitig als -objekt lösen, sondern außerdem

> „überlebte gesellschaftliche Zustände satirisch kühn und scharf aburteilen sowie gleichzeitig den Kampf der positiven Kräfte dagegen (...) verdeutlichen ..." (Ebd. 406)

Ohne auf den Prozeß des subjektiven Erlebens einer Rolle zu verzichten, wurde in den Kommentaren das ideologische Bewußtsein vom Schauspieler in seiner Arbeit verlangt. In Stanislawskis Ausführungen zu dem Schema von 1930 sowie von 1935, in seinen schauspielmethodischen Bänden überhaupt, sind keinerlei ideologischen Forderungen dieser Art zu finden.

Statt dessen ist eine verwirrende, nicht nachvollziehbare Zusammenstellung von den *Elementen des Systems* anhand des Schemas von 1935 festzustellen. Ein Beispiel dazu: In dem genannten Band zur *Arbeit des Schauspielers an sich selbst*, in dem vor allem die *Elemente des Verkörperns* behandelt werden,

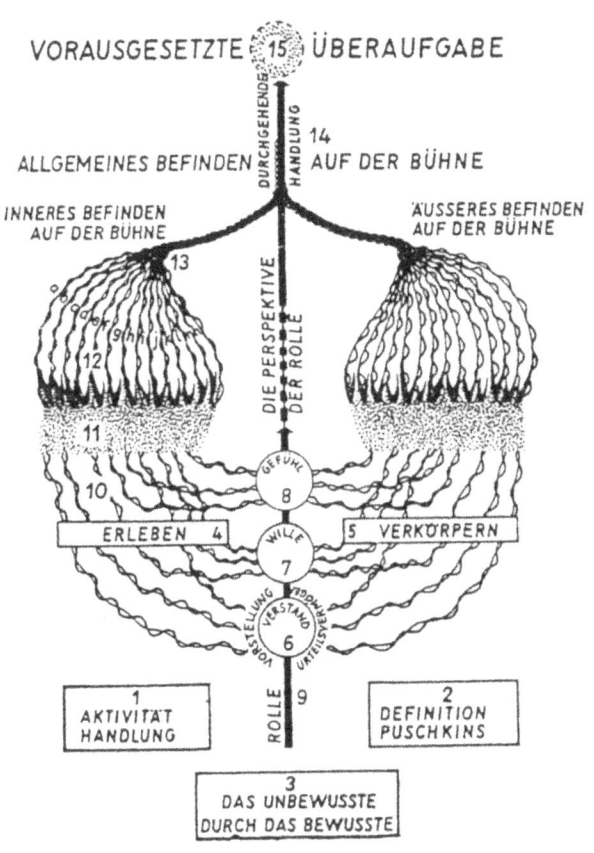

Abbildung 3

Schema des Systems, ca. 1935 nach Stanislawski
(St. *Verkörpern* 1981/316)

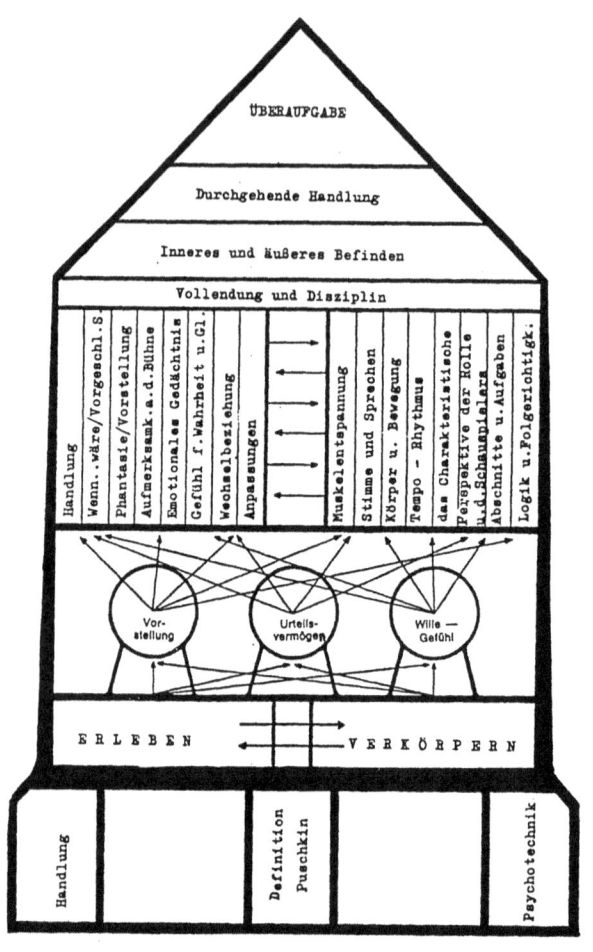

Abbildung 4

Schema des Systems nach Felix Rellstab
(Leicht modifiziert, in Rellstab 1980/11)

werden ausgerechnet diese anhand des Schemas nicht erläutert. *Elemente des Verkörperns* wie z. B. *Gymnastik, Akrobatik, Tanz, Stimme* und *Sprechen* wurden überhaupt nicht berücksichtigt. Statt dessen werden folgende Elemente ansatzweise erläutert: *Logik und Folgerichtigkeit, Charme auf der Bühne, Ethik und Disziplin* und *Selbstbeherrschung und Vollendung (Verkörpern* 1981/317f). Anhand des Schemas zählen diese Elemente zu den *Elementen des Erlebens*. Nimmt man allerdings die konzeptionelle Anordnung der beiden Bände zur *Arbeit an sich selbst* zum Maßstab der Differenzierung von *Elementen des Erlebens* und denen des *Verkörperns*, erweisen diese sich zum Teil als *Elemente des Verkörperns*.

An diesem Beispiel wird auch deutlich, wie schwierig es ist, die *Elemente* des Stanislawski-Systems in psychologische und physiologische aufzuteilen. Die meisten *Elemente* basieren auf psychophysiologischen Interdependenzen. Von einer systematischen Aufgliederung des Stanislawski-Systems in Schriftform kann also kaum gesprochen werden. Das Stanislawski-System ist nicht nur, wie die Herausgeber bemerkten, unvollständig, es ist auch, wie sich zeigt, unsystematisch dargestellt. Wenngleich man zugeben muß, daß es eine äußerst schwierige Aufgabe darstellt, will man Stanislawskis *System* in eine auch nach wissenschaftlichen Gesichtspunkten systematische, widerspruchsfreie Ordnung bringen.

Das System in der Sicht der sowjetischen Interpreten der 50er Jahre

Die enge Korrelation zwischen Theorie und Praxis im *System* Stanislawskis und dessen Einzigartigkeit in der damaligen Bühnenkunst wurde auch von den Interpreten der 50er Jahre hervorgehoben. „Als die führende Theorie" bezeichnete Abalkin das *System* Stanislawskis, das

> „dem Schauspieler und Regisseur den besten Weg (erschließt), an der Rolle und an der Inszenierung zu arbeiten, das ihnen die besten Methoden (bietet), eine lebensvolle Bühnengestalt, eine einprägsame Aufführung zu schaffen." (Abalkin 1951/172)

Prokofjew definierte Stanislawskis *System* als

> „die künstlerische Methode, die es dem Schauspieler ermöglicht, eine lebenswahre Gestalt zu schaffen, das Innenleben des Menschen zu erschließen und es in künstlerisch überzeugender Form zu verkörpern." (Prokofjew 1949/154f)

Diese Methode bezeichnete er als

> „die wissenschaftlich-theoretische Grundlage der neuen realistischen Richtung im Theater, die Stanislawski theoretisch und praktisch in seiner Arbeit zu verankern versuchte." (Ebd. 155)

Nicht nur Stanislawskis ethische Grundsätze in seinem Schauspielsystem, sondern auch seine methodischen Innovationen in der Schauspielerarbeit erhielten hohe Wertschätzung bei den sowjetischen Theaterschaffenden. Und auch diesbezüglich wurde eine direkte Verbindung zum Theater des *sozialistischen Realismus* hergestellt. Abalkin schrieb zwar, daß Stanislawskis Theorie die Kunst in keiner Weise begrenze, und daß sie keinen gemeinsamen Schaffensstil zum Gesetz erhebe, den Realismus erhob er aber schon im nächsten Satz zur Bedingung:

> „Stanislawskis Methode bewährt sich gleichermaßen für Schauspieler mit sehr unterschiedlicher Begabung, für solche, die in ihrer Darstellungsmanier einander durchaus nicht gleichen, wofern sie nur auf dem Boden des Realismus stehen." (Abalkin 1951/172)

Noch schärfer formulierte Prokofjew:

> „Sein 'System' ... ist ein Grundbestandteil der Theaterästhetik des sozialistischen Realismus." (Prokofjew 1949/159)

Die Interpreten führten in ihren Aufsätzen die Aussagen damaliger Schauspieler der UdSSR an, die die Wissenschaftlichkeit von Stanislawskis *System* und dessen Verbundenheit mit dem sozialistischen Staat bekräftigten. Der Schauspieler B. Schtschukin bezeichnete das Stanislawski-System als die Offenbarung der „unumstößlichen wissenschaftlichen Gesetze des Bühnenlebens, ... die der schauspielerischen Meisterschaft zugrunde liegen" (in Abalkin 1951/169). Ein anderer Schauspieler, I. Marjanenko, betonte, daß von Stanislawski gelernt werden könne, „die Wahrheit, die Kunst und das Pathos der sozialistischen Wirklichkeit mit den Mitteln künstlerischer Gestaltung wiederzugeben." (Ebd.)

Trotz der strikten Koppelung des Stanislawski-Systems an den *sozialistischen Realismus* wurde es explizit als schöpferische, individuelle Methode verstanden:

> „Wenn man von dem ungeheuren Einfluß des Systems auf die sowjetische Theaterkunst spricht, so gilt es besonders hervorzuheben, daß jede Sowjetbühne, die die Methode Stanislawskis und des Künstlertheaters gutheißt und sich zu eigen macht, ihre schöpferische Eigenart nicht nur bewahrt, sondern auch weiterentwickelt. ... darum ist in der sowjetischen Bühnenkunst die These durchaus berechtigt: Das System gemeinsam - Theater und Schauspieler verschieden." (Ebd. 173)

Das schauspielerische Schöpfertum, also die Bedeutung der Kreativität, betonte auch Prokofjew. Und in diesem Zusammenhang nannte er erstaunlicher Weise, wie auch Stanislawski, recht unsozialistische Termini, nämlich die Bedeutung der „Gesetze der menschlichen Natur" und das Merkmal des „Organischen" in der Methode:

> „Stanislawskis 'System' gibt keine fertigen Schaffensrezepte. Es lehrt den Schauspieler, wie er, ohne die Gesetze der menschlichen Natur zu vergewaltigen, vielmehr mittels ihrer geschickten Ausnutzung den richtigen Weg zur organischen Entstehung einer Gestalt findet und wie er sich auf der Bühne im Augenblick des Schaffens die günstigsten Bedingungen für sein szenisches Selbstgefühl bereitet." (Prokofjew 1949/156)

Die wissenschaftlichen Erklärungen zu Stanislawskis Methodologie wurden allerdings, und an diesem Punkt wurde sehr dogmatisch verfahren, unter Einbeziehung des *sozialistischen Realismus* gegeben. Begriffe und Zielsetzungen des Stanislawski-Systems wurden den Maximen des Marxismus-Leninismus untergeordnet. Stanislawskis Forderung nach der Darstellung des menschlichen Geistes wurde in den Interpretationen zur Darstellung des „seelischen Reichtums der Innenwelt des Sowjetmenschen" (Abalkin 1951/172). Stanislawskis Forderung nach der intensiven Auseinandersetzung mit der Psyche der darzustellenden Figur wurde zur Forderung der

> „angespanntesten und lebendigsten Aufmerksamkeit für das Innenleben des vom Schauspieler dargestellten Helden, für seine Mentalität, seine Gefühlswelt, was nur erreichbar ist, wenn der Schauspieler sich mit der sozialistischen Wirklichkeit verbunden fühlt." (Ebd.)

Stanislawskis Grundsatz der Kunst des Erlebens, nach der der Schauspieler seine Rolle nicht nur verkörpern, sondern vor allem erleben muß, wurde in den Interpretationen der 50er Jahre bestätigt, aber ebenfalls unter der Hinzuziehung der marxistisch-leninistischen Lehre. Eine Warschauer Kulturzeitschrift von 1951 hielt in einem Artikel über Stanislawskis System fest, daß „Stanislawski vom Schauspieler das tiefe Bewußtsein der zu verkörpernden Rolle forderte."[1] Das Bewußtsein der Schauspieler sollte dabei allerdings an die revolutionären Entwicklungen des Landes orientiert sein. So wurde Stanislawskis Forderung nach dem schöpferischen Erleben des Schauspielers ideologisiert, indem die Interpreten diese Forderung direkt mit dem revolutionären Bewußtsein des Schauspielers verknüpften. Als besonders eindrucksvolles Beispiel der Verwirklichung von schauspielerischer Meisterschaft und Ideologie wurde die Inszenierung von W. Iwanows Stück PANZERZUG 14-69 (1927) am *MCHAT* angesehen. In dieser Aufführung, so Abalkin,

> „wurde das Volk gezeigt, wie es unter dem erhabenen Banner Lenins-Stalins für sein Glück kämpft. Alle Mittel der Bühnenkunst dienten hier einer maximal einprägsamen und lebensechten Verkörperung jener großen sozialen Idee, die dem Stück zugrunde liegt." (Abalkin 1951/171)

In der deutschsprachigen Interpretation verdeutlicht auch Dieter Hoffmeier im Zusammenhang mit dieser Inszenierung die notwendigen Veränderungen im Bewußtsein der Schauspieler:

> „Hierbei ging es nicht um bloßes Verändern schauspielerischer Technik, sondern es mußten im Bewußtsein des Schauspielers überhaupt neue Voraussetzungen zur methodischen Arbeit an der Rolle entwickelt werden: politische Parteilichkeit und sozialistisches Staatsbewußtsein." (*Rolle* 1981/197)

---

[1] „...Stanislavski exigeait de l' acteur la connaissance profonde de la vie du personnage incarné." M. Czarnerle *Das Ziel der hohen Kunst. Immer noch Stanislawski*. In Tyszka 1989/129

Diese politische Erweiterung des Bewußtseins des Schauspielers kann jedoch nicht Stanislawskis Theorie zugerechnet werden, sondern muß als Ergebnis der Weiterentwicklung seiner Lehre durch Nachfolger und Interpreten verstanden werden. Die Versuche, Stanislawski selbst, diese sozialistische Variante seines Systems 'unterzujubeln', tragen oft absurde Züge. So war beispielsweise Stanislawskis Beitrag an der genannten Inszenierung von Iwanows Stück so gering - er leitete nur 11 Proben -, daß sein Name auf den Theaterplakaten auf seinen Wunsch gar nicht mit aufgeführt wurde. (Nach Poljakowa 1981/417) Der Autor des Stückes, W. Iwanow, gleichzeitig Verfasser von parteitreuen Artikeln zur Literatur in der Sowjetunion, betonte in seinem Aufsatz *Das Leninsche Prinzip der Parteilichkeit der Literatur,* die Notwendigkeit des ideologischen Bewußtseins des Schauspielers. Er bekräftigte die Meinung, daß nur

> „der Künstler, der auf dem Boden der materialistischen Ästhetik steht, (...) zu einer wahrhaft tiefen Darstellung des Leben gelangen, und damit die stärkste emotionale Wirkung auf den Menschen ausüben (kann)." (In *Kunst und Literatur* Juli 1956/568)

Daß nicht Stanislawski, sondern andere die Urheber der Forderung nach dem sozialistischen Bewußtsein des Schauspielers waren, geht auch aus einem Zitat des polnischen Stanislawski-Interpreten M. Czarnerle hervor. Er schrieb, daß die Möglichkeit bestehe, Stanislawskis Schriften im Einklang mit Iwanows Behauptungen zu interpretieren:

> „Il est aussi possible de voir la référence à la théorie de Stanislavski dans les affirmation de J(d)wanov[1], sur la nécessité d'une telle connaissance de la vie dans les oeuvres artistiques qui permettrait de recréer la réalité dans son processus revolutionnaire."[2]

Und er bestätigte im weiteren, daß es wichtig sei, Stanislawskis Werke im Kontext des Marxismus-Leninismus zu zeigen, nicht aber, daß Stanislawski selbst diese Forderung aufgestellt hatte:

> „Il est donc nécessaire de chercher les principes de son développement dans le progrès de la pensée scientifique marxiste-léniste, dans les travaux de Lénine et de Staline."[3]

Stanislawskis Theaterarbeit wurde nicht nur in Hinsicht auf ihre Funktion gegenüber dem Publikum, sondern auch in ihren methodischen Zielsetzungen gegenüber dem Schauspieler manipuliert. Begriffe wie das *Schöpferische* und *Organische,* von denen seine Theorie der *Kunst des Erlebens* maßgeblich gekennzeichnet sind, fielen zwar nicht ganz der Zensur zum Opfer, sie wurden

---

[1] Anm. der Verf.: Mit größter Wahrscheinlichkeit handelt es sich hier um einen der vielen Druckfehler in der Dokumentation, und es ist der oben genannte Autor W. Iwanow gemeint, der das revolutionäre Bewußtsein des Schauspielers forderte.
[2] „Es ist auch möglich, einen Bezug von Stanislawskis Schriften zu den Behauptungen von I(d)wanow sehen, über die Notwendigkeit eines solchen Bewußtseins, das dem Leben der künstlerischen Werke erlaubt, die Realität in ihrem revolutionären Entwicklungsprozeß neu zu schaffen." M. Czarnerle in Tyszka 1989/129
[3] „Es ist also notwendig, die Prinzipien seiner Entwicklung im Fortschritt des wissenschaftlichen marxistisch-leninistischen Gedankenguts zu zeigen, in den Werken von Lenin und Stalin." Czarnerle, ebd.

aber statt dessen in einem ideologischen Kontext interpretiert, den Stanislawski selbst innerhalb seines Schauspielsystems nicht hergestellt hatte. Sein Ziel der schauspielerischen schöpferischen Arbeit erfüllte sich in der sowjetischen Interpretation der 50er Jahre nur unter der maßgeblichen Einbeziehung ideologischer Ziele und des ideologischen Bewußtseins des Schauspielers. Andere zentrale Begriffe, wie die *Psychotechnik* oder das *Unbewußte*, wurden weitgehend in den Interpretationen ignoriert.

Mit Stanislawskis Ausführungen zum *Handwerk*, in denen er nicht nur konventionelles höfisches Schauspiel, sondern auch die Ästhetik der modernen Theaterstile seiner Zeit kritisierte, wurde den sowjetischen Kulturinterpreten weiterer Anlaß gegeben, die in den 30er Jahren rückwirkend als formalistisch bezeichnete Kunst auch in Stanislawskis Namen zu diffamieren. Eine Gleichsetzung von dem von ihm kritisierten *Handwerk*, das sich durch seine äußerliche und nicht erlebte Darstellung auszeichnete, mit der formalistischen Kunst konnte die Notwendigkeit der Diskriminierung dieser Kunst unterstreichen. Die, so Iwanow,

„idealistische Ästhetik hindert das richtige Erfassen des Lebens und dient der Rechtfertigung aller erdenklichen dekadenten und antinaturalistischen Strömungen." (In *Kunst und Literatur*, Juli 1956/568)

Mit der ideologischen Interpretation von Stanislawskis ästhetischer Theorie über die verschiedenen Kunstrichtungen, deren Übergänge er selbst als fließend und nicht immer voneinander unterscheidbar erachtete, und mit der ideologischen Interpretation der Zielsetzungen der *Kunst des Erlebens* durch die damaligen sowjetischen Kulturschaffenden unter und nach Stalin, konnte Stanislawskis Werk nicht nur zur Untermauerung des *sozialistischen Realismus* beitragen. Seine Theorie konnte auch zur Rechtfertigung der Unterdrückung von politisch oppositionellen Künstlern mißbraucht werden. Die Unterschlagung von Stanislawskis eigenen avantgardistischen und antinaturalistischen Experimenten und Inszenierungen waren die logische Konsequenz jener Interpretationsstrategie.

Die differenten Definitionen der Methode der physischen Handlung in der Kommentierung

Wie stellt sich die Argumentation der Kommentatoren seines Werkes zum *frühen psychologisch* und *späten physiologisch* orientiert arbeitenden Stanislawski im einzelnen dar?

Kristi schrieb, daß Stanislawski zu der Erkenntnis von der Psychophysiologie im Schaffensprozeß, die sich, wie gezeigt werden konnte, in sämtlichen Methoden niederschlug,

„sowohl durch seine praktische Erfahrung als auch durch den unmittelbaren Einfluß der materialistischen Weltanschauung und der Lehre der sowjetischen Physiologen gelangt war", und daß er erst mit dieser Erkenntnis in seinen letzten Lebensjahren die *Methode der physischen Handlungen* schuf. (In *Erleben* 1981/371) Nach Hoffmeier entwickelte sich die *Methode der physischen Handlung* nach 1926 „zur methodischen Zentralkategorie seiner Lehre von der schauspielerischen Schaffensästhetik":

> „Noch Anfang der zwanziger Jahre benutzte Stanislawski die physischen Handlungen neben den anderen Elementen seines Systems lediglich als ein besonders wirksames Hilfsmittel, um zu einem organischen Mittel auf der Bühne zu gelangen. ... bei der Inzenierung des "Tollen Tags", 1926/27, hält er die physischen Handlungen zwar für "ein neues Probenverfahren", doch nur für schwierige Momente der Rolle". Erst bei "Panzerzug 14-69" erfolgt der Qualitätssprung in der Arbeitsmethodik." (St. II 1988/407f)

Die *Methode der physischen Handlung* wird ganz eindeutig mit Stanislawskis später Schaffensphase, seiner Arbeit nach der Revolution, sogar seiner Arbeit in der Zeit der Etablierung Stalins verknüpft. Dieser Behauptung zum Entstehungsdatum dieser Methode folgt auch eine Argumentation, die vor allem in den anmerkenden Kommentaren in den *Gesammelten Werken* Stanislawskis nachzulesen ist. Die deutschsprachigen Ausgaben übernahmen dabei zum großen Teil die Kommentare der sowjetischen Herausgeber. Die Kommentare zur *Methode der physischen Handlung* sind aber, was den Entstehungszeitpunkt und die Definition angeht, sehr verwickelt und uneindeutig. Das wird anhand folgender Ausführungen deutlich.

In seinem Band *Erleben* bekräftigte Stanislawski während eines Probenbeispiels zu Puschkins MOZART UND SALIERI die Quintessenz der *Methode der physischen Handlung*. Er sprach in diesem Zusammenhang nicht nur ausführlich darüber, wie schwer es wäre, das Psychische vom Physischen zu trennen. Er forderte die Schauspieler hier auch auf, sich bei ihrer Rollenerarbeitung zunächst auf die physischen Aufgaben zu konzentrieren, bevor sie die komplizierteren psychischen anwandten:

> „Die richtige Ausführung der physischen Aufgabe wird es ihnen möglich machen, die entsprechende psychologische Situation zu schaffen. Wir wollen uns darauf einigen, daß wir fürs erste nur an physische Aufgaben gehen. Sie wird die physische Aufgabe in eine psychologische umwandeln. (...)
> Wir wollen uns darauf einigen, daß wir fürs erste nur an physische Aufgaben gehen. Sie sind leichter anzupacken und auszuführen, die Gefahr theatralischer Übertreibung ist dabei geringer. Zu gegebener Zeit werden wir uns auch den psychologischen Aufgaben zuwenden, vorläufig aber rate ich Ihnen, in allen Übungen, Experimenten, Szenenausschnitten und Rollen erst die physischen Aufgaben herauszufinden." (*Erleben* 1981/143)

Kristi wies in seinem Kommentar zu diesem Beispiel darauf hin, daß Stanislawski erst im Laufe der Zeit dazu kam, anstatt einer genauen Analyse der Motivationen einer Rolle, zunächst deren Handlungen sorgfältig zu studieren und schrieb zur historischen Entwicklung dieser Methode:

> „Früher zerfiel die Arbeit a der Rolle in das analytische Stadium am Tisch und in das synthetische Stadium bei der Probenarbeit. In der letzten Zeit seiner Tätigkeit als Päd-

agoge und Regisseur ist Stanislawski dann von dieser scharfen Unterscheidung von Analyse und Synthese abgekommen, weil er die Notwendigkeit erkannte, sofort an das Studium der Handlung zu gehen (ohne dabei die große endgültige Aufgabe aus den Augen zu verlieren)." (Ebd. 378)

Kristi vertrat folglich die Position, daß sich das frühe Schaffen Stanislawskis von seinem späteren darin unterschied, daß dieser bei seiner *frühen* Probenarbeit mit dem analytischen Studium der Rolle begann, also mit der sogenannten *Arbeit am Tisch*, bevor er zum synthetischen Stadium überging, d.h. zur *Probe auf der Bühne*, in der die Bühnenhandlungen praktisch erarbeitet wurden. Erst in der Spätphase seines Schaffens ging Stanislawski, Kristi zufolge, direkt zur gleichermaßen körperlichen, psychischen und gleichzeitig analytischen Bühnenprobe über. Folglich unterschied Kristi die „frühe Entwicklungsstufe Systems, die analytische Periode" von der späteren „synthetischen Periode" (ebd. 366), Jahreszahlen nannte er dabei nicht.

Aus Kristis Ausführungen geht nicht hervor, welche Definition er nun der *Methode der physischen Handlung* zuschrieb. Hier sind ganz neue Begriffe eingeführt, die sich auf die Organisierung des gesamten Probenablaufs beziehen, die *analytische Periode* und die *synthetische Periode*. Aber gerade an diesem Beispiel brachte er seine Erläuterungen zu Stanislawskis Arbeitsweise ein. Und es ist fraglich, ob er die *Methode der physischen Handlung* in dieser schlichten Fassung definierte, nach der die physische Improvisation den Prozeß des Erlebens beim Schauspieler auslöst oder vor allem durch ihre zeitliche Einordnung im Probenprozeß. Das hieße, daß diese Methode erst dann eine solche ist, wenn eine eingehende analysierende Probe am Tisch nicht stattgefunden hat. Letztere Definition ist in abgewandelter Form auch bei Dieter Hoffmeier zu finden. Hoffmeier zufolge lassen sich bei der *Methodik des physischen Handelns* vier verschiedene Grundetappen erkennen. Die erste Etappe umfaßt hierbei

„den schauspielerischen Analyseprozeß. Das ist keine rationale Analyse, sondern ein praktisches Kennenlernen und Annähern an das Stück durch 'handelndes Analysieren' der Fabel. Die Analyse der vorgeschlagenen Situationen durch den Schauspieler erfolgt also gleich durch physisches Handeln auf der Bühne, und zwar Episode für Episode." (In St. II 1988/408)

In der zweiten Etappe arbeitet der Schauspieler, ebenfalls unter Einbeziehung *physischer Handlungen*, am Aufbau der *durchgehenden Handlung*. Die dritte Etappe führt dann, wie Hoffmeier es bezeichnete, „zur höchsten Form physischen Handelns, zum verbalen Handeln mit dem literarischen Text des Stükkes". Die abschließende Etappe umfaßt den Zusammenbau der Gesamtinszenierung. (Ebd.)

Diese von Kristi als synthetische Periode bezeichnete Vorgehensweise sowie auch die Etappen der bei Hoffmeier beschriebenen *Methode der physischen Handlung* entsprechen, mit ihrem Wesensmerkmal des simultan erfolgenden *Handelns und Analysierens* des Schauspielers, der von Knebel geschilderten *Methode der Handlungsanalyse*. Nach Knebel lernt der Darsteller bei der *Handlungsanalyse* bereits bei der ersten Studienprobe die Einzelheiten des physischen Verhaltens in der gegebenen Szene kennen, und kann dadurch das Geschehnis auf der Bühne sofort komplex analysieren, wahrnehmen und gestalten. Sie betonte hinsichtlich der historischen Entwicklung dieser Methode, daß Stanislawski diese Art der Probenarbeit „selbstverständlich" bereits früher angewandt hat, allerdings, und hier argumentiert sie in gleicher Weise wie Kristi, „erst in der Spätperiode der Probenarbeit". (Knebel 1955/468)

Aus den Ausführungen Kristis, Hoffmeiers und Knebels geht eindeutig hervor, daß Stanislawski generell mit *physischen Handlungen* bereits in seiner frühen Schaffensperiode gearbeitet hatte. Es ist ja auch immer wieder die Rede davon, daß er die *physischen Handlungen* als besonders „wirksames Hilfsmittel" in der Probenarbeit schon früher erkannt und mit ihnen gearbeitet hatte. Allerdings bezieht sich diese Aussage bei Hoffmeier lediglich auf den Beginn der 20er Jahre (in St. II 1988/408), und nicht etwa auf die Jahre um 1910. Knebel nannte keine Jahreszahl hinsichtlich Stanislawskis Anwendung von psychophysischen Improvisationen. Aber wenn sie von „früher" spricht, so ist meiner Meinung nach doch Stanislawskis frühe Theaterarbeit vor der Revolution anzunehmen. Meine Untersuchungen über Stanislawskis frühe Methodik sprechen jedenfalls dafür.

In diesem Zusammenhang stellt sich generell auch die Frage, warum man für Stanislawskis erfolgreiche Anwendung von *physischen Handlungen* für den *Prozeß des Erlebens*, eine so komplizierte Definition brauchte, die sich nicht auf ihren wirkungsvollen Effekt beschränkte. Eine Definition der *Methode der physischen Handlung*, die dahingeht, daß Stanislawski die psychophysischen Improvisationen am Beginn der Proben einsetzte, und nicht erst in einer späteren Probenphase, scheint mir weder passend für den Begriff, noch logisch. Dazu kommt, daß diese Art des Probenverfahrens mit dem Begriff *Handlungsanalyse* bereits besetzt ist. Noch unlogischer erscheint in diesem Zusammenhang die Argumentation Kristis, wonach Stanislawski ja seine *Methode der physischen Handlung* mit Hilfe und in Anlehnung an die Erkenntnisse der sowjetischen Physiologen entwickelt hätte. Die diffizilen psychophysiologischen Vorgänge bei der Erarbeitung einer Rolle hatte er ja offensichtlich schon früher erkannt. Und ob er sie nun in einer frühen oder späten Phase des Probenprozesses anwandte, ist in diesem Zusammenhang nicht entscheidend.

Es gibt aber auch noch eine weitere Definition dieser Methode, die ebenfalls vorgestellt werden soll. Ebenso wie das *System* in seiner Gesamtheit oder andere Termini, z.B. die *Überaufgabe*, erfuhr auch die *Methode der physischen Handlung* eine ideologisierte Variante. Hoffmeier zufolge forderte Stanislawski selbst bei der Inszenierung von dem bereits erwähnten Stück Iwanows den organisierten Klassenkampf der Arbeiterklasse und ihrer Verbündeten gegen die imperialistisch-feudale Reaktion. Und hier mußten Menschen gezeigt werden,

„die ... diese Revolution als Schöpfer von Geschichte durchführten, also bewußt und organisiert handelten." (In St. II 1988/408)

Die neue Ideologie verlangte nun vom Schauspieler, wie Stanislawski bekräftigte,

> „stärker zum 'tätigen Menschen' zu werden, beim künstlerischen Gestalten vor allem einsehbare Handlungen aufzubauen und sie zugleich in ihrem objektiven, das heißt auf die notwendige Entwicklung der sozialistischen Gesellschaft bezogenen Wert als Bestandteil eines Entscheidungskampfes herauszustellen." (Ebd.)

Die Entdeckung der *Methode der physischen Handlung* wurde somit an eine Inszenierung geknüpft, die von einem der führenden Sowjetliteraten unter Stalin, W. Iwanow, geschrieben wurde und als „Triumph der sowjetischen Theaterkunst, der Kunst des Sozialistischen Realismus", (nach Poljakowa 1981/417) galt. Diese Verbindung ist jedoch anzuzweifeln, sofern man nicht eine dritte Variante dieser Methode definiert. Gortschakow hatte ausführliche Aufzeichnungen zu den Proben dieses Stückes gemacht und veröffentlicht. Dort wird vor allem die Bedeutung des Klassenkampfes und des sozialistischen revolutionären Bewußtseins aufgrund der literarischen Vorlage, die dieses Thema zum Gegenstand hat, hervorgehoben. Die *Methode der physischen Handlung* wird aber auch hier nicht explizit in einem Kapitel behandelt, weder in der einen noch der anderen Variante. Statt dessen, und das trägt zu einiger Ironie dieser Problematik in der Stanislawski-Rezeption bei, wurden hier die sogenannten Proben mit *Bleistiftbegleitung* herausgestellt, bei denen Stanislawski begann, die Proben mit Bleistiftnotizen festzuhalten. (Gortschakow 1963/520ff) Dieses Verfahren wandte Stanislawski, zufolge Gortschakow, noch in den Generalproben an:

> „Konstantin Sergejewitsch war immer zugegen und teilte am nächsten Tag den Regisseuren und den Schauspielern seine kritischen Bemerkungen mit. Sein bisheriges Verfahren - Proben mit "Bleistiftbegleitung" behielt er bei. Diese Methode erwies sich als erfolgreich."(Ebd. 544)

Darüber hinaus ist festzustellen, daß die Verknüpfung der *Methode der physischen Handlung*, und zwar in der zweiten hier geschilderten Variante, mit der genannten Inszenierung anhand der Notizen Gortschakows nicht möglich ist. Aus dessen Aufzeichnungen geht nämlich hervor, daß Stanislawski, nachdem er mit ihm die Inszenierung des Stückes besprochen hatte, die Probe mit den Schauspielern mit, wie er schrieb, der *Arbeit am Tisch* einleitete. (W. Iwanow in *Kunst und Literatur* 1967/295) Diese Aussage widerspricht Stanislawskis Arbeit mit der von Kristi und Hoffmeier geschilderten Variante der *Methode der physischen Handlung* bzw. der von Knebel dargelegten *Handlungsanalyse*. Wo oder in welcher Form taucht also bei dieser Inszenierung die *Methode der physischen Handlung* auf? Es ergibt sich eine dritte Variante, nämlich die Verbindung der *Methode der physischen Handlung* mit dem *revolutionären Pathos* des Schauspielers. In dieser dritten Variante zeichnet sich diese Methode dadurch aus, daß sie das revolutionäre Bewußtsein sowie die revolutionäre Handlung des Schauspielers in seiner Arbeit impliziert. Sie trägt damit ein Merkmal, daß man Stanislawski gewiß nicht zurechnen kann. Es kommt darüber hinaus noch hinzu, daß Stanislawski sich bei der Inszenierung dieses

Stückes offensichtlich herausgehalten hatte. Das zumindest kann man Poljakowas Beschreibungen entnehmen, denen zufolge Stanislawski an nur insgesamt elf Proben dieser Inszenierung teilnahm, weswegen nicht einmal sein Name auf dem Theaterplakat erschien. (Poljakowa 1981/136)

Einen *Qualitätssprung* in der Methodenentwicklung bei Stanislawski oder gar die Entdeckung der *Methode der physischen Handlung* zum Ende der zwanziger Jahre kann sich nur sehr bedingt erschließen, nämlich nur unter der Voraussetzung, daß diese Methode revolutionäres Bewußtsein des Schauspielers in seine Schauspielkunst einbezieht. Eine kämpferische Haltung seiner Schauspieler und Schauspielerinnen hatte Stanislawski schon von Anfang an gefordert, nicht aber revolutionäres Pathos, dagegen hatte er sich gewehrt.

Die einfache wie auch meines Erachtens nach sinnvollste Bedeutung dieser Methode liegt meinen Untersuchungen zufolge darin, daß, wie auch anhand der verschiedenen Beispiele aufgezeigt wurde, mit dieser Methode innere Erleben durch physische Handlungen ausgelöst werden kann. Genau diese Definition wird auch immer wieder geläufiger Weise unter diesem Begriff verstanden. Das Prinzip ist einfach, die Anwendungsmöglichkeiten sind jedoch vielseitig.

Für die Definition ist außerdem zu beachten, daß unter der *Methode der physischen Handlung* keineswegs rein mechanisch ausgeführte Bewegungen zu verstehen sind, sondern, da der *Prozeß des Erlebens* hier ebenfalls grundlegende Bedeutung hat, ein *Wechselspiel von Psyche und Physis*. Demnach ist diese Methode genau genommen eine psychophysiologische. Und als eine solche wurde sie von Stanislawski auch gesehen. Der Redakteur der *Gesammelten Werke* M. Kedrow berichtet von Stanislawskis letzter, unvollendeter Inszenierungsarbeit an Molières TARTÜFF, 1938:

„Stanislawskis sagte, daß wir den Schauspieler betrügen, wenn wir von 'physischen Handlungen' sprechen. In Wirklichkeit handelt es sich um psychophysische Handlungen, und doch nennen wir sie physische, um überflüssige Philosophie zu vermeiden." (*Rolle* 1981/530)

Abgesehen davon, daß hier ein weiteres Mal deutlich wird, wie sehr auf eine ideologisch anpassungsfähige Begrifflichkeit geachtet wurde, verdeutlicht dieses Zitat ebenso einmal mehr, daß die von ihm gefundenen Schaffensprinzipien in der Schauspielkunst zu Beginn der Entwicklung seines *Systems* wie am Ende seines Lebens, in der *Psychophysiologie der menschlichen Natur*, wie Stanislawski es bereits 1908 ausdrückte, begründet sind. Daß sich währenddessen in den über drei Jahrzehnten, in denen Stanislawski sich mit dem *System* immer wieder intensiv beschäftigte, und es ausarbeitete, Veränderungen, zeitweise Schwerpunktsverschiebungen ergeben haben, bleibt unbestritten. Stanislawski führte immer wieder neue Versuche durch. Aber die Zielsetzungen der *Kunst des Erlebens* blieben die gleichen, und die Grundlagen seiner bis ca. 1915 geschaffenen Methodologie änderten sich nicht so entscheidend, daß man von einem *Qualitätssprung* sprechen müßte.

Stationen des Stanislawski-Systems

Von der Psychophysiologie zur Methode der physischen Handlung und zurück

Anhand von Stanislawskis Arbeits- und Tagebuchnotizen, anhand von Briefen und ersten schriftlichen Entwürfen zu seinem *System* kann verfolgt werden, daß seine Erkenntnis von der Psychophysiologie des Schaffensprozesses, ebenso bei der Grundlegung seiner Lehre wie auch in den Jahren zwischen 1908 und 1914 unverzichtbarer Bestandteil seines Schauspielsystems ist.

Zum zehnjährigen Bestehen des *MCHAT* im Jahr 1908 hielt Stanislawski eine ausführliche Rede über Vergangenheit und zukünftige Pläne seiner Arbeit. Dort betonte er, daß die weitere Arbeit gleichermaßen unter der Berücksichtigung psychologischer wie physiologischer Schaffensprinzipien fortzuführen sei:

> „Wir sind auf neue Prinzipien gestoßen, mit denen es vielleicht gelingen wird, ein geordnetes System auszuarbeiten...
> Der zehnte Jahrestag muß den Beginn einer neuen Periode kennzeichnen, deren Resultat sich in der Zukunft zeigen muß. Diese Periode wird einem Schaffen gewidmet sein, das auf den einfachen Anfängen der Psychologie und der Physiologie der menschlichen Natur aufbaut." (In Poljakowa 1981/303)

In einem Brief an die Schauspielerin Kotljarewskaja hob er ebenfalls die Arbeit des Schauspielers unter psychophysiologischen Gesichtspunkten hervor:

> „... es ist gelungen, den neuen Prinzipien auf die Spur zu kommen. Diese Prinzipien können die Psychologie des schauspielerischen Schaffens auf den Kopf stellen. Am meisten beschäftigen mich der Rhythmus des Gefühls, die Entwicklung des affektiven Gedächtnisses, die Psychophysiologie des Schaffens." (Brief vom 5.5.1908, Petersburg. St. 1975/249f)

Auch dem Dramatiker Alexander Blok schrieb er etwas über seine schauspielerischen Experimente, als er ein Stück von ihm zu inszenieren plante. Und auch sie zeigen, daß Stanislawski in seiner Probenarbeit der Begriff Physiologie genauso geläufig war, wie der der Psychologie:

> „Ich habe viel über praktische und theoretische Forschungen der Psychologie der schauspielerischen Kreativität gearbeitet, und ich bin zu Schlüssen gekommen, die sich glänzend in der Praxis bestätigt haben. (...)
> Als ich mit solchen Gedanken an Ihr Stück herangegangen bin, da erwies es sich, daß die Stellen, die mich besonders interessierten auch im Sinne der Physiologie und der Psychologie des Menschen mathematisch genau waren, und daß da, wo das Interesse sinkt, mir Fehler erschienen sind, die der Natur des Menschen widersprechen." (Brief vom 3.12.1908, Moskau an Alexander Blok. St. 1960/416)

Im selben Jahr teilte er der Schauspielerin Kotljarewskaja mit, daß er und die Truppe mit der neuen psychophysiologischen Methode mehr als zufrieden sind:

„Meine Arbeit im Sommer hat gute Früchte getan. Die neue psychophysiologische Methode gibt gute Resultate und hat die Truppe interessiert." (Brief vom 24.12.1908, aus Moskau. Ebd. 417f.)

Stanislawski experimentierte und arbeitete folglich immer wieder in diesen Jahren mit psychophysiologischen Methoden, und das war am Beginn seiner Systementwicklung. Die psychophysiologischen Methoden, die er in den Jahren um und nach 1909 anwandte, sind sogar sehr vielfältig, wie sich im weiteren zeigt. So existiert ein Skript zur *Arbeit des Schauspielers* aus dem Jahr 1909, worin Stanislawski unter anderem die *Wechselbeziehung* zwischen dem *Prozeß des Erlebens* und dem des *Verkörperns* beschrieb. In dem Skript, daß er wahrscheinlich bereits am 8. März desselben Jahres vor dem Kongreß der Theaterschaffenden vortrug, (nach Kristi in *Erleben* 1981/366) gab er eine Zusammenfassung von sechs grundlegenden Prozessen bei der Arbeit des Schauspielers:

„Im ersten vorbereitenden Prozeß des 'Wollens' bereitet sich der Schauspieler auf die bevorstehende Aufgabe vor. Er macht sich mit dem Werk des Dichters bekannt, ist davon begeistert oder versetzt sich in die erforderliche Begeisterung, regt damit seine schöpferischen Fähigkeiten an, das heißt, er erweckt in sich den Wunsch nach Gestaltung.
Im zweiten Prozeß des 'Suchens' ...sucht er in sich selbst und um sich herum das geistige Material für die Arbeit.
Im dritten Prozeß des 'Erlebens' ist die gestaltende Arbeit des Schauspielers zunächst auch für ihn selbst noch unsichtbar. Nur erst in seinen Träumen baut er sich die innere und äußere Gestalt der darzustellenden Person... Er muß sich mit diesem ihm fremden Leben identifizieren, als ob es sein eigenes Leben wäre...
Im vierten Prozeß des 'Verkörperns' gestaltet der Schauspieler bereits sichtbar für sich selbst. Hier schafft er die sichtbare Hülle für seinen unsichtbaren Traum...
Im fünften Prozeß des 'Verschmelzens' muß der Schauspieler 'Erleben' und 'Verkörpern' vollständig miteinander vereinigen. Diese beiden Prozesse - 'Erleben' und 'Verkörpern' - müssen gleichzeitig vor sich gehen, sie müssen einer aus dem anderen entstehen und sich gegenseitig unterstützen und weiterentwickeln."
Als sechsten Prozeß nennt Stanislawski die „Einwirkung" des Schauspielers auf die Zuschauer." (Ebd.)

Eine vollständige Trennung von den *Elementen des Erlebens* zu denen des *Verkörperns* ist hier nicht erkennbar. Es wird zwar deutlich, daß in der ersten Probenphase vor allem analytisch, gedanklich und mit Hilfe der *Phantasie* an die Rollenerarbeitung herangegangen wird, aber zuletzt wird direkt an der *Verkörperung der Rolle* sowie an der gegenseitigen Impulsgebung von psychischen und physischen Elementen gearbeitet. Kristis Überzeugung, Stanislawski hätte eine

„... dualistische Vorstellung von der Möglichkeit einer selbständigen Existenz des inneren (psychischen) und äußeren (physischen) schöpferischen Befindens"

über einen längeren Zeitraum vertreten und praktiziert und erst im Zuge der materialistischen Weltanschauung revidiert (ebd. 371), ist auch für diese Jahre nicht haltbar. Denn schon 1909 vertrat Stanislawski die Auffassung, daß es im

Prozeß des Verschmelzens notwendigerweise zu einer *Wechselbeziehung zwischen dem Prozeß des Erlebens und dem des Verkörperns* kommt.
Auch in einem Brief vom 16.11.1910 an Nemirowitsch-Dantschenko legte Stanislawski den aktuellen Stand seines *Systems* dar. Die einzelnen Arbeitsstadien entsprechen den genannten sechs Prozessen bei der Arbeit des Schauspielers, die er in dem Skript von 1909 bereits zusammengefaßt hatte. Hier schrieb er, daß er für seine theoretischen Modelle und für die verschiedenen Arbeitsprozesse auch bereits die entsprechenden Verfahren entwickelt hätte. Er sprach in diesem Zusammenhang nicht nur von *psychologischen*, sondern auch von *physiologischen Analysen* und darüber hinaus auch von der *gesellschaftlichen Einschätzung* der Rolle:

„Jetzt kenne ich einige praktische Mittel..., die den Zweck haben, dem Schauspieler bei der psychologischen, physiologischen und Milieuanalyse zu helfen, womöglich sogar bei der gesellschaftlichen Einschätzung des Werks und einer Rolle ..." (St. 1975/330)

So praktizierte er bereits zu diesem Zeitpunkt die *physiologische Analyse* einer Rolle. Auch bekräftigte er seine Auseinandersetzung sowohl mit dem *Erleben* wie mit dem *Verkörpern* einer Rolle und dem Vorgang des *Verschmelzens*:

„c) wie man den Prozeß des Erlebens anregt - weiß i c h ;
d) wie man den Prozeß des Verkörperns fördert, weiß ich noch nicht genau, aber ich habe bereits den Boden abgetastet und befinde mich nicht weit vom richtigen Weg;
e) die Prozesse der Verschmelzung und der Einwirkung sind klar." (Ebd.)

Darüber hinaus teilte er Nemirowitsch-Dantschenko mit, daß er die verschiedenen Prozesse und Verfahren „nicht nur ausgearbeitet, sondern auch genügend sorgfältig kontrolliert" hätte. Nur die Einbeziehung der *Phantasie* war ihm noch nicht ganz klar. besonders aufschlußreich an diesem Brief ist, daß er diesem Brief darüber hinaus das besondere Merkmal der *Methode der physischen Handlung* nannte. Denn, so Stanislawski, nach der Bewertung der Rolle könnte man damit anfangen, die Rolle in *Abschnitte und Aufgaben* zu teilen, und zwar

„zunächst in physiologische Abschnitte, und dann, davon ausgehend, auch in psychologische Abschnitte oder Wünsche." (Ebd.)

Diese Arbeitsweise, eine Rolle von physiologischen Abschnitten ausgehend in psychologische Abschnitte zu teilen, entspricht dem besonderen Verfahren der *Methode der physischen Handlung*. Die Rolle wird ausgehend von physiologischen Abschnitten erst anschließend in psychologischen Abschnitten erarbeitet, vom *Äußeren zum Inneren*, und nicht umgekehrt. So hat Stanislawski nicht nur überhaupt mit psychophysischen Methoden gearbeitet, er hat auch offensichtlich bereits zu diesem Zeitpunkt erkannt, daß die erlebten Gefühle des Schauspielers mit physischen Aufgaben zu erreichen sind. Nicht zu Unrecht hielt Stanislawski sein *System* aufgrund seiner langjährigen Erfahrungen bereits zu diesem Zeitpunkt für nahezu abgeschlossen. Wie zu sehen ist, unter Einbeziehung der *Methode der physischen Handlung*. Zur schriftlichen Niederlegung und zur Veröffentlichung kam es jedoch, wie eingangs beschrieben, aus verschiedenen Gründen nicht. Aber er arbeitete weiter daran in seiner Theaterpraxis.

Im August 1911 wollte er sein *System* auf die bevorstehende HAMLET-Inszenierung anwenden. Aus einem Brief von Stanislawski an seine Frau Maria Petrowna Lilina geht hervor, daß mit den Aufgaben seines *Systems* vor allem auf die Verkörperung der Rollen hingearbeitet wurde. Er schrieb:

"... plötzlich haben alle entsprechend meiner Aufgabenstellung äußerlich verschiedene Gestalten gespielt. Die "Hamletisten" scheinen sich vom System überzeugt zu haben ..." (Brief vom 13.8.1911, Moskau. Ebd. 359)

Anhand des folgenden Probenbeispiels wird die Vielseitigkeit von Stanislawskis methodischen Experimenten deutlich. Er probte auch bereits wie bei der *Methode der Handlungsanalyse* improvisierend und das ohne Text. Das notierte Alexander Blok in seinem Tagebuch im Oktober 1912:

„... Man gibt den Schauspielern ... das Handlungsgerüst, den Stoff, einen schemaartigen Plan, der sich fortwährend 'verdichtet'. Der Plan beisteuert (der Schriftsteller z.B.), kennt dessen ausführliche Entwicklung, doch die Worte liefern die Schauspieler. Einstweilen hat Nemirowitsch-Dantschenko einen solchen Plan aus dem Leben von Schauspielern in möblierten Zimmern vorgelegt ... ebenso probte man Molière (!), indem man Unkenntnis der Worte voraussetzt. Nachdem man ausführlich Charaktere und Situationen umrissen hat, überläßt man es den Schauspielern, das Stillschweigen mit Worten auszufüllen: Stanislawski sagt, sie seien dem Text schon näher gekommen (...)." (In St. II 1988/387)

Ungewöhnlich ist diese Arbeitsweise für Stanislawski zum einen, da für ihn die Texte der Schriftsteller die Grundlage seines Theaterverständnisses bildeten. So experimentierte er in dieser Weise mit Schriftstellern, mit Blok, vor allem mit Gorki, der auch in die Zusammenhänge seines *Systems* eingeweiht war. Unter ihrer beider Leitung, so die sowjetischen Kommentatoren, „sollte sich nun der ganze schöpferische Prozeß der Stückentstehung abspielen" (ebd.). Gorki und Stanislawski beschlossen im Jahr 1911, gemeinsam mit den Schauspielern ein Stück zu entwickeln. Gorki schrieb einige Szenarien, in denen er das Handlungsschema eines künftigen dramatischen Werkes und die Charakteristik der handelnden Personen darlegte. Den endgültigen Text sollte Gorki dann unter Berücksichtigung dessen schreiben, was die Schauspieler bei der Probenarbeit finden würden. (Ebd.) Aus der Notiz Bloks geht zudem hervor, daß Stanislawski diese Art der Improvisation auch für literarische Vorlagen anwandte, z. B. für die Arbeit an einem Stück Molières.

Stanislawski ging es bei dieser Methode und seinen Experimenten wie immer um den schöpferischen Prozeß. Und diesen stellte er auch bei seiner gemeinsamen Stückentwicklung mit Gorki unter Betonung der Verkörperung einer Rolle her. Denn, so die Kommentatoren

„Das Verfahren, ein Stück unter Mitwirkung der Darsteller selber durch Improvisation entstehen zu lassen, interessierte Stanislawski immer als ein Weg, beim Schauspieler eine aktivere schöpferische Initiative beim Verkörpern von Bühnengestalten auzulösen." (Ebd.)

Hier wie bei den oben aufgezeigten Proben zur HAMLET-Inszenierung arbeitete Stanislawski nicht einseitig mit der *Analyse* oder mit der *Einfühlung* des Schauspielers, sondern mit der äußeren Gestaltung der Rollen.

Das folgende Beispiel zeigt abermals, daß die *physischen Handlungen* als Auslöser von Emotionen regulärer Bestandteil von Stanislawskis früher Probenarbeit waren. In seinen Notizen zu einer Probe zu Molières MIRANDOLINA im Jahr 1913 faßte Stanislawski sehr kurz und prägnant die einzelnen methodischen Schritte zusammen. Mit psychologischen wie physiologischen Aufgaben organisierte er hier den Probenablauf:

„a) In ein Hotelzimmer versetzt fühlen, sich die Fragen stellen und die Themen üben 'Was täte ich wenn' usw. (verschiedene Träumereien und Vermutungen).
b) Wenn man sich dann in das Hotel versetzt fühlt, muß man mit dem Handeln beginnen, d.h. verschiedene Aufgaben ausführen. Erst mechanische - Gegenstände herumtragen, Tee eingießen, zum Fenster hinausschauen
und glauben, man sei allein im Hotel.
c) Bei der Ausführung der äußeren Aufgaben hängt sich aus Trägheit das affektive Gefühl an sie an.
d) Ich bestelle mir verschiedene affektive Gefühle, das heißt ich handele - erfülle Aufgaben - ..." (St. I 1988/199)

Physische Handlungen, die mechanisch ausgeführt werden erwecken hier, nach einer inneren Einstimmung, ohne weiteres Zutun des Schauspielers wie von selbst dessen Gefühle. Dieser Ablauf, bei dem die Gefühle des Schauspielers nicht direkt, sondern über die mechanisch ausgeführte Bewegung und damit unbewußt entstehen, zeigt das Prinzip der *Methode der physischen Handlung* ein weiteres Mal genau auf.

Zuletzt soll ein Beispiel aufgezeigt werden, das laut Angabe der sowjetischen Herausgeber zur letzten Fassung von Stanislawskis Buch *Die Arbeit an der Rolle* gehören soll. (St. II 1988/392) Es zählt jedenfalls zu Stanislawskis Manuskripten aus seinen letzten Jahren. Der Zeitsprung, der hier gemacht wird, scheint mir sinnvoll, denn folgende Ausführungen von Stanislawski zur *Methode der physischen Handlung*, zeigen auf, daß Stanislawskis Theaterarbeit, ob seine *frühe* oder *späte*, immer von der Wechselbeziehung zwischen psychischen und physischen Herangehensweisen geprägt war, daß er immer die *Handlung*, gemeint ist hier die dramatische Handlung, und die *Psychotechnik* zusammen in seiner szenischen Arbeit berücksichtigte. Es zeigt auch, daß das *Unterbewußtsein* des Schauspielers auch noch zuletzt von entscheidender Bedeutung in seiner Rollenarbeit war, und darüber hinaus, daß er hier zum großen Teil mit den gleichen Elementen gearbeitet hat, wie schon vor 1915, z. B. den *vorgeschlagenen Situationen*, der *Logik und Folgerichtigkeit des Gefühls* (Vgl. Abb. 6) Auch die Argumentation für die Arbeit gerade mit dieser Methode ist dieselbe wie schon in seinen früheren Äußerungen, sie sei die stabilere, um an die Emotionen heranzukommen, um sie hervorzulocken. Die Ausführungen stehen unter der Überschrift *Zur Bedeutung der physischen Handlungen*. Die Überschrift stammt nicht von Stanislawski selbst. Er hatte mit folgendem Satz begonnen, den er allerdings wieder durchgestrichen hatte: „Jetzt will ich ihnen noch ein sehr wichtiges Geheimnis meines Verfahrens enthüllen.

Sie wissen, daß das Wesentliche nicht in der physischen Handlung liegt, sondern in den Bedingungen, den vorgeschlagenen Situationen und den Gefühlen, die dadurch entstehen. Wichtig ist nicht, daß der Held der Tragödie sich tötet, wichtig ist vielmehr die innere Ursache dafür. Wenn es keine gibt oder sie uninteressant ist, dann wird auch der Tod selbst kaum Eindruck machen. Zwischen einer Bühnenhandlung und ihrer Ursache besteht ein unlösbarer Zusammenhang. Oder anders gesagt, zwischen dem 'körperlichen Leben' und dem 'geistigen Leben' herrscht vollkommener Einklang. Dies nutzen wir, wie Sie wissen, für unsere Psychotechnik aus. Das tun wir auch jetzt.

Mit Hilfe der Natur, ihrem Unterbewußtsein, ihrem Instinkt, ihrer Intuition, ihrer Gewohnheit und so weiter rufen wir eine Reihe physischer Handlungen hervor, die untereinander verbunden sind. Vermittels der Handlungen bemühen wir uns, innere Ursachen zu ergründen, die sie ausgelöst haben, einzelne Momente des Erlebens sowie die Logik und Folgerichtigkeit des Fühlens unter den vorgeschlagenen Lebensumständen der Rolle zu erfassen. Wenn wir diese Linie erkannt haben, dann begreifen wir auch den tieferen Sinn der physischen Handlungen. Dieses Begreifen entspringt nicht dem Verstand, sondern aus der Emotion, was sehr wichtig ist, da wir am eigenen Empfinden ein Teilchen der Rollenpsychologie erfassen müssen. Eine absolute Rollenpsychologie oder eine Logik und Folgerichtigkeit des Gefühls an und für sich kann man nicht spielen. Deshalb betreten wir die uns zugänglichere Linie der physischen Handlungen und befolgen in ihnen strenge Logik und Folgerichtigkeit. da diese Linie untrennbar mit der inneren Linie des Gefühls verbunden ist, gelingt es uns mittels der Handlungen, die Emotion zu erregen. Die Linie der logischen und folgerichtigen physischen Handlungen wird in die Partitur der Rolle eingeführt." (Ebd. 301)

Von der Ethik über Experimente und Entdeckungen zur Theaterarbeit nach System

Noch bevor Stanislawski sich im Sommer 1906 als 39jähriger dazu entschloß, seine langjährigen und vielfältigen Erfahrungen in der Schauspielerarbeit zu systematisieren, beginnt die Entwicklungsgeschichte seines *Systems*. Schon mit seiner Tätigkeit als Laienschauspieler - er galt als der beste Moskaus - und Regisseur hatte er bereits erste methodische Überlegungen zur Arbeit des Schauspielers angestellt. Seine von Haus aus ausgeprägten ethischen Ansichten können als Grundlage seiner späteren Methodik und Theorie gelten. Sie schlagen sich nieder in seinen frühen Reformbestrebungen auf dem Gebiet des Theaters bereits in der *Moskauer Gesellschaft für Kunst und Literatur*. Die Eröffnung des von ihm und Nemirowitsch-Dantschenko gegründeten Moskauer Künstlertheater war gleichzeitig ein Programm für ein neues Theater unter hohen ethischen Zielsetzungen: Ensemblekunst, Wahrheitssuche, Experiment, Bildung und erzieherische Wirkung waren von Anfang an seine Kennzeichen.

Erst nach mehreren Berufsjahren setzte seine sogenannte Forschungsarbeit, seine gezielte Analyse von und Suche nach schauspielerischen Möglichkeiten und Methoden ein. Das *schöpferische Befinden* des Schauspielers stand von Beginn an im Mittelpunkt seiner Untersuchungen. Stanislawski hatte verschie-

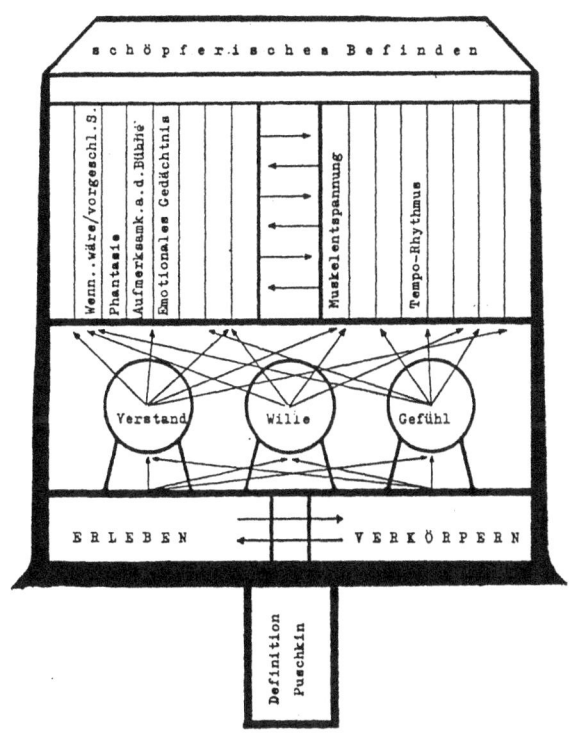

Abbildung 5

Schema des Systems, ca. 1906-1909
(Von der Verf. modifiziert nach dem Schema von Felix Rellstab, vgl Abb. 3)

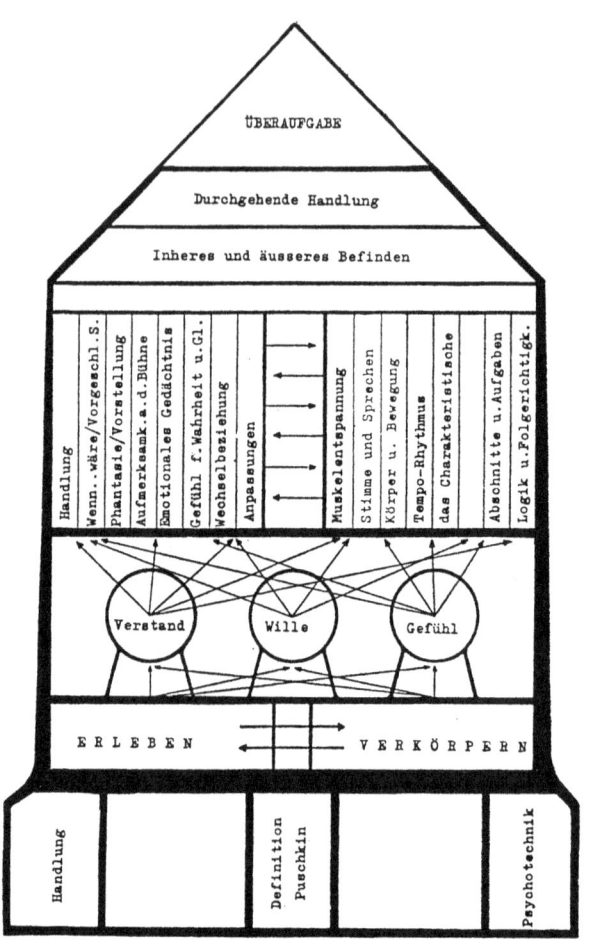

Abbildung 6

Schema des Systems, ca. 1909-1915
(Von der Verf. modifiziert nach dem Schema von Felix Rellstab, vgl. Abb. 3)

dene Voraussetzungen für die Kreativität des Schauspielers erkannt und begann dementsprechend psychotechnische Methoden zu entwickeln. Bereits in den Jahren nach 1906 konstatierte er das *schöpferische Befinden* des Schauspielers als einen ganzheitlichen organischen Prozeß. Der Technik des Yoga folgend, basieren seine Methoden zur Arbeit des Schauspielers auf der Grundlage der natürlichen psychophysiologischen Vorgänge eines Menschen, einschließlich der Mobilisierung seines unbewußten Potentials. Mit dieser Erkenntnis oder Entdeckung gelang es Stanislawski, bei dem Schauspieler im Prozeß seiner Rollengestaltung den außerordentlich komplizierten Prozeß des kreativen unbewußten Erlebens in Gang zu setzen und ihm zu ermöglichen. Diese Form der Schauspielkunst hielt er in dem von ihm angestrebten Theater schließlich für unentbehrlich.

Interessant ist in diesem Zusammenhang, daß Stanislawski sich bezüglich seiner Lehrmethode für den Begriff *System* entschieden hat, und das ebenfalls während der Anfänge seiner Untersuchungen und schriftlichen Niederlegungen zu seinen Schauspielmethoden um das Jahr 1909. Interessant ist seine Begriffswahl insofern, als sich sein *System* mit der *soziologischen Systemtheorie* nicht nur in Termini deckt, sondern sich hier auch deutliche inhaltliche Parallelen ergeben. Der Prozeß des psychophysiologischen schauspielerischen Schaffens und die damit verbundenen Probleme stellen einen deutlichen Mittelpunkt im Stanislawski-System dar. Die Erkenntnis, daß das Verhalten des Menschen, und damit auch der Schaffensprozeß des Schauspielers, auf der Interdependenz psychophysiologischer Prozesse basiert, hatte Stanislawski mit seinen ersten Beobachtungen erfaßt, berücksichtigt und auch in seinen weiteren Untersuchungen vor und nach 1920 praktisch und theoretisch immer wieder bestätigt. Diese Erkenntnis bildet auch die Grundlage in der soziologischen Systemtheorie, sofern sie sich mit den Vorgängen menschlichen Verhaltens beschäftigt. Auch hier gilt, daß man lediglich eine theoretische Trennung zwischen *Erleben* und *Handeln* im menschlichen Verhalten vornehmen kann. In der Realität fallen diese analytisch trennbaren Kategorien aber zusammen. (Nach Niklas Luhmann in Kiss 1986/12f). So sah es auch Stanislawski, und man kann bei seinen diversen Schauspielmethoden lediglich von Schwerpunktverlagerungen zwischen einerseits mehr psychisch oder andererseits mehr physisch orientierten Methoden sprechen. Bewegungslosigkeit bedeutete keineswegs die absolute Beschränkung auf psychisches Erleben des Schauspielers. Fast das Gegenteil ist der Fall. So zielten seine Experimente mit der Bewegungslosigkeit der Schauspieler, die er beispielsweise bei Hamsuns Stück SPIEL DES LEBENS (1906) durchführte, vor allem darauf ab, zugunsten der Mimik und des Augenausdrucks große und nicht erlebte Gestik einzuschränken. Er experimentierte mit den psychologischen und physiologischen Möglichkeiten und Grenzen des Schauspielers. Davon zeugen auch sein Austausch und vielseitigen Experimente mit expressionistischen Künstlern aus dem Bereich des Tanzes wie der Musik und dem Bühnenbild.

Stanislawskis wesentliche Entdeckung ist die Schaffung der *Psychotechnik,* und als ein Teil dieser Technik auch die *Methode der physischen Handlung.* Beides ist ein Ergebnis seiner frühen experimentellen Arbeit in den Jahren zwischen ca. 1906 und 1915 (vgl. Abb. 5)[1], in der er auch die Grundzüge seiner *Kunst des Erlebens* schriftlich darlegte. Zwischen ca. 1909 bis 1915 fand die Konsolidierung seiner Methoden statt, so daß sein *System*, mit seinen bereits vielfältigen Methoden zur Erarbeitung einer Rolle und der dazugehörigen Theorie, als strittige, aber letztlich anerkannte Arbeitsweise längst unter Theaterschaffenden eine wichtige Bedeutung erlangt hatte. Schon im Jahre 1909 hatte er es auf einem Kongreß der Theaterschaffenden vorgestellt, in den darauffolgenden Jahren immer wieder neue Versuche unternommen, man denke auch an die gemeinsamen Unternehmungen mit Gorki, ein Stück unter Mitwirkung der Schauspieler zu entwickeln. An das Literaturtheater mit seinen erzählenden Handlungen war Stanislawskis *System* trotzdem immer gebunden.

Die literarische *Analyse* und *Interpretation*, unter expliziter Einbeziehung der psychologischen Vorgänge im Leben eines Menschen, stellen ein wesentliches *Element seines Systems* dar, deren Bedeutung und Anwendung er mit den zentralen Termini *durchgehende Handlung* und *Überaufgabe* vor 1915 ebenfalls festgelegt hatte. (Vgl. Abb. 6)[2]

Das Entdeckungsdatum für die legendäre *Methode der physischen Handlung* um das Jahr 1910 herum gilt hier gemäß ihrer Definition, nach der die vom Schauspieler durchgeführten äußerlichen, sprich *physischen Handlungen* oder *Gesten* inneres, also psychisches *Erleben* hervorrufen. Sie impliziert auch, daß eine Reihe von *physischen Handlungen* in Abschnitten eingeteilt, gewissermaßen als Partitur der Rolle geprobt werden. Auch der Entstehungszeitpunkt der hier aufgezeigten zweiten Definition dieser Methode ist nicht ausschließlich mit dem Ende der 20er Jahre in Verbindung zu setzen. Diese Definition, die sich nicht nur auf die unmittelbare szenische Arbeit, sondern auch auf den Organisationsablauf einer Probe bezieht, besagt nicht mehr, als daß auf der Bühne die Handlungen des Stückes von den Schauspielern in Improvisationen erarbeitet wurden, ohne daß vorher die sogenannte *Arbeit am Tisch* stattfand, d.h., ohne daß der Text gemeinsam am Tisch durchgesprochen, geprobt und gelernt wurde. Daß Stanislawski mit der Improvisation auf der Bühne, d.h. selbstverständlich auch mit der körperlichen Improvisation, bereits früher gearbeitet hatte, nur offensichtlich erst in einem späteren Probenstadium, ging aus den Beschreibungen von Marija Knebel hervor. Auch hieraus folgt, daß es keinen *frühen* einseitig mit psychologischen Methoden arbeitenden Stanislawski gab.

Die hier in der ideologisierten Variante geschilderte *Methode der physischen Handlung* dagegen ist mit einem Entstehungsdatum zum Ende der 20er Jahre oder in den 30er Jahren, in dem das *System* in seiner Ganzheit eine neue Interpretation erfuhr, zu bestätigen. Allerdings steht dieser Definition der Methode, wie dem *System* überhaupt, eine jahrzehntelang währende Entwicklung

---

[1] Schema des Stanislawski-Systems in den Jahren 1905-09, die eingezeichneten *Ziele*, *Elemente*, *Antriebskräfte* und *Grundlagen* können für diese Zeit sicher festgestellt werden. Vgl. auch 5. Kap. *Das schöpferische Befinden*. Weitere Ausführungen dazu in Jansen 1988 (unveröffentlichtes Manuskript)

[2] Schema des Systems in den Jahren ca. 1910-1915, die *Ziele*, *Elemente* etc. können auch hier für die angegebene Zeit festgestellt werden. Vgl. 5. Kapitel *Die Psychotechnik* und *Die Handlung*. Weitere Ausführungen in Jansen 1988

gegenüber, die mit den in den 30er Jahren geschaffenen ideologischen Veränderungen nur partiell in Zusammenhang steht. Vielmehr resultiert diese Fassung des *Systems* aus dem veränderten Weltbild in der damaligen Sowjetunion der 30er Jahre. Und diese Veränderungen des *Systems* können kaum seinem Begründer zugerechnet werden. Sicherlich ist es legitim eine Schauspieltheorie zu begründen, die einen sozialistischen Schauspieler fordert. Eine solche Schauspielthoerie kann aber nur als fremde Weiterentwicklung des *Systems* von Stanislawski angesehen und nicht ihm selbst zugeschrieben werden. Man kann manchen Interpreten seines *Systems* der 50er Jahre zugute halten, daß sie immerhin einen theoretischen Ansatz für seine komplexe Lehre boten, den Stanislawski seinerzeit auch gefordert hatte. Eine sinnvolle Anwendbarkeit des dialektischen Materialismus ist für die Interpretation des Stanislawski-Systems sicherlich nicht generell zu bestreiten. Hier allerdings ist sie weniger an den substantiellen Vorgaben von Stanislawski orientiert gewesen, sie ist vielmehr eine dogmatische ideologische Adaption und hat so mehr Konfusion als Klärung in der Aufarbeitung des Stanislawski-Systems mit sich gebracht.

So schuf Stanislawski sein *System* nicht nur unter dem Einfluß der Dramatik Tschechows und Gorkis und den Erkenntnissen der sowjetischen Physiologen, wie die sowjetischen Interpreten der 50er Jahre behaupteten. Diese Behauptung ist nicht falsch, aber unvollständig. Und selbst die von den gleichen Interpreten hinzugezogene Bedeutung der russischen intellektuellen realistischen Tradition für die Entstehung des Stanislawski-Systems, reicht nicht aus, um die Vielfältigkeit der Entstehungsbedingungen des Stanislawski-Systems zu umreißen. Stanislawski schuf es auch unter dem Einfluß seiner unterschiedlichsten Experimente mit den verschiedenen Inszenierungsstilen, auch und gerade unter den von der Rezeption der 50er Jahre als formalistisch bezeichneten und diskriminierten, avantgardistischen Kunstströmungen. Ebenso sind die fernöstlichen und auch westlichen Ansätze der damaligen Philosophie und Psychologie für seine Theaterpraxis und ihre Theoriebildung von großer Bedeutung. Das gesellschaftskritische Moment, das in der Rezeption betont wurde, auch die erzieherische Wirkung des Theaters waren von Stanislawski beabsichtigt. Die im Zuge des *sozialistischen Realismus* entstandene Dramatik lehnte Stanislawski aber ab, wie er überhaupt politische Tendenzstücke immer rigoros abgelehnt hatte.

Das Stanislawski-System ist eine Philosophie, der ethische Werte im weiteren und im engeren Sinne zugrunde liegen. Es ist aber noch mehr eine Lehre des Schauspiels, des Erlernens der Schauspielkunst und ihrer Vervollkommnung in der Theaterpraxis. Es bietet dafür einen reichen Fundus von Methoden. Seine ersten schriftlichen Ausführungen siedelte Stanislawski in einer, wenngleich fiktiven, Schauspielschule an. Aber in der pädagogischen Arbeit erfüllt sich nur ein Teil seines *Systems*. Es ist auch eine Regiemethode. Das *System* zeigt nicht nur Wege auf, um den Schauspieler an die *Kunst des Erlebens* heranzuführen oder um mit ihm an der zu gestaltenden Rolle in diesem Sinne zu arbeiten. Es unterbreitet auch Vorschläge für den gesamten Probenablauf, für die Organisierung der Inszenierung eines Stückes, ja sogar für das Miteinander im Ensemble. Das Neue und besondere daran ist, daß in der szenischen Arbeit mit *Aufgaben* gearbeitet wird, die in der Regel vom Regisseur gestellt und vom Schauspieler gelöst werden. Dieses Probenprinzip macht die individuelle Mitgestaltung des Schauspielers möglich, macht seine Arbeit auch kreativ. Die Gestaltung seiner Rolle wird ihm nicht vorgeschrieben, sondern gemeinsam mit dem Regisseur entwickelt. Der Regisseur verlangt keine in seiner Vorstellung vorgefertigte Gestaltung einer Rolle, sondern entwickelt seine Vorstellungen gemeinsam mit dem Schauspieler anhand dessen Improvisationen. Seine Gestaltungsideen sind insofern auch von den jeweiligen Schauspielern abhängig. Dem Regisseur kommt also bei der Entwicklung einer Rolle eher die Aufgabe eines, wie Stanislawski es bezeichnete, 'Geburtshelfers' zu. Nicht ganz uneigennützig werden dem Schauspieler vom Regisseur seine Freiheiten eingeräumt, die Bewahrung seiner Individualität, die Einbringung persönlicher Erfahrungen oder auch eigener Ideen für das Spiel der Rolle in der Improvisation. Der Schauspieler wird mit dem Einbringen seiner intimen psychischen und physischen individuellen Persönlichkeit in den Probenprozeß gleichzeitig zum Objekt der *Kunst des Erlebens*. Dies mußt vom Schauspieler akzeptiert werden, denn seine persönliche Individualität ist für Stanislawskis Kunst unverzichtbar.

Nicht nur die weltweite Anwendung oder zumindest Anlehnung an das Stanislawski-System in der Schauspielausbildung, an Theatern und beim Film zeugt von der weiterhin bestehenden Aktualität von Stanislawskis Werk. Auch die in dieser Studie zumindest ansatzweise vorgestellten vielfältigen Parallelen des Stanislawski-Systems mit Begriffen aus der Wissenschaftstheorie bestätigen diese Aktualität und gleichzeitig die Universalität dieses *Systems*. Wie die meisten Theatertheoretiker, Meyerhold, Brecht, Craig oder Strasberg war auch Stanislawski in erster Linie ein Theaterpraktiker, entstand seine Theorie aufgrund seiner langjährigen Theaterpraxis. Stanislawski hat neben Brecht aber wohl das ausgearbeitetste und differenzierteste Lehrgebäude rund um den gesamten Fragenkomplex Schauspiel und Inszenierung erstellt. Da er im Gegensatz zu dem Dramatiker Brecht in erster Linie Schauspieler und Regisseur war, hatte er einen Ausgangspunkt, der zwangsläufig die Fragen des schauspielerischen Schaffensprozeß in den Mittelpunkt seiner Überlegungen stellte. Die Einbeziehung von Fragestellungen aus anderen wissenschaftlichen Disziplinen wie der Psychologie, der Physiologie, der Philosophie, auch der Literaturwissenschaft war bei ihm wesentlicher Bestandteil seiner Theoriebildung. Sie wurden damit auch in gewisser Weise Bestandteil seiner Schauspiel- und Theaterpraxis, die durch sein *System* charakerisiert sind. Stanislawskis schuf eine *Theaterarbeit nach System*, nach einem generativen System, die sich als erfolgreich erwiesen hat. Sein Begriff des *Systems* ist, gerade in Hinsicht auf die moderne Systemtheorie, fast als ein 'Volltreffer' zu bezeichnen, impliziert er doch die Vernetzung und die Multidisziplinarität seines Gegenstandes, die Stanislawski nicht nur erkannt, sondern die ihm auch zu schaffen gemacht hatte. Diese Theorie könnte vielleicht sogar einen Schlüssel für die von Stanislawski immer gewünschte theoretische Aufarbeitung seines *Systems* liefern. Ob eine solche theoretische Bearbeitung des Stanislawski-Systems der Theaterpraxis letztlich zugute käme, das ist eine Sache neuer Versuche.

Aufzeichnungen der Verfasserin

Erstes internationales Stanislawski-Symposium in Paris, Centre Pompidou, vom 2.11.-6.11.1988
Symposium über die Situation der Theaterausbildung in der UdSSR an der Hochschule für Theaterkunst in Moskau, GITIS, Literaturhaus Berlin, am 3.9.1989
Theaterwerkstatt *Die Methode der Handlungsanalyse* bei der Theaterpädagogin und Regisseurin Natalia Zwerewa (GITIS, Moskau) am Theaterhaus Berlin, vom 4.-16.91989
Interview mit Natalia Zwerewa und der Schauspielerin und Pädagogin Irina Promptowa (GITIS, Moskau) über das System Stanislawskis am 13.9.1989
Veröffentlichte Auszüge davon in: *Die Deutsche Bühne* 1/92

Literaturverzeichnis

ABALKIN, N.: Stanislawski und das Theater.(A.d. Russ.) In: Sowjet-Literatur, Jg. 1951, Heft 12

ANTAROWA, Konkordija J.: Studioarbeit mit Stanislawski. 30 Gespräche über System und Elemente schöpferischer Arbeit, aufgezeichnet in den Jahren 1918-1922. Berlin DDR 1951

BABLET, Denis: Edward Gordon Craig. Lemgo 1965

BRAUN, Edward: The Theatre of Meyerhold. Revolution on the Modern Stage. London 1979

BRAUNECK, Manfred/ SCHNEILIN, Gérard (Hg.): Theaterlexikon. Begriffe und Epochen, Bühnen und Ensembles. Reinbek bei Hamburg 1985

BRECHT, Bertolt: Gesammelte Werke. Schriften zum Theater I+II. Werkausgabe Frankfurt a.M. 1967

BROOK, Peter: Der leere Raum. Berlin 1985
– Wanderjahre. Schriften zu Theater, Film und Oper 1946-1987. Berlin 1989

BURKARD, Veronika: Befreiung durch Aktionen. Die Analyse der gemeinsamen Elemente in Psychodrama und Theater. Graz 1972

BÜTOW, Helmut G. (Hg.): Sowjetunion. Länderbericht. München, Wien 1986

CHEVREL, Claudine Amiard: Premiere reflexion sur le system. In: Le siecle Stanislavski. Documentation, Montreuil 1989

COLE, Toby/ Chinoy H.K.: Actors on Acting. The theorie techniques and practices of the great actors of all times as told as in their own words. New York 1949

CRAIG, Edward G.: Über die Kunst des Theaters. Original 1911, Berlin 1969

EBERT, Gerhard/ PENKA, Rudolf (Hg.): Schauspielen. Handbuch der Schauspielerausbildung. Berlin 1985

ERLER, Gernot/ SÜß, Walter (Hg.): Stalinismus. Probleme der Sowjetgesellschaft zwischen Kollektivierung und Weltkrieg. Frankfurt a.M./ New York 1982

FIEBACH, Joachim: Von Craig bis Brecht. Studien zu Künstlertheorien in der ersten Hälfte des 20. Jahrhunderts. Berlin 1975
FREED, Donald: Freud and Stanislawski. New directions in the performance arts. New York 1964
GEYER, Dietrich: Die russische Revolution. Historische Probleme und Perspektiven. Geschichte und Gegenwart. Stuttgart 1968
GORSEN, Peter und KNÖDLER-BUNTE, EBERHARD: Proletkult I. System einer proletarischen Kultur. Dokumentation. Stuttgart - Bad Cannstatt 1974
GOTTMAN, A.: Psycho-physische Wechselbeziehungen im Yoga. In: Petzold, Hilarion: Psychotherapie & Körperdynamik. Paderborn 1979
GORTSCHAKOW, Nikolai: Regie. Unterricht bei Stanislawski. Berlin DDR 1963
GRASSIE, Ernesto (Hg.): K.S. Stanislawski. Theater, Regie, Schauspieler. Hamburg 1958
GRUBITZSCH, Siegfried/ REXILIUS, Günther: Psychologische Grundbegriffe. Mensch und Gesellschaft in der Psychologie Reinbek bei Hamburg 1987
GROTOWSKI, Jerzy: Das arme Theater. Hannover 1969
HENSEL, Georg: Schauspielführer. Von der Antike bis zur Gegenwart. Frankfurt a. M., Berlin, Wien 1978
HICKETHIER, Knut: Schauspielen und Massenmedien. Ein Forschungsbericht. Hg.: Friedrich Knilli. Frankfurt a.M. Berlin 1980
HOFFMEIER, DIETER: Das literarische Spätwerk Stanislawskis. In: Stanislawski, K.S.: Die Arbeit ... an der Rolle. Berlin 1981
HUNTER, Mary: Les Russes a New York. In: Le siecle Stanislavski. Documentation. Montreuil 1989
IWANOW, Wladimir: Das Leninsche Prinzip der Parteilichkeit. In: Kunst und Literatur. Berlin Heft 7/1956
JABLONSKAJA, Mjuda N.: Russische Künstlerinnen, 1900-1935. Deutschsprachige Ausgabe, Bergisch Gladbach 1990
JANSEN, Karin: Zur Schauspieltheorie K.S. Stanislawskis: Die Entwicklung seines "Systems" 1898-1924. Unveröffentl. Manuskript, M.A., 1988
– Perestroika in der Berliner Theaterszene. Eindrücke einer Theaterwerkstatt bei dem russischen Regisseur Petr Olef. In: Nachrichten der dg, 1989
– Schauspielerarbeit á la Moskau: GITIS. Annäherungen an den Begriff Schauspielmethode. In: Nachrichten der dg 1/ 1990
JENSEN, Stefan: Systemtheorie. (Soziologie) Stuttgart, Berlin, Köln, Mainz 1983
JOSEPHSON, Erland: Spielräume. Notizen während einer Tournee mit Peter Brooks Inszenierung des Kirschgarten, vom 24.2.-15.5.1989, Berlin, 1991
JUST, Claus: Stanislawski und das deutschsprachige Theater. Daten, Texte, Interpretationen bis 1940. Diss. Erlangen/Nürnberg 1970
KERSCHENZEW, Platon M.: Das schöpferische Theater. Original 1922, Köln 1980
KESSELER, Wolfgang (Hg.): Rußland-Ploetz. Freiburg 1985
KINDERMANN, Heinz: Theatergeschichte Europas, IX. Band. Salzburg 1970
KISS, Gabor: Grundzüge und Entwicklung der Luhmannschen Systemtheorie. Stuttgart 1986

KNEBEL, Marija: Die Handlungsanalyse des Stückes und der Rolle. In: Sowjetwissenschaft - Kunst und Literatur, Heft 3 und 4. Berlin 1955
KNOPF, Jan: Brecht - Theaterhandbuch. Stuttgart 1980
KOCKA, Jürgen: Sozialgeschichte. Begriff - Entwicklung - Probleme. Göttingen 1977
KRISTI, Grigori W.: K.S. Stanislawski. Kurze Skizze seines Lebens und Schaffens. In: Kunst und Literatur,., Berlin, Februar 1963
- Einführung (A. d. Russ.) in: Stanislawski: Die Arbeit des Schauspielers an sich selbst, erster Teil, 1981
- Einführung (A. d. Russ.) in: Stanislawski: Die Arbeit des Schauspielers an sich selbst, zweiter Teil, 1981
- Einleitung (A. d. Russ.) in: Stanislawski: Die Arbeit des Schauspielers an der Rolle, 1981
KULESZA, Marek: Les Relations entre Boleslawski et Strasberg. In: Le siecle Stanislavski. Documentation. Montreuil 1989
KURTEN, Martin: La Terminologie de Stanislawski. In: Le Siecle Stanislavski. Documentation. Montreuil 1989
- (Hg.) Russisch-finnisches Theaterlexik. Zusammengestellt vom Nördlichen Theaterkomitee. (A.d. Russ.) November 1987
LACKNER, Peter: Schauspielerausbildung an den öffentlichen Theaterschulen der Bundesrepublik Deutschland. Frankfurt a.M., Bern, New York 1985
LAQUEUR, Walter: Stalin. Abrechnung im Zeichen von Glasnost. München 1990
LEUTZ, Grete: Psychodrama. Theorie und Praxis. Berlin, Heidelberg, New York 1974
LORENZ, Richard: Sozialgeschichte der Sowjetunion I. Frankfurt a. M. 1976
MEYERHOLD, Wsewolod E.: Schriften I und II. Aufsätze - Briefe - Reden - Gespräche. Berlin 1979
- Dokumentation: Die letzten Tage Meyerholds. In: Theater der Zeit, Heft 6/1990
MOORE, Sonia: The Stanislawski-System: Ten Lecture Demonstration. New York 1972
MORENO, Jakob Levy: Gruppenpsychotherapie und Psychodrama. Einleitung in Theorie und Praxis. Stuttgart 1973
PETZOLD, Hilarion: Angewandtes Psychodrama in Therapie, Pädagogik, Theater und Wirtschaft. Paderborn 1972
- Psychotherapie und Körperdynamik. Verfahren psychophysischer Bewegungs- und Körpertherapie. Paderborn 1979
PÖRTNER, Paul: Moreno und das moderne Theater. In: Petzold, Hilarion: Angewandtes Psychodrama. Paderborn 1978
POLJAKOWA, Jelena I.: Stanislawski. Leben und Werk des großen Theaterregisseurs. (A. d. Russ.) Moskau 1977, Bonn 1981
PROKOFJEW, W.: Konstantin S. Stanislawski: Der große Umgestalter der Theaterkunst. (A. d. Russ.) In: Sowjet-Literatur. Jg. 1949. Heft 2
- Wie die Bühnenmethode entstand. (A.d. Russ.) In: Sowjet-Literatur. Jg. 1963, Heft 2, S. 161-171 Moskau 1963

- / KRISTI, G.: Der Streit um das "Stanislawski-System". (A . d . Russ.) In: Kunst und Literatur . Jg . 6, Heft 12. Berlin 1958
RELLSTAB, Felix: Stanislawski-Buch. Theorie und Praxis der Schauspielkunst nach dem System des K.S. Stanislawski. Reihe Schauspiel, Bd. 2. CH-8820 Wädenswil 1980
RISCHBIETER, Henning: Die Theorie der Schauspielerausbildung. In: Theater heute, 6. Jg. Heft 1 u. 2. Berlin 1964
- und BERG, Jan (Hg.): Welttheater. Theatergeschichte, Autoren, Stücke, Inszenierungen. Braunschweig 1985
RITTER, Hans Martin: Das gestische Prinzip bei Bertolt Brecht. Köln 1986
RÜHLE, Jürgen: Das gefesselte Theater. Köln/ Berlin 1957
SCHAUBÜHNE AM LEHNINER PLATZ (Hg.): Anton Pawlowitsch Tschechow und das Ensemble Konstantin Sergejewitsch Stanislawski. Berlin 1984
SCHRAMM, Gottfried (Hg.): Handbuch der Geschichte Rußlands Band 3 (1856-1945). Von den autokratischen Reformen zum Sowjetstaat. Stuttgart 1983
SCHUMACHER, Ernst: Schriften zur Darstellenden Kunst. Berlin DDR 1978
SIMHANDL, Peter: Konzeptionelle Grundlagen des heutigen Theaters. Sonderheft. Theaterpädagogik der HdK Berlin. Berlin 1985
SMELIANSKI, Anatoli M.: Stanislavski et le Stalinisme. In: Le Siecle Stanislavski. Documentation. Montreuil 1989
SPOLIN, Viola: Improvisationstechniken für Pädagogik, Therapie und Theater. Paderborn 1983
STANISLAWSKI, Konstantin Sergejewitsch
Folgende Titel sind in chronologischer Folge der Ausgaben aufgeführt:
- Das Geheimnis des schauspielerischen Erfolgs. Zürich, 1938
- Ethik. Berlin DDR 1951
- Mein Leben in der Kunst. Berlin DDR 1951
- Über das Theater. in: Neue Welt. Halbmonatsschrift,, Berlin DDR 1953
- Die Arbeit des Schauspielers an der Rolle. Berlin DDR 1955
- Die Arbeit des Schauspielers an sich selbst im schöpferischen Prozeß des Erlebens. Tagebuch eines Schülers. Teil I.. Übers.: Ingrid Tintzmann und Ruth E. Riedt, Red. der dt. Ausgabe: Heinz Hellmich und Hans Kohlus. Übersetzung des 2. Band der GW in 8 Bänden". Hauptred. M. Kedrow. Red., Einführung, Anmerkungen: G. Kristi. Berlin 1961
- Band 7 der Gesammelten Werke. Briefe. 1886-1917. Moskau 1960
- Band 8 der Gesammelten Werke. Briefe. 1918-1938. Moskau 1961
Die Arbeit des Schauspielers an sich selbst im schöpferischen Prozeß des Verkörperns. Tagebuch eines Schülers. Übers.: Ruth E.Riedt. Red. der dt. Ausgabe: Heinz Hellmich und Ellen-M. Jäger. Übers. des 3. Band der GW. Hauptred.: M. Kedrow. Red., Einführung und Anmerkungen: G. Kristi. Berlin 1963
- Aus Notizbüchern 1919-1938 in: Kunst und Literatur. Hg.: Zentralvorstand für Deutsch-Sowjetische Freundschaft. Berlin DDR 1963
- Aus Reden und Aufsätzen 1924-1938 in: Kunst und Literatur. Heft 3, Berlin DDR 1967
- Briefe 1886-1938. Hg. Heinz Hellmich. Berlin DDR 1975

Die Arbeit des Schauspielers an sich selbst im schöpferischen Prozeß des Erlebens. Tagebuch eines Schülers. Red. s. Ausg. 1961. Berlin 1981
- Die Arbeit des Schauspielers an sich selbst im schöpferischen Prozeß des Verkörperns. Tagebuch eines Schülers. Red. s. Ausg. 1961. Berlin 1981
- Die Arbeit des Schauspielers an der Rolle. Fragmente eines Buches. Zsgest. von J.N. Semjanowskaja. Red., komment. und eingel. von G. Kristi.
- Mein Leben in der Kunst. Übersetzung: Sergej Gladkich. Berlin 1987
- Moskauer Künstlertheater. Ausgewählte Schriften I, 1885-1924. Hg.: Dieter Hoffmeier. Berlin (West) 1988
- Moskauer Künstlertheater. Ausgewählte Schriften II, 1924-1938. Hg.: Dieter Hoffmeier. Berlin (West) 1988
- "Why do we need a Glossary of Terms relating to Stanislawsky's System?" (A.d. Russ.) Unveröffentlicher Aufsatz der Stanislawski-Foundation. Hg.: Wiss. Forschungskomission zum Studium und zur Publikation des literarischen Erbes von Stanislawski und Nemirowitsch-Dantschenko. Moskau o. Jahresangabe
- Stanislawski-Konferenz: 17.-19.April 1953 im Plenarsaal der Akademie der Künste Berlin. Institut für Darstellende Kunst der Nationalen Forschungs- und Gedenkstätten der DDR für deutsche Kunst und Literatur des 20. Jahrhunderts an der Akademie der Künste der DDR
- Stanislawski - Erstes Internationales Symposium: Le siecle Stanislavski. Documentation (1989) pour le Symposium International qui s' est tenu au Centre George Pompidou. Centre d' Actions Culturelle de Montreuil 1988

STRASBERG, Lee: Ein Traum der Leidenschaft. Die Entwicklung der Methode. München 1988
- Schauspieler-Seminar, 9.-22.1.1978. Red.: Jakob Jenisch Hg.: Schauspielhaus Bochum, Bochum 1979

TAIROW, Alexander: Das entfesselte Theater. Mit einem Vorwort von Paul Pörtner. Original 1923, Köln/ Berlin 1964
THEATERMANUFAKTUR AM HALLESCHEN UFER (Hg.): Off-Moskau, 1990
TOPORKOV, Vasilij: K.S. Stanislawski bei der Probe. in: Stanislawski. Die Arbeit ... an der Rolle. Berlin 1981
TSCHECHOW, Michael: Werkgeheimnisse der Schauspielkunst. Zürich 1979
TYSZKA, Julius: La doctrine de Stanislavski dans la version stalienne. In: Le siecle Stanislavski. Montreuil, 1988
ULMANN, Gisela (Hg.): Kreativitätsforschung. Gütersloh 1973
WACHTANGOW, Jewgeni B.: Aufzeichungen - Protokolle Notate. Hg.: Dieter Wardetzky. Berlin 1982
WARDETZKY, Dieter/ HOFFMANN, Ludwig (Hg.): ... Theateroktober. Beiträge zur Entwicklung des sowjetischen Theaters. Leipzig 1972
ZEIER, Hans (Hg.): Die Psychologie des 20. Jahrhunderts, Band IV. Pawlow und die Folgen. Zürich 1977

www.ingramcontent.com/pod-product-compliance
Lightning Source LLC
Chambersburg PA
CBHW050639300426
44112CB00012B/1861